भारत
के
महान संत

Attention Authors

'We Convert Fighters into Writers'. That's the motto of Manas Publications since more than four decades. Our message to the world is that India can win the battle not only by the bullet but also by the pen. There is no dearth of intellectuals in our country, but their knowledge is confined to them only. No sincere effort has been made by any other publisher to channelise their knowledge in national interest. That is why the talent of a large number of intellectuals remains latent. An author transforms his knowledge into a manuscript, and it is our job to spread his/her knowledge by converting it into a beautiful book. For over four decades, Manas has been motivating the intellectuals by publishing their manuscripts and would like to publish your manuscript too. If you or your colleagues have any manuscript ready for publication or are working on it, kindly contact us with detailed synopsis and list of contents. We will transform your work into a valuable publication. If you wish, we can also suggest you the suitable subjects for writing the books related to your area of expertise. Manas is known for its publishing quality and commitments. We take utmost care in production and give wide publicity to the book as well as its author through our national and international distribution network.

भारत के महान संत

विवेक गर्ग

मानस पब्लिकेशंस
(We Convert Fighters into Writers)
नई दिल्ली - 110002

मानस पब्लिकेशंस

(We Convert Fighters into Writers)

(प्रकाशक, लाइब्रेरी सप्लायर्स, इम्पोर्टर और एक्सपोर्टर)

4402/5-ए, अंसारी रोड (एचडीएफसी बैंक के सामने)

दरियागंज, नई दिल्ली-110 002 (भारत)

ऑफिस © 011-23260783, 23265523, फैक्स: 011-23272766

ई-मेल: manaspublications@gmail.com
manaspublications@yahoo.com

वैबसाइट: www. manaspublications.in

ISBN 978-81-7049-463-8
₹ 495/-

Designed at
Manas Publications

भारत में मुद्रित
राजधानी प्रिंटर्स, दिल्ली, द्वारा मुद्रित और
श्रीमती सुमन लता, मानस पब्लिकेशंस, द्वारा प्रकाशित
4402/5-ए, अंसारी रोड (एचडीएफसी बैंक के सामने)
दरियागंज, नई दिल्ली-110 002 (भारत)

विषय-सूची

भूमिका

विश्व के अनेक देशों की तुलना में भौतिक संपदा में पिछड़ा होने के कारण जो देश उसे विकासशील और यहां तक कि निर्धन भी मानते हैं, उनके नागरिक भी जब तत्वज्ञान या अंतर्रात्मा की शांति के लिए छटपटाते हैं, तो सदा भारत की तरफ ही देखते हैं। इन्हीं कारणों से अगर कई लोगों ने भारत को विश्वगुरु की संज्ञा दी, तो उसमें कोई अतिश्योक्ति नहीं।

भारतीय दर्शन और तत्त्वज्ञान हमारे इतिहास से भी पुराना है। वेद और वेदांत, बौद्ध और जैन दर्शन, ये सभी प्रागैतिहासिक ही हैं। उस काल से लेकर अब तक इस धराधाम पर आध्यात्म दर्शन की निर्झरिणी निरंतर प्रवाहित होकर दुख से संतप्त मानव हृदयों का सिंचन करके उनके दुख और पीड़ा का निवारण करती रही है। भारतीय दर्शन ने न केवल स्वदेशवासियों, बल्कि मानवमात्र के कल्याण के लिए चिंतन किया और उसके आलोक में मानवमात्र के हृदयों का अंधकार दूर हुआ।

आज के युग में जबकि भौतिक साधनों की अंधी दौड़ ने लोगों को शारीरिक व मानसिक तौर पर पस्त कर दिया है, इस दर्शन व तत्वमीमांसा की प्रासंगिकता और भी बढ़ गई है। दरअसल यह जीवन के शाश्वत मूल्यों के गहन चितंन और विश्लेषण का निष्कर्ष है, जो कभी भी पुराना या अप्रासंगिक नहीं हो सकता। वास्तविकता तो यह है कि भारत में या भारत से बाहर, आज के मानव को उसकी पहले से कहीं अधिक जरूरत है। उनके किसी एक सूत्र वाक्य पर भी अगर पूरी श्रद्धा से आचरण किया जाए, तो संसार की न जाने कितनी समस्याएं अपने आप हल

हो जाए। उदाहरण के लिए, भगवान बुद्ध या भगवान महावीर स्वामी के अहिंसा के सिद्धांत को ही अगर मानवता अपना ले, तो फिर युद्ध की संभावना ही समाप्त हो जाए। चलिए, यह संभवतः हमने अधिक कह दिया, लेकिन सच्चे दिल से अगर इन पर आचरण किया जाए तो समस्याएं कम तो हो सकती हैं। इसके अलावा समाज में व्याप्त हिंसा और घरेलू हिंसा जैसी समस्याओं का हल भी इनमें निहित है। क्या भगवान बुद्ध या महावीर स्वामी का कोई अनुयायी दहेज के रूप में मिलने वाली सांसारिक वस्तुओं के लिए कभी अपनी पत्नी को जिंदा जलाने का नीच काम करने का विचार भी अपने मन में ला सकता है?

कहने की आवश्यकता नहीं कि अपनी कठिन साधनाओं के बल पर जीवन के चिरंतन सत्य को खोजने वाले महान मनीषियों का जीवन और उपदेश जनसाधारण के लिए अत्यंत प्रेरक होता है। इनमें से प्रत्येक में यह स्वाभाविक गुण था कि उनकी कथनी और करनी में जरा भी भेद नहीं था। जो कुछ वे कहते थे, वैसा ही उनका स्वयं का आचरण भी था। उन्होंने पहले तो अपने जीवन के अनेक वर्ष सत्य की खोज में बिताए और फिर अपनी कठिन साधना से प्राप्त उस सत्य का प्रकाश जन-जन तक पहुंचाने में शेष जीवन होम कर दिया। समस्त मानवता के कल्याण की भावना से किए गए उनके इन कार्यों के लिए भारत ही नहीं सारा संसार उनका ऋणी है। इसी कारण से गौतम बुद्ध और महावीर स्वामी को भगवान कहा जाता है। इन दोनों ने ही राजपाट त्याग कर, हर प्रकार के कष्ट सहकर तथा सबके सामने सर्वस्व त्याग का प्रत्यक्ष उदाहरण प्रस्तुत किया।

हमारे देश में जिन महान संतों, महात्माओं, विचारकों एवं धर्म प्रवर्तकों ने अपने-अपने चिंतन के अनुरूप योगदान देकर भारतीय दर्शन को समृद्ध किया, उनमें से अपनी सीमित क्षमता और समझ के अनुरूप हमने कुछ नाम चुनकर उनकी जीवन यात्रा तथा उनके द्वारा प्रतिपादित दर्शन का परिचय देने का विनम्र प्रयास किया है। आशा है, इसका अध्ययन पाठकों के सांसारिक व आध्यात्मिक जीवन - दोनों के लिए उपयोगी सिद्ध होगा और उनके जीवन के दोनों पक्षों को समृद्ध बनाएगा।

अध्याय-1

भगवान महावीर

वैदिक धर्म के समान ही जैन धर्म भी भारत के प्राचीनतम धर्मों में से एक है। मोहनजोदाड़ो की खुदाई में मिली प्रचान जैन मूर्तियों तथा अन्य ऐतिहासिक साक्ष्यों से यह बात निर्विवाद सिद्ध हो चुकी है। किंतु जैन धर्म की उत्पत्ति कदाचित वैदिक धर्म के उपरांत हुई क्योंकि यह एक प्रकार से वैदिक धर्म की प्रतिक्रिया स्वरूप प्रतिपादित हुआ, ऐसा कुछ विचारकों का मत है। इस तर्क के आधार पर यह धारणा बनाई जा सकती है कि जैन धर्म प्राचीन होने के बावजूद वैदिक धर्म से कुछ बाद में अस्तित्व में आया। लेकिन इस धारणा को मानने में समस्या यह है कि आदिनाथ एवं कुछ अन्य जैन तीर्थंकरों की चर्चा वेदों, वेदांत और उसके तुरंत बाद के वैदिक साहित्य में भी मिलती है। अत: इस बात की संभावना अधिक प्रतीत होती है कि दोनों धर्म समानांतर चले हों और एक-दूसरे से भिन्न दर्शन का प्रतिपादन करते हों। निश्चित रूप से ऐसा इसलिए नहीं कहा जा सकता क्योंकि वैदिक और जैन दोनों ही धर्म प्रागैतिहासिक हैं। जैन धर्म की प्राचीनता का अनुमान इस बात से भी लगाया जा सकता है कि वर्धमान महावीर का जन्म विद्वानों ने छठी शताब्दी ईसा पूर्व का निर्धारित किया है जो इस धर्म के चौबीसवें और अंतिम तीर्थंकर थे।

उल्लेखनीय बात यह है कि अंतिम तीर्थंकर भले ही रहे हों, भगवान महावीर का जैन धर्म में ऐसा स्थान है कि उनको जैन धर्म, जैसा कि आज है, का प्रवर्तक तक माना जाता है। उन्होंने अपनी मान्यताएं कायम कीं, अपने सिद्धांत प्रतिपादित किए और सारे विरोध एवं आलोचनाओं की परवाह न करके उन पर अडिग रहे। आलोचना और विरोध इसलिए कि उन्होंने तत्कालीन समाज में व्याप्त बुराइयों को दूर

करने के लिए संघर्ष किया। कोई भी ऐसा कदम उठाने वाला कभी विरोध से मुक्त हो ही नहीं सकता। आखिर वह अपने समय की मान्यताओं का विरोध जो करता है। इतने बड़े समाज में कुरीतियों को मिटाना और उनके स्थान पर नई परंपराओं को स्थापित करना कोई हंसी खेल नहीं। पर वह निरंतर प्रयासरत रहे। धीरे-धीरे उनके अनुयायियों की संख्या बढ़ती गई। उनकी असली ताकत यह थी कि जो भी उनके अनुयायी बने, उनकी महावीर स्वामी की मान्यताओं एवं सिद्धांतों में अडिग आस्था थी और वह भी विरोधों के किसी भी बवंडर का अपने तीर्थंकर के समान ही सामना कर सकते थे। महावीर स्वामी का उदाहरण उनके सामने था जो उनकी प्रेरणा और शक्ति बनकर उनका साथ देता था।

तत्कालीन सामाजिक कुरीतियों को दूर करने वाले और जैन धर्म में संशोधन करके उसे नया परिष्कार देने वाले महावीर स्वामी का जन्म ईसा से छठी शताब्दी पूर्व बिहार में पटना से लगभग 40 किलोमीटर दूर वैशाली के क्षत्रिय राजवंश में हुआ था। कुछ अन्य इतिहासकारों ने प्राचीन जैन ग्रंथों में उल्लेख के आधार पर महावीर स्वामी का जन्म 539 विक्रमी संवत पूर्व निर्धारित किया है। उनके पिता का नाम सिद्धार्थ और माता का नाम त्रिशलादेवी या प्रियकारिणी था। यह भी संभव है कि महारानी के दो नाम हों या यह उनका उपनाम या विशेषण हो। कहा जाता है कि एक रात महारानी प्रियकारिणी को स्वप्न में एक के बाद एक चौदह (एक अन्य विवरण के अनुसार सोलह) शुभ लक्षणों के दर्शन हुए। प्रातःकाल उन्होंने महाराज को इस विलक्षण स्वप्न के बारे में बताया कि उन्होंने सपने में श्वेत हस्ति, शुभ्रवर्ण सिंह, इसके बाद सूर्य, चंद्र, क्षीरसागर, कमल सरोवर और हीरे तथा अन्य बहुमूल्य मणियों वाले एक शुभ्र पर्वत को भी देखा। इन शुभ लक्षणों के साथ उन्होंने अपने सपने में देवी लक्ष्मी के दर्शन किए जो अपने हाथ में एक नीलकमल लिए हिमालय पर्वत के शिखर पर खड़ी थीं। राजा यह सब सुनकर बहुत विस्मित हुए। उन्होंने शीघ्र ही एक ज्ञानी ज्योतिषी को बुलाकर इस स्वप्न का फल पूछा। ज्योतिषी ने बताया कि ये अत्यंत शुभ लक्षण हैं और इस स्वप्न का अर्थ यह है कि उनके घर में एक अत्यंत महान आत्मा का जन्म होने वाला है। उनका यह पुत्र अजेय होगा। अतः या तो यह एक महापराक्रमी चक्रवर्ती सम्राट होगा या फिर महान जिन जो तीनों लोकों को अपने ज्ञान और विद्वता से अपने अधीन कर लेगा। इसके लाखों अनुयायी होंगे। आगे चलकर स्वप्नफल बताने वाले ज्योतिषी महाराज की दोनों ही बातें सत्य सिद्ध हुईं। महाराजा सिद्धार्थ का यह यशस्वी पुत्र प्रतापी राजा भी हुआ और समस्त मानवता को एक नया धार्मिक संदेश देने वाला युगप्रवर्तक भी।

ज्योतिषी ने अपनी भविष्यवाणी में कहा था कि भविष्य में महारानी की कोख से जन्म लेने वाला बालक चक्रवर्ती सम्राट या महान जिन होगा। अतः यहां यह जान लेना आवश्यक है कि जैन मत के अनुसार जिन और जैन की परिभाषा क्या है। उनके

अनुसार रागद्वेषादि दोषान् व कर्मशत्रुज्जयतीति जिनः, तस्यानुयायिनो जैनाः । अर्थात जिन्होंने काम, क्रोध आदि अठारह प्रकार के दोषों को जीत लिया है और पापों को उभारने वाले कर्मशत्रुओं पर भी विजय पा ली है, उनको जिन कहते हैं। ऐसे अत्यंत पवित्र महामुनियों के अनुयायी भक्तों को जैन कहा जाता है। जिन शब्द 'जि' धातु से बना है, जिसका अर्थ होता है जीतना। जिन का अर्थ है जीतने वाला। अर्थात जिस ने कामक्रोधादि समस्त विकारों पर विजय पा ली हो। इनमें से ही अत्यंत श्रेष्ठमनीषियों ने धर्म रूपी तीर्थ का निर्माण किया, अतः उनको तीर्थंकर कहा गया। तीर्थ का अर्थ सेतु है। अर्थात संसार सागर से पार जाने के लिए निर्मित सेतु या ऐसा स्थल जहां जाने पर वैतरणी पार करने की योग्यता प्राप्त हो सकती है। कर का अर्थ है करने वाला या निर्माता। अतः तीर्थंकर का अर्थ हुआ ऐसे तीर्थ का निर्माण करने वाला जिससे जन्म-मृत्यु के चक्कर से मुक्ति पाकर भवसागर पार जाकर मोक्ष प्राप्त किया जा सके।

जैन धर्म के ऐसे ही चौबीसवें एवं अंतिम तीर्थंकर महावीर स्वामी थे, जिनका जन्म समय आने पर महारानी त्रिशला की कोख से हुआ। तप्त कंचन के समान आभा वाले शरीर व दैदीप्यमान मुखमंडल एवं सुदृढ़ शरीर वाले इस शिशु को देखकर ही लगता था कि यह कोई साधारण मानव नहीं। माता-पिता तो ज्योतिषी की भविष्यवाणी से ही जान गए थे कि उनके यहां कोई महान आत्मा जन्म लेने वाली है। अतः उन्होंने आरंभ से ही उसकी अतिविशेष देखभाल का सारा प्रबंध कर लिया था। उन्होंने विद्वानों से परामर्श करके बालक का नाम वर्धमान रखा। पिता सिद्धार्थ को यह देखकर कोई आश्चर्य न हुआ कि वर्धमान को विधिवत शिक्षा देने की आवश्यकता ही नहीं पड़ रही थी। ऐसा प्रतीत होता था कि वह पहले से ही सब कुछ जानता है। कहा जाता है कि अपने पूर्व जन्म के कर्मों के फलस्वरूप वर्धमान समस्त विद्याओं में पारंगत होकर ही जन्मे थे। महाराज सिद्धार्थ के राजदरबार में बड़े-बड़े ज्ञानी, तपस्वी व मुनिजन पधारते थे। वे अत्यंत गुणग्राहक व विद्वानों, तपस्वियों का आदर करने वाले राजाओं में थे जो उनकी बातों को बड़े ध्यान से सुनते थे। वर्धमान भी उनके साथ रहते और बड़ी लगन से ऐसे विद्वानों की बातों और शास्त्रार्थ को सुनते जिसमें उनकी बहुत रुचि थी। बड़े-बड़े विद्वान उनकी तीक्ष्ण बुद्धि और अपार ज्ञान को देखकर चकित रह जाते।

समस्त विद्याओं के ज्ञाता और कुशाग्रबुद्धि होने के साथ-साथ ही वर्धमान अत्यंत साहसी और पराक्रमी भी थे। उनके ये गुण भी बहुत बचपन से ही प्रकट हो रहे थे। इस विषय में प्रचलित अनेक प्रसंगों में से एक यह भी है कि एक बार जब बालक वर्धमान अपने मित्रों के साथ खेल रहे थे तब अचानक एक काला नाग कहीं से निकल आया। उस विषधर को देखकर उसके सभी साथी डर के मारे भाग खड़े हुए। पर वर्धमान वहां से हटे नहीं। उन्होंने नाग को पूंछ से पकड़ा और उछाल कर बहुत दूर फेंक दिया। इस किंवदंती को एक और तरह से भी वर्णित किया जाता है।

इसके अनुसार एक बार जब देवराज इंद्र ने अपनी सभा में वर्धमान के निडर और साहसी होने की प्रशंसा की तो संगमदेव ने उत्सुकतावश उनके साहस की परीक्षा लेनी चाही। पृथ्वीलोक पर आकर उन्होंने वर्धमान को अन्य साथियों के साथ खेलते हुए देखा तो उनको भयभीत करने के लिए भयंकर नाग का रूप धारण करके अचानक उनके सामने प्रकट हो गए। अपने सामने अचानक आए भयंकर काले नाग की फुफकार सुनकर वर्धमान के सभी संगी-साथी प्राण लेकर भागे। अकेले वर्धमान ही आगे बढ़े और नाग को दुम से पकड़ कर दूर फेंक दिया।

तेरह वर्ष की आयु में राजकुमार वर्धमान का विवाह राजकुमारी यशोदा के साथ हो गया। वह कुलीन क्षत्रिय परिवार की अत्यंत रूपवती कन्या थी। कहा जाता है कि पूर्वजन्म से ही सब विद्याओं के ज्ञाता वर्धमान की रुचि विवाह एवं परिवार के बंधनों में बंधने की नहीं थी। लेकिन इसके साथ ही उनमें एक गुण यह भी था कि वह अपने माता-पिता की इच्छा का बहुत आदर करते थे और उनकी आज्ञा का कभी उल्लंघन नहीं करते थे। अत: जब विवाह की बात आई तो उन्होंने इच्छा न होने पर भी कोई विरोध नहीं किया। एक अन्य मत के अनुसार, विवाह और गृहस्थी के प्रति उदासीन वर्धमान महावीर ने कभी विवाह नहीं किया और वह आजन्म बालब्रह्मचारी ही रहे। जबकि उनके विवाहित होने के मत का समर्थन करने वाले यहां तक कहते हैं कि कालांतर में यशोदा से उनको एक पुत्री भी हुई थी जिसका नाम प्रियदर्शना था। इस कन्या का विवाह यमालि नामक एक क्षत्रिय योद्धा से हुआ था, जो बाद में महावीर स्वामी का अनुयायी बन गया था।

जैन मत के अनुसार प्रत्येक तीर्थंकर धर्म के आचरण के अपने विधिनिषेध और नियम निर्धारित करता है। महावीर स्वामी इसमें अग्रगण्य थे। उन्होंने न केवल प्राचीन जैन ग्रंथों का संशोधन-परिवर्धन किया और उनकी अभिनव व्याख्या प्रस्तुत की बल्कि पूरे उत्साह से उनका प्रचार भी किया। इस दृष्टि से वह तीर्थंकरों में अग्रगण्य हुए और कदाचित इसी कारण से उनको जैन धर्म का प्रवर्तक तक कहा जाता है जबकि वह 24वें और अंतिम तीर्थंकर थे। वह 23वें तीर्थंकर पार्श्वनाथ के बाद हुए। आदिनाथ या प्रथम तीर्थंकर श्रृषभदेव से लेकर 22वें तीर्थंकर नेमिनाथ तक का ऐतिहासिक वृतांत उपलब्ध नहीं है। अत: उनके जीवन वृत्त या कार्यकलाप के बारे में प्रमाणिकता के साथ कुछ कहना संभव नहीं है। केवल इतना कहा जा सकता है कि वे तीर्थंकर थे और जैन धर्म के विकास एवं विस्तार में उनका योगदान अत्यंत महत्वपूर्ण रहा। तेइसवें तीर्थंकर पार्श्वनाथ जी का महत्व भी जैन धर्म में उनके योगदान के लिए बहुत अधिक माना जाता है। वह भी राजपरिवार से थे और 30 वर्ष की आयु में ही राजपाट का सुखभोग त्याग कर मुनि हो गए थे। उन्होंने घोर तपस्या करके ज्ञान प्राप्त किया और उसके बाद आजीवन धर्म प्रचार में व्यस्त रहे। 70 वर्ष की आयु में नश्वर देह को त्याग कर उन्होंने मोक्ष प्राप्त किया।

राजकुमार वर्धमान का महावीर नाम कदाचित इसलिए प्रचलित हुआ होगा क्योंकि वह अदम्य साहसी थे और जैसा कि सर्प वाले वृतांत से जाहिर होता है, भय उनको छू भी नहीं गया था। लगता है राजकुमार के इन्हीं गुणों को देखकर पिता सिद्धार्थ ने उनको राजपाट सौंप दिया होगा। प्राप्त साक्ष्यों से इतना तो पता चलता है कि महावीर ने 30 वर्षों तक राज्य किया लेकिन उसके बारे में अधिक ऐतिहासिक जानकारी उपलब्ध नहीं है। कहा जाता है कि यद्यपि वह राजकाज का सारा कर्तव्य पूरी निष्ठा से निभाते रहे लेकिन सदा उसके प्रति निर्लिप्त रहे। उनका सारा ध्यान और प्रयास प्रजापालन में था, राजसुख भोगने में नहीं। महान मानवतावादी महावीर अपनी उदारता और जनकल्याण को अपनी प्रजा तक सीमित रखने से संतुष्ट न थे। वह समस्त मानवता के कल्याण के लिए काम करना चाहते थे, जो एक राज्य की सीमाओं में बंधकर और राजकाज चलाकर संभव नहीं था। यह तो किसी बड़े जनकल्याणकारी संदेश को जन-जन तक पहुंचा कर ही संभव था, जिसके लिए उन्हें राजकाज के बंधनों से आगे निकलकर सन्यास का मार्ग अपनाना ही श्रेयस्कर लगा। उनका मन, जो सांसारिकता से सदा विरक्त रहा, उन्हें और अधिक ज्ञानार्जन करके जनकल्याण के कार्यों में लगे रहने को प्रेरित करता रहता था। पर माता-पिता के प्रति असीम आदरमान रखने वाले महावीर उनके जीवन काल में कोई ऐसा कठोर निर्णय नहीं ले पाए। जब वह 28 वर्ष के थे, उनके माता-पिता का स्वर्गवास हो गया और उसके बाद से उनकी सन्यास ग्रहण करने की इच्छा दिनों-दिन तीव्र होती गई। उन्होंने इस बारे में अपने अग्रज भ्राता से बात की और उनसे राजपाट त्यागने की अनुमति चाही। परंतु उनके भाई ने यह कह कर महावीर को राजी कर लिया कि अभी माता-पिता को दिवंगत हुए थोड़ा ही समय हुआ है, अतः वह कुछ समय और राज्य की बागडोर संभालें। भाई की आज्ञा का उल्लंघन करना उन्होंने उचित नहीं समझा और उनके अनुरोध पर सन्यास ग्रहण की अपनी योजना को लंबित कर दिया।

आखिरकार वह दिन आ ही गया जब महावीर सर्वस्व त्याग कर सन्यासी हो गए। उन्होंने राजपाट तो छोड़ा ही, हर प्रकार की सांसारिक वस्तुओं का भी संपूर्ण त्याग कर दिया। यहां तक कि अपने वस्त्र भी त्याग कर दिगंबर हो गए। इस स्थिति में महामुनि होकर वह अपनी साधना के पथ पर चल निकले। उनके बारे में उल्लेखनीय बात यह है कि शैशवावस्था से लेकर अब तक वर्धमान महावीर को ज्ञानार्जन के लिए कभी किसी गुरु की आवश्यकता नहीं पड़ी। अपने पूर्व जन्म का सारा संचित ज्ञान लेकर उन्होंने इस जन्म में पदार्पण किया था और अब सर्वज्ञ होने के लिए उन्होंने आगे साधना करने का निश्चय कर लिया था।

एक अन्य मत के अनुसार वर्धमान महावीर अपने माता-पिता के जीवनकाल में ही राजपाट त्याग कर सन्यासी हो गए थे। पिता सिद्धार्थ को इसमें कोई आश्चर्य नहीं हुआ था। वह मन ही मन मान चुके थे कि उनका यह पुत्र साधारण मनुष्य

नहीं, न ही साधारण मनुष्य की तरह अपने कार्यकलाप को केवल राजकाज तक सीमित करने के लिए इस धराधाम पर अवतरित हुआ है। उसका काम बृहत है और उन्हें पुत्र मोह में पड़ कर उसकी इस महान योजना में व्यवधान उत्पन्न नहीं करना चाहिए। लेकिन माता त्रिशला पुत्र के इस निर्णय से बहुत अधिक व्याकुल हो गई। अपने पति और पुत्र दोनों के समझाने पर भी उनपर कोई असर न हुआ और उन्होंने पुत्र वर्धमान को रोकने की भरसक चेष्टा की। इस पर भी वर्धमान अपने निश्चय पर अडिग रहे। वह हर प्रकार के रागद्वेष से पूर्णतः मुक्त हो चुके थे और किसी भी प्रकार का सांसारिक बंधन उनको अपने निश्चय से डिगा नहीं सकता था। माता ने जब यह देखा तो वह विलाप करती हुई घरबार त्याग कर जाते पुत्र के पीछे चल पड़ीं। राजमाता को इस प्रकार जाते देख उनकी सखियां, दास-दासियां भी उनके साथ हो लिए। एक तरह का काफिला-सा बन गया और महावीर स्वामी के लिए विचित्र स्थिति उत्पन्न हो गई। बड़ी कठिनाई से किसी तरह समझाबुझा कर त्रिशला देवी को वापस मुड़ने के लिए राजी किया गया। तब महावीर अपने गंतव्य की ओर चल पड़े।

अपनी साधना आरंभ करने से पहले महावीर स्वामी ने पांच व्रत लिए। 1. मैं किसी अप्रिय स्थान पर नहीं ठहरूंगा। 2. मैं सदा मूर्तिवत खड़े रह कर साधना करूंगा। 3. मैं सामान्यतः मौन रहूंगा। 4. मैं सदा अपने हाथ की हथेली का ही भिक्षापात्र की तरह प्रयोग करूंगा। 5. मैं किसी गृहस्थ से याचना नहीं करूंगा। इसके बाद वह अपनी यात्रा पर चल पड़े। वह रात को किसी भी ऐसे स्थान पर जो उनको उपयुक्त लगे, रुक जाते थे। आमतौर पर ऐसी जगह चुनते जो एकांत हो और जहां आत्मचिंतन में बाधा न पड़े। फिर वह चाहे कोई खंडहर हो, समाधिक्षेत्र हो, उपवन हो। ऐसा न हो तो किसी वृक्ष के नीचे ही विश्राम करते। वह चलते-चलते भी अपनी त्रिकुटी पर ध्यान लगाए साधना करते। इधर-उधर देखने या अपने आसपास के परिवेश से वह पूरी तरह निर्लिप्त रहते। कई बार लोग उनकी यह विचित्र दशा देखकर व्यंग्य करते। कुछ दुष्ट तो उन पर प्रहार भी करते। पर महावीर स्वामी पर न तो इसका कोई असर होता न ही इससे उनका ध्यान भंग होता। उनके मन में किसी भी सांसारिक वस्तु के प्रति अब कोई आकर्षण नहीं रह गया था। पूर्णतः विरक्त भाव से वह रातदिन अपनी साधना में लीन थे। वह नितांत स्वल्प आहार करते और जल भी थोड़ी मात्रा में ही ग्रहण करते। वह इस बात का विशेष ध्यान रखते कि सृष्टि का छोटे से छोटा प्राणी भी उनसे आहत न हो।

महावीर स्वामी वर्षो तक इसी तरह अपनी साधना में लीन रहे। चलते-चलते वह उज्जयनी पहुंचे तो वहां श्मशान में जाकर घोर तपस्या में लीन हो गए। यहां उनके शरीर को तरह-तरह के कष्ट हुए। उनके शरीर पर सांप, बिच्छू और तरह-तरह के कीट रेंगते रहे। श्मशान के पिशाच उनको भयभीत करके उनका ध्यान भंग करने की चेष्टा करते रहे। पर वह तो भय को कभी का जीत चुके थे। कभी सुंदर स्त्रियां

आकर उनका तप भंग करने की कोशिश करतीं। वीतराग महावीर स्वामी पर इनका भला क्या प्रभाव पड़ सकता था! एक कथा के अनुसार उसी श्मशान में विराजे एक देवता ने जब महावीर स्वामी को वहां आकर तपस्यालीन होते देखा तो उनको यह अच्छा नहीं लगा। उन्होंने उनका तप भंग करने या परीक्षा लेने के लिए तरह-तरह के भयानक रूप धारण करके उनको विचलित करने का प्रयास किया। फिर उनको कई तरह के शारीरिक कष्ट पहुंचाए। इसमें सफल न होने पर सुंदरियों का रूप धारण करके उनको मोहित करने का भी प्रयत्न किया। जब इसका भी कोई प्रभाव न पड़ा तो उस देवता ने अपनी हार मान ली और महावीर स्वामी से क्षमा मांगी।

उज्जयनी की अपनी साधना पूर्ण करने के बाद महावीर स्वामी फिर आगे चल पड़े। वह रास्ते में भी मौन और साधनालीन होकर चलते थे। ऐसे में कोई उनसे कुछ कहता तो उत्तर न देते। चलते-चलते वह एक नगर में पहुंचे जहां सिपाहियों ने उनको चोर समझ कर पकड़ लिया। उस नगर में उन दिनों बहुत चोरियां हो रही थीं और चोर पकड़ में नहीं आ रहा था। सिपाहियों को शक था कि वह जरूर कोई बाहर का आदमी है, क्योंकि नगर में कभी कोई चोरी नहीं हुई थी और वहां के नागरिक कभी ऐसा अपराध नहीं करते थे। राजा ने सिपाहियों को कठोर आदेश दिया था कि किसी भी तरह चोर को पकड़ कर उनके सामने उपस्थिति करें। सिपाहियों को शक हुआ कि हो न हो यह वही चोर है जो अपने बचाव के लिए साधु का वेश धारण किए हुए है ताकि उस पर शक न हो। उन्होंने महावीर स्वामी से कुछ सवाल पूछे पर कोई उत्तर न मिला। इस पर उन दुष्टों ने उनको मारापीटा। पर शरीर से पूरी तरह विरक्त हो चुके महावीर पर इसका कोई असर न हुआ। अंततः वह उनको पकड़ कर राजा के सामने ले गए। राजा ने सारा वृतांत सुनकर महावीर स्वामी से पूछा कि क्या तुमने चोरियां की हैं? कोई जवाब न मिलने पर वह बहुत क्रोधित हुआ। वह अज्ञानी क्या जानता था कि उसकी अपेक्षा बहुत बड़े साम्राज्य के स्वामी अपना सर्वस्व त्याग कर आत्मज्ञान के लिए कठिन साधना कर रहे हैं। उसने गुस्से में धमकी दी कि अगर अब भी तुमने जवाब न दिया तो फांसी पर लटका दिए जाओगे। फिर भी कोई उत्तर न मिला तो राजा ने आदेश दिया कि इसे फांसी पर लटका दो। स्वभावतः अत्यंत विनम्र महावीर स्वामी कभी किसी तरह के चमत्कार का प्रदर्शन नहीं करते थे, हालांकि उनके लिए यह कोई बड़ी बात न थी। पर परिस्थितिवश विवश होकर उनको एक छोटा-सा चमत्कार करना ही पड़ा। उनको फांसी देने के लिए जब उनके गले में रस्सी का फंदा डाला गया, तो वह अपने आप खुल गया। वधिक ने बार-बार फंदा बनाया पर वह हर बार अपने आप खुल जाता था। राजा और सभी प्रत्यक्षदर्शी यह देख कर अवाक रह गए। राजा समझ गया कि जिसे हम लोग चोर समझने की भूल कर रहे थे, वह अद्‌भुत शक्तियों से संपन्न कोई बहुत बड़े साधक हैं जो अपनी साधना में लीन होने के कारण किसी की बात का जवाब

नहीं देते। वह बहुत लज्जित हुआ और उसने महावीर स्वामी से क्षमा याचना करते हुए आदेश दिया कि उनको आदरपूर्वक मुक्त कर दिया जाए।

अपनी मौनी अवस्था में ही उन्होंने वहां से प्रस्थान किया। वह सब प्रकार के शारीरिक कष्टों से निर्लिप्त रहकर निरंतर साधनारत रहते थे। सर्दी के मौसम में वह किसी घनी छाया में तप करते और गर्मी में तेज धूप में तपस्या करते। वह नितांत स्थिर होकर ध्यानस्थ हो जाते। फिर चलने पर भी साधना में व्यस्त रहते। इस प्रकार चलते-चलते वह कौशांबी पहुंचे। फिर वहां से चलकर एक गांव में पहुंचे जिसके पास ही ऋजुवलुका नदी बहती थी। नदी तट पर उन्होंने एक शलमू वृक्ष के नीचे साधना करना आरंभ कर दिया। इसी वृक्ष के नीचे रहकर उन्होंने घोर तपस्या करके केवल ज्ञान प्राप्त किया। अब वह सर्वज्ञ हो गए थे। कल्पसूत्र के अनुसार अर्हंत पद को प्राप्त महावीर स्वामी अब सर्वज्ञ और सर्वदर्शी हो गए थे। वह अब समस्त लोकों के देवी-देवताओं, मानवों व अन्य सभी प्राणियों के आवागमन के चक्र एवं कार्यकलाप को देख सकते थे। वह उनके मन के विचारों को भी जान सकते थे। उनको यह सब दृष्टिगोचर था।

जिन की स्थिति को प्राप्त महावीर स्वामी को केवल्य ज्ञान की उपलब्धि तेरह वर्ष के तप और साधना के बाद हुई थी। उसी दिन नदी तट पर अपराह्न एक सभा आयोजित की गई जिसमें वर्धमान महावीर ने अपना पहला प्रवचन दिया। इसके बाद वह रातभर लगातार चलकर 12 योजन की दूरी पर मध्यमपरा नामक स्थान पर पहुंचे और वहां अपना प्रवचन दिया। जनसाधारण को अपनी बात समझाने के लिए भगवान महावीर अर्धमागधी भाषा में उपदेश दिया करते थे, जो उस समय के सामान्यजन की भाषा थी। धार्मिक प्रवचनों के लिए संस्कृत भाषा का प्रचलन होने के कारण यह भी उनका एक नया प्रयास था जो एक प्रकार से संस्कृत और संस्कृत के विद्व ानों के लिए चुनौती ही थी। इसकी प्रतिक्रिया स्वाभाविक थी। कई कथित विद्वानों ने इसका विरोध किया। भगवान महावीर के संस्कृत में प्रवचन न देने के कारण यहां तक कहा गया कि शायद वह पूरी तरह शिक्षित नहीं। तभी आम गंवारों जैसी भाषा बोलते हैं। फिर उनको आध्यात्म के गूढ़ तत्वों का ज्ञान क्या होगा। यह चर्चा विदेह देश के वेदों के महान ज्ञाता इंद्रभूति के कानों तक पहुंची तो वह उस मुनि की परीक्षा लेने के लिए तत्काल अपनी शिष्य मंडली के साथ रवाना हो गए, जो वैदिक दर्शन से इतर दर्शन का प्रतिपादन करने वाले प्रवचन देता था और वह भी साधारण भाषा में। इंद्रभूति का जब भगवान महावीर से साक्षात्कार हुआ तो उन्होंने बिना पूछे ही उनका नाम लेकर कहा कि आपको अमुक शंका परेशान कर रही है जिसका समाधान अब तक किसी ने नहीं किया । दरअसल यह वेदवाक्य की सही व्याख्या न किए जाने से उत्पन्न हुई है। इसके बाद उन्होंने इंद्रभूति की समझी व्याख्या बताई और उसके बाद उसकी गलती को समझाते हुए सही व्याख्या बताकर उनकी

शंका का समाधान कर दिया। कहां तो अपनी विद्वता के मद में मस्त इंद्रभूति भगवान महावीर के ज्ञान की परीक्षा लेने आए थे और अब वह उनके चरणों में नतमस्तक होकर उनके शिष्य बन गए। आगे चलकर वह भगवान महावीर के अत्यंत प्रमुख शिष्यों में से एक हुए और गौतम स्वामी के नाम से प्रसिद्ध हुए।

भगवान महावीर के प्रवचनों का श्रोताओं पर अत्यंत गहरा प्रभाव पड़ा और उनकी शिष्य मंडली तेजी से बढ़ने लगी। प्राचीन जैन ग्रंथों के हवाले से बताया गया है कि उनके जीवनकाल में ही उनके अनुयायियों में 28 हजार मुनि, 36 हजार अर्जिकाएं, एक लाख श्रावक और तीन लाख श्राविकाएं हो गईं थीं। अन्य स्रोतों को देखें तो इन संख्याओं में थोड़ा अंतर भी मिलता है। एक अन्य स्रोत कल्पसूत्र के अनुसार उनके जीवनकाल में शिष्यों में 14 हजार मुनि, 36 हजार अर्जिकाएं, एक लाख 49 हजार श्रावक और तीन लाख 18 हजार श्राविकाएं थीं। भगवान महावीर के 11 गणधर थे। एक अन्य सूत्र के अनुसार भगवान महावीर के मुनियों को नौ गणों में विभक्त किया गया था और प्रत्येक गण का एक गणधर था अर्थात उनके 11 नहीं नौ गणधर थे। अर्जिकाओं में मुख्य सुलासा और रेवती थीं। समस्त मुनियों को वर्गों में विभाजित किया गया था जिनको उनके प्रमुख गणधर निर्देश देते थे। आचार्य इंद्रभूति उनके वरिष्ठतम गणधर थे। उनके बाद अग्निभूति और फिर वायुभूति थे। इन तीनों गणधरों के अधीन पांच-पांच सौ मुनि थे जिनको वह निर्देश देते थे। इनके बाद वरिष्ठता के क्रम में आचार्य व्यक्त और आचार्य सुधर्मन थे। इनके अधीन भी पांच-पांच सौ मुनि थे। आचार्य मंदिकापुत्र और आचार्य मौर्यपुत्र, ये दोनों 250-250 मुनियों को निर्देश देते थे। आचार्य अकंपित और आचार्य अचलभ्रात्र 300-300 मुनियों को निर्देश देते थे। आचार्य मैत्रेय और आचार्य प्रभास के अधीन भी 300-300 मुनि थे जिनको वे निर्देश देते थे।

इस प्रसंग में सबसे अधिक विस्मयजनक और खेदजनक बात यह है कि इन सभी 11 गणधरों में से कोई भी जीवित नहीं बचा। भगवान महावीर के निर्वाण के साथ ही उन सब ने निर्जल उपवास करके अपने शरीर त्याग दिए। बताया जाता है कि उन सब ने एक माह तक अन्न जल ग्रहण नहीं किया और नश्वर शरीरों का त्याग कर मोक्ष को प्राप्त हुए। एक और उल्लेखनीय बात यह हुई कि इनमें से आचार्य सुधर्मन के अतिरिक्त किसी का कोई उत्तराधिकारी नहीं था। अत: उनकी परंपरा उनके जीवनकाल तक सीमित रह कर उनके साथ ही समाप्त हो गई।

भगवान महावीर ने निरंतर तीस वर्षों तक देश के विभिन्न भागों का पैदल भ्रमण करके जैन धर्म का उपदेश दिया। वह प्रतिदिन चार बार प्रवचन देते थे जिनको सुनने के लिए जनसाधारण से लेकर नगर सेठ और बड़े-बड़े सामंतों से लेकर राजा तक आते थे। इनमें से अनेक ने जैन धर्म अपनाया और उसके सिद्धांतों के अनुरूप आचरण करके श्रेष्ठ मनुष्य बनने का प्रयास किया। आचार्य गौतम ने उनके इन

उपदेशों को 12 ग्रंथों में संकलित किया। 72 वर्ष की आयु तक भगवान महावीर ने जन-जन के कल्याण के लिए निरंतर अपने प्रवचन दिए और फिर विक्रमी संवत पूर्व 467 में निर्वाण प्राप्त किया। आचार्य इंद्रभूति और आचार्य सुधर्मन के अतिरिक्त अन्य सब गणधरों ने भगवान महावीर के जीवनकाल में ही देह त्याग दी थी। इन दोनों गणधरों ने उनके निर्वाण के बाद शरीर का त्याग किया। कदाचित इसके पीछे यह विचार रहा होगा कि संसार में अपने धर्म का प्रचार करने और विश्व मानवता को जैन धर्म का संदेश देने का उनका कार्य पूरा हो गया है। आगे इसके प्रचार प्रसार के लिए बहुत बड़ी संख्या में मुनि और अर्जिकाएं हैं। अब हमें निराहार और निर्जल रह कर शरीर त्याग देने चाहिए ताकि मोक्ष प्राप्त कर सकें।

भगवान महावीर के निर्वाण प्राप्त करने और उनके गणधरों के भी शरीर त्याग कर मोक्ष प्राप्त करने के बाद जैन धर्म की बागडोर दूसरी पंक्ति के प्रमुख मुनियों के हाथ में आ गई। इनमें आचार्य भद्रबाहु प्रमुख थे, जिन्होंने बड़ी योग्यता व विद्वता के साथ संघ का संचालन किया। सात वर्ष के परिश्रम के बाद जब उनको लगा कि सब-कुछ सुचारु रूप से चल रहा है तो उन्होंने संघ के संचालन का काम अपने शिष्य स्थूलभद्र को सौंप दिया। इसके बाद आचार्य स्वयं धर्मप्रचार एवं विस्तार के लिए दक्षिण की यात्रा पर निकल पड़े। स्थूलभद्र अपने गुरु के योग्य शिष्य थे। वह धर्म के तत्व को समझते थे। उन्होंने अपने कुछ अन्य मुनियों के साथ मिलकर जैन ग्रंथों का संपादन-परिवर्धन करने की एक महती योजना बनाई और उस पर कार्यान्वयन आरंभ कर दिया। इस विषय पर सब की सहमति लेने के लिए स्थूलभद्र ने पाटलीपुत्र में जैन मुनियों के एक महासम्मेलन का भी आयोजन किया। आचार्य स्थूलभद्र के बारे में सबसे उल्लेखनीय बात यह रही कि उन्होंने जैन मुनियों को दिगंबर रहने की अपेक्षा श्वेत वस्त्र धाारण करने का निर्देश दिया। वस्त्र न पहनने की प्रथा उनको पसंद न थी और आचार्य भद्रबाहु के जाने के बाद उनको इसमें परिवर्तन करने का अवसर मिल गया। आचार्य भद्रबाहु जब दक्षिण से लौटे तो उनको पुरानी परंपरा का उल्लंघन बहुत अखरा। उन्होंने इसे सिरे से खारिज कर दिया। इस तरह दोनों आचार्यों और उनकी शिष्यमंडली में तीव्र मतभेद हो गया और अंततः जैन धर्म के अनुयायी दो वर्गों में विभाजित हो गए। एक दिगंबर कहलाए और दूसरे श्वेतांबर।

भगवान महावीर की विश्व मानवता को सबसे बड़ी देन उनके द्वारा प्रवर्तित जैन धर्म का अहिंसा का सिद्धांत है। ऐसा नहीं कि अहिंसा की मान्यता उनसे पहले नहीं थी। लेकिन इन्होंने इसकी विषद व्याख्या की और अत्यंत व्यापक स्तर पर इसका प्रचार किया। यह उनका इतना महत्वपूर्ण योगदान था कि महावीर स्वामी को 24वें तीर्थंकर होने के बावजूद कुछ लोग जैन धर्म का प्रवर्तक तक कहते हैं। क्षुद्र से क्षुद्र और सूक्ष्म से सूक्ष्म को भी कष्ट पहुंचाना उनके अनुसार हिंसा है। अपनी इंद्रियों को वश मे रखकर ही अहिंसा का पालन किया जा सकता है। उनका कहना था

कि जो अपने सुख की तरह दूसरों के सुख का ध्यान रखते हैं, वे हिंसां के पाप से बचे रहते हैं। भय या प्रतिशोध की भावना भी हिंसा को जन्म देती है। जैसे कि अमुक व्यक्ति ने कभी मुझे मारा था, मैं इसे मारूंगा। या फिर अमुक व्यक्ति मुझे कभी मार सकता है इसलिए उचित यही होगा कि मैं उसे मारूं। हर तरह के भय या बदले की भावना से बच कर रहने से इस तरह की हिंसा के पाप से बचा जा सकता है। अनजाने में भी हिंसा हो जाती है जैसे कि हम अपनी लापरवाही से सूक्ष्म जीवों की तरफ ध्यान नहीं देते और वे हमारे हाथों कष्ट पाते हैं या फिर मारे जाते हैं। उनकी सुरक्षा के प्रति सचेत रहकर इस प्रकार की हिंसा के पाप से बचा जा सकता है। उनका कहना था कि धर्म का आचरण वर्तमान जीवन या अगले जीवन में सुख-समृद्धि पाने के लिए नहीं करना चाहिए। धर्म का आचरण पद या यश की प्राप्ति के लिए भी नहीं करना चाहिए। धर्म का आचरण आत्मा की मुक्ति के लिए करना चाहिए। हमारी आत्मा ही हमारे आनंद का कारण है। यही हमारी मित्र भी है और शत्रु भी यही बन सकती है। आनंद की कामना है तो उसे अपने अंतरतम में खोजो। स्थायी आनंद वहीं से उपजता है। किसी के प्रति भी पूर्वाग्रह का भाव न रखो। तभी हर कोई मित्र दिखाई देगा। शांति भी अपने अंदर ही खोजनी चाहिए न कि कहीं बाहर, क्योंकि हमारा अंतरतम शांति का अजस्र स्रोत है।

जैन धर्म सृष्टि के रचनाकार के रूप में ईश्वर के अस्तित्व को नहीं मानता। लेकिन वह पूरी तरह से किसी पारलौकिक सत्ता का अस्तित्व न होने की बात भी नहीं करता। उनके यहां आत्मा को सर्वाधिक महत्व दिया जाता है, जो अमर है। यह सब कालों और युगों में विभिन्न स्थितियों में विद्यमान रहती है। इस दृष्टि से यह ईश्वरवाद और अनीश्वरवाद के बीच की कड़ी है। भगवान महावीर ने कर्म को बहुत महत्व दिया है। उनके अनुसार जैसा कर्म करोगे, उसके अनुरूप फल मिलेगा। अतः सदा सत्कर्म करने चाहिए। संक्षेप में कहें तो अहिंसा, सत्य, अस्तेय (चोरी न करना), ब्रह्मचर्य और अपरिग्रह जैन धर्म के मुख्य सिद्धांत हैं। कहने की आवश्यकता नहीं कि इन पर आचरण करके कोई भी एक अच्छा आदमी बन सकता है। अहिंसा का सिद्धांत तो सर्वोपरि है ही। यदि समस्त मानव इस में आस्था रखें तो स्थायी विश्वशांति अपने आप ही स्थापित हो जाएगी।

卐卐卐

अध्याय-2

भगवान बुद्ध

ईसा से छठी शताब्दी पूर्व नेपाल की तराई में एक छोटा-सा राज्य था, कपिलवस्तु। वहां के क्षत्रिय राजा शुद्धोधन बड़े धर्मपरायण और प्रजापालक थे। राजा शुद्धोधन की दो रानियां थीं – महामाया और महाप्रजापति। ये दोनों ही कोलि देश के राजा की पुत्रियां थीं। सगी बहनें होने के कारण दोनों में असीम प्यार था। दोनों ही अत्यंत रूपवती, धर्मपरायण और मृदु स्वभाव की थीं। राजा शुद्धोधन अपनी दोनों रानियों से बहुत प्रेम करते थे। कहा जाता है कि एक रात रानी महामाया ने एक अद्‌भुत स्वप्न देखा। सपने में उनको एक दिव्य ज्योति के दर्शन हुए जिसने उनकी कोख में प्रवेश किया। एक अन्य कथा के अनुसार उन्होने सपने में एक दिव्य श्वेत हस्ति के दर्शन किए जिसने उनको प्रणाम किया और उसके बाद उनकी कोख में प्रविष्ट हो गया। प्रातःकाल उठने पर रानी ने अपने पति को इस सपने के बारे में बताया तो उन्होंने विद्वान ज्योतिषियों को बुला कर उस सपने के फल के बारे में पूछा। उन्होंने कहा कि राजन आपको एक पुत्र की प्राप्ति होगी। यह या तो महाप्रतापी राजा बनेगा या फिर गृहस्थ जीवन त्याग कर कोई महान महात्मा। पुत्र प्राप्ति का शुभ समाचार जानकर राजा शुद्धोधन बहुत प्रसन्न हुए। जहां तक पुत्र के तपस्वी होने की बात थी, उन्होने उसी समय ठान लिया कि उसका सारा ध्यान सांसारिक कर्मों में ऐसा लगाएंगे कि इसकी कोई संभावना ही न रहे।

समय बीतता गया। जब महारानी महामाया के पुत्र जन्म का समय निकट आने लगा तो उन्होंने अपने पति से अनुरोध किया कि वह प्रसव के लिए अपने मायके जाना चाहती हैं। राजा शुद्धोधन ने सहर्ष इसकी अनुमति दे दी। यात्रा का पूरा प्रबंध

हो गया और महारानी दास-दासियों के साथ पूरा तामझाम लेकर अपने मायके देवहर के लिए रवाना हो गई। कपिलवस्तु से देवहर लगभग 24 मील की दूरी पर था और रानी का काफिला मंथर गति से पूरे आराम के साथ उस ओर बढ़ रहा था। इसके लगभग आधे रास्ते में लुम्बिनी वन था। जब रानी वहां पहुंची तो उनको वन का वातावरण बहुत सुंदर लगा। वहां के पशु-पक्षियों और हरे-भरे वृक्षों एवं लताओं की छटा उनको बहुत भाई। रानी ने इच्छा प्रकट की कि कुछ समय वह इस वन में विहार करेंगी। दास-दासियों ने फौरन इसका इंतजाम कर दिया। लुम्बिनी वन में विहार करते-करते ही एक दिन रानी को अचानक प्रसव पीड़ा हुई और उन्होंने वहीं एक सुंदर पुत्र को जन्म दिया। वह 566 ईसा पूर्व पूर्णिमा का दिन था। हरकारे दौड़ाए गए और महाराज के पास यथाशीघ्र यह शुभ समाचार पहुंचाया गया। ज्योतिषियों की भविष्यवाणी सत्य हुई जान महाराज शुद्धोधन आनंद विभोर हो उठे। उन्होंने तुरंत कुछ और दास-दासियों आदि को लुम्बिनी वन भेजा और बड़े समारोह पूर्वक नवजात राजकुमार को कपिलवस्तु लाया गया। शिशु का नाम सिद्धार्थ गौतम रखा गया। राजा ने एक बार फिर ज्योतिषियों और महात्माओं को बुलाकर शिशु की जन्मकुडंली बांचने और उसके सामुद्रिक लक्षणों का विवेचन करने को कहा। उस समय सात ब्राह्मण बुलाए गए थे। उन्होंने भी वही भविष्यवाणी की कि यह बालक या तो महाप्रतापी राजा होगा या कोई महाज्ञानी अर्थात बुद्ध होगा। उनमें से एक ब्राह्मण ने निश्चय पूर्वक कहा कि इसके गृहस्थ जीवन में रुचि लेने या राजपाट संभालने का प्रश्न ही नहीं उठता। यह तो बुद्ध ही होगा जो समस्त मानवता का अपने उपदेशों से कल्याण करेगा।

सिद्धार्थ जब केवल सात दिन के ही थे तभी दुर्भाग्यवश उनकी माता का देहांत हो गया। उनकी सौतेली मां महाप्रजापति ने तत्काल उनके लालन-पालन का उत्तरदायित्व संभाल लिया। महाप्रजापति ने सिद्धार्थ का पूरे लाड़प्यार से पालन-पोषण किया और बालक को कभी अपनी माता की कमी का एहसास नहीं होने दिया। आखिर वह उसकी सगी बहन का बेटा था। इसके अलावा राजमहल में बालक के पालन-पोषण के लिए धाय, दास-दासियों की भरपूर व्यवस्था तो थी ही। राजा शुद्धोधन ने अपने पुत्र की शिक्षा-दीक्षा का भी उचित प्रबंध कर दिया था। उसे शास्त्रों की शिक्षा देने और भाषा ज्ञान के लिए विद्वान पंडितों को नियुक्त किया गया था तो राजकुमार को शस्त्र-विद्या सिखाने के लिए युद्धकला में निपुण क्षत्रिय योद्धाओं को तैनात किया गया था। वे उनको शस्त्र संचालन का प्रशिक्षण देने के साथ-साथ शिकार के लिए निकटस्थ वन में भी ले जाते थे ताकि निशाना साधने का अभ्यास हो। लेकिन उन्होने देखा कि राजकुमार ने न तो शस्त्र संचालन में कभी उत्साह दिखाया और न ही आखेट में। उन्होंने देखा कि वह किसी पशु पर निशाना साधते भी तो तीर न छोड़ते। वह गंभीर स्वभाव के थे। एक बार एक शिक्षक के पूछने पर उन्होंने उत्तर दिया कि जब मैं किसी को जीवन दे नहीं सकता तो मुझे किसी का जीवन लेने का क्या अधिकार है! दिन बीतते गए। राजकुमार सिद्धार्थ

सोलह वर्ष के हो गए। राजा शुद्धोधन ने उनके आमोद-प्रमोद की पूरी व्यवस्था उनके लिए बनाए गए विशेष महल में कर दी। राजा को ज्योतिषियों की भविष्यवाणी याद थी। अतः उन्होंने ऐसा प्रयास किया कि राजकुमार रागरंग में डूबे रहें और वैराग्य का विचार उनके सपने में भी न आए। राजा के अपने राजकुमार के लिए इस तरह का प्रबंध करने के पीछे जो विचार था, प्रजाजनों को तो उसका तनिक भी भान न था। कपिलवस्तु की प्रजा में इस तरह की धारणा फैलने लगी कि राजकुमार सिद्धार्थ तो दिन-रात भोगविलास में निमग्न रहते हैं। कल को राजपाट उनके हाथ में आएगा तो वह प्रजापालन क्या करेंगे। बाकी की कसर युवा राजकुमार की शस्त्र विद्या और आखेट में अरुचि ने पूरी कर दी। यह चर्चा भी आम हो गई कि राजकुमार शस्त्र विद्या में निपुण नहीं हैं। कल को राज्य पर किसी शत्रु ने आक्रमण कर दिया तो वह राज्य की रक्षा क्या करेंगे!

रानी महाप्रजापति पुत्र की गतिविधियां देख कर चिंतित हो उठीं। प्रजा में जो कुछ चर्चा हो रही थी, उसकी जानकारी भी उनको रहती थी। उन्होंने इस बारे में सिद्धार्थ से बात करने का मन बना लिया। उन्होंने पुत्र को समझाया कि इस तरह की आशंकाएं राज्य के लिए अच्छा शगुन नहीं। आपको शस्त्रज्ञान प्राप्त कर प्रजा की इन शंकाओं का निवारण करना होगा। इस पर सिद्धार्थ ने उत्तर दिया कि आप महाराज से कह कर नगर में डोंडी फिरवा दें कि मैं आज से सातवें दिन अपनी शस्त्रविद्या का सार्वजनिक प्रदर्शन करूंगा। इस पर रानी को आश्चर्य तो हुआ पर उन्होंने ऐसा ही किया। सातवें दिन जब भारी संख्या में प्रजाजन अपने राजकुमार के शस्त्रकौशल को देखने के लिए इकट्ठे हुए तो सिद्धार्थ के करतब देखकर दंग रह गए। शिक्षकों ने जो भी प्रशिक्षण दिया था उसे राजकुमार ने पूरी एकाग्रता से ग्रहण किया था। उनकी अरुचि किसी भी विद्या के अर्जन से नहीं थी। उनकी अरूचि किसी भी तरह की हिंसा के प्रति थी। इस भेद को साधारण प्रजाजन नहीं समझ सकते थे।

अपने होनहार और प्रिय पुत्र को सांसारिक बंधनों में बांधने के लिए राजा शुद्धोधन ने एक और उपाय किया। उन्होंने सिद्धार्थ का विवाह एक अत्यंत सुंदर राजकुमारी यशोधरा से कर दिया। हर प्रकार के राजसी सुखभोग में पलेबढ़े राजकुमार सिद्धार्थ गंभीर स्वभाव के थे। उनका मन धीरे-धीरे न केवल आमोद-प्रमोद से बल्कि पारिवारिक बंधनों से भी उचाट होता जा रहा था। कोई अंत:प्रेरणा थी जो उनको इससे दूर ले जाना चाहती थी। वह अक्सर बहुत गंभीर हो जाते और देर तक गहन चिंतन में डूबे रहते। अपने विद्वान शिक्षकों से उन्होंने जो शास्त्रों की शिक्षा ग्रहण की थी, उस पर आगे मनन करते रहना उनका स्वभाव बन गया था। दरअसल वह राजपाट संभालने या राजसी सुख भोगने के लिए तो इस संसार में आए ही नहीं थे।

फिर एक के बाद एक जो विचित्र घटनाएं घटीं जिन्होंने सिद्धार्थ को अंततः घरबार त्यागने को प्रेरित किया। वह अपने रथ पर नगर भ्रमण के लिए निकले थे।

रथ राजमार्ग से जा रहा था कि उन्होंने एक अत्यंत वृद्ध व्यक्ति को देखा। उसकी कमर झुकी हुई थी। हाथ में लाठी थी जिसके सहारे वह किसी तरह कठिनाई से चल रहा था। सारा शरीर जर्जर सा था और चेहरे पर झुर्रियां पड़ी थीं। सिद्धार्थ ने अपने सारथी छंदक से उस व्यक्ति के बारे में पूछा कि वह ऐसा क्यों है। सारथी ने जवाब में समझाया कि यह वृद्धावस्था के कारण है और एक न एक दिन हर किसी की ऐसी अवस्था अवश्य होती है। सिद्धार्थ को बड़ा दुख हुआ। उनका मन खिन्न हो गया और वह भ्रमण का विचार त्याग कर महल लौट आए। एक और दिन ऐसा हुआ कि नगर भ्रमण के दौरान राजकुमार ने एक रोगी को देखा। उन्होंने एक बार फिर जिज्ञासावश छंदक से पूछा कि इस व्यक्ति की ऐसी दशा क्यों है। उसने बताया कि यह रोग के कारण है और हर किसी को कभी न कभी कोई रोग हो सकता है। तीसरी घटना इससे भी अधिक मर्म पर चोट करने वाली थी, जब राजकुमार ने ऐसे ही एक भ्रमण के दौरान कुछ अत्यंत गंभीर और शोक में डूबे लोगों को एक मृत व्यक्ति को ले जाते देखा। एक बार फिर छंदक ने राजकुमार को बताया कि उस व्यक्ति की मृत्यु हो गई है और एक ना एक दिन सभी को काल का ग्रास बनना होता है। इससे कोई नहीं बच सकता। इसका अर्थ आम लोगों के लिए जो कुछ भी हो, सिद्धार्थ गौतम के लिए यह हुआ कि संसार दुखमय है। इसमें लिप्त रहना उचित नहीं। पहले से ही वैरागी स्वभाव के राजकुमार के मन में तीव्र वैराग्य जाग उठा। उन्होंने मन ही मन निश्चय कर लिया कि सांसारिक सुखों का त्याग कर उस सत्य की खोज करेंगे, जो इन दुखो से मुक्ति दिला सके। तभी मानवता का कल्याण होगा।

महल लौटने के बाद राजकुमार सिद्धार्थ वहुत उद्विग्न थे। वह अब गृहस्थी के वातावरण में नहीं रहना चाहते थे। संयोग से महल लौटते ही उनको यह शुभ समाचार मिला कि उनको एक पुत्र हुआ है। राजा शुद्धोधन स्वभावतः एक पोता पाकर बहुत प्रसन्न हुए। पर सिद्धार्थ गंभीर बने रहे। उन्होंने राहुल के जन्म के उपलक्ष में मनाए गए उत्सव में भाग तो अवश्य लिया, पर सारे आमोद-प्रमोद और खुशियों के माहौल में भी गंभीर बने रहे। रात को शैया पर भी उनको नींद नहीं आई। आखिरकार आधी रात को उन्होंने घरबार त्याग कर सन्यासी बनने का मन बना लिया। वह अंतिम बार अपनी पत्नी और पुत्र को देखने के लिए उनके कक्ष में गए, जहां यशोधरा अपने नवजात शिशु के साथ गहरी नींद में सोई हुई थी। उसे इस बात की तनिक भी आशंका नहीं थी कि उसके साथ क्या होने वाला है। सिद्धार्थ ने नजर भर के उन दोनों को देखा और फिर चुपके से बाहर आ गए। आकर उन्होंने अपने सारथी छंदक को जगाकर कहा कि उनका घोड़ा तैयार करे। इतनी रात राजकुमार कहां जाएंगे, यह पूछने पर सिद्धार्थ ने बता दिया कि उन्होंने गृहत्याग का दृढ़ निश्चय कर लिया है। छंदक अपने स्वामी की आज्ञा का उल्लंघन नहीं कर सकता था। उसने राजकुमार का अश्व सजाकर हाजिर कर दिया। सिद्धार्थ उस पर सवार हुए

और धीरे-धीरे कपिलवस्तु से बाहर की ओर चल दिए। छंदक उनके पीछे-पीछे चल रहा था। कपिलवस्तु बहुत बड़ा राज्य नहीं था। पौ फटने तक वे दोनों उसकी सीमाओं से बाहर पहुंच गए थे। वहां सिद्धार्थ अपने अश्व से उतरे। उन्होंने अपने बहुमूल्य आभूषण और राजसी वस्त्र उतार कर छंदक को दे दिए। फिर सन्यासियों के से वस्त्र पहन लिए। उन्होंने छंदक से कहा कि वह उनके माता-पिता, पत्नी और अन्य प्रियजनों को बता दें कि राजकुमार ने सन्यास ग्रहण कर लिया है। छंदक ने बहुत अनुनय-विनय की। बहुत समझाया कि स्वामी अपनी प्रिय पत्नी और नवजात शिशु की खातिर लौट चलिए। स्वामी अपने माता-पिता का भी ख्याल कीजिए, यह समाचार जानकर उनको कितना दुख होगा। लेकिन सब तरह की मोहमाया से मुक्त हो चुके सिद्धार्थ पर इन बातों का कोई प्रभाव नहीं पड़ा। उन्होंने छंदक से कहा कि मैं सत्य की खोज में निकला हूं और अपने उद्देश्य में सफल होने के बाद ही लौटूंगा। गृहत्याग के समय उनकी अवस्था 29 वर्ष की थी।

राजकुमार का घोड़ा और वस्त्राभूषण लेकर रोता-कलपता छंदक कपिलवस्तु लौटा तो उसके मुख से सारा समाचार सुनकर राजमहल में शोक का सन्नाटा छा गया। राजा-रानी पुत्र के बिछुड़ने के शोक में व्याकुल हो गए और यशोधरा इस आघात से सन्न रह गई। एक दिन पहले उसके जीवन में राहुल के जन्म के साथ उजाला आया था और अब उसे बाकी सारा जीवन अंधकारमय लग रहा था। थोड़े समय में ही यह समाचार समस्त कपिलवस्तु में फैल गया और प्रजाजन अपने प्रिय राजकुमार से बिछुड़ने के दुख से बेहाल हो गए। उधर इन सब परिणामों से निर्लिप्त सिद्धार्थ गौतम ने अपना सिर मुंडवा लिया और मगध की राजधानी राजगृह की ओर नंगे पांव बढ़ चले। लगभग एक सप्ताह तक चलकर वह राजगृह पहुंचे। वह भिक्षा मांगकर जो कुछ मिलता, उससे अपना पेट भर लेते थे और जहां आश्रय मिले, सो जाते थे। राजगृह और उसके आसपास सिद्धार्थ ने किसी योग्य गुरु की खोज की जो उनके प्रश्नों का समुचित उत्तर देकर उनकी जिज्ञासा शांत कर सके। लेकिन उन्हें संतोष नहीं हुआ। अतः उन्होंने आगे बढ़ने का मन बनाया। आखिर कोई तो ऐसा तत्वज्ञानी होगा जो उनकी जिज्ञासाओं का समाधाान कर सके। फिर गया के निकट उरुवेला पहुंच कर उन्होंने वहां रहकर सत्य के अनुसंधान का प्रयास किया। अपनी जिज्ञासा शांत करने के लिए कभी तो वह किसी योग्य गुरु से मिलते, कभी स्वयं ध्यान लगाते। उन्होंने कठिन से कठिन साधना की पर जिसकी तलाश थी वह हाथ नहीं लगा। यहां रहते उनको छः वर्ष हो गए थे। जैसा कि सब महापुरुषों के साथ होता है, असफलता ने उनको निश्चय से डिगाने की बजाय और सुदृढ़ बना दिया था। एक बात उनको स्पष्ट हो गई थी कि जिस ज्ञान की खोज में वह निकले हैं, वह दिव्य ज्ञान उनको अपनी साधना और तपस्या से ही मिलेगा, बाहर खोजने से नहीं।

इसी निश्चय के साथ गौतम एक सुबह एक वटवृक्ष के नीचे आसन जमा कर ध्यान में मग्न हो गए। इस चिंतन-मनन से उनको यह और भी स्पष्ट हो गया कि कठिन से कठिन साधना से भी उनको अपना लक्ष्य प्राप्त न होगा। उनको निराहार रहते सात सप्ताह बीत चुके थे। इतने कठिन व्रत के बाद भी कुछ उपलब्धि नहीं हुई थी। स्पष्ट था कि कठिन साधना मात्र ही उनको उनके लक्ष्य के निकट नहीं पहुंचा सकती। वास्तविकता तो यह है कि ध्यानलीन रहकर केवल आत्मचिंतन करने से ही सत्य की खोज की जा सकती है। जब वह ध्यानस्थ होकर इस प्रकार मनन कर रहे थे, एक युवती भक्तिभाव से उनके आगे खीर की एक थाली रख गई। आंखें खोलने के बाद उन्होने वह खीर खाई और फिर दोबारा ध्यान लगाने के बारे में सोचने लगे। कुछ दिन बाद नदी में स्नान करने के उपरांत वह एक पीपल के वृक्ष के नीचे इस निश्चय के साथ आसन लगा कर बैठ गए कि चाहे मेरे शरीर का सारा चर्म, नसें या हड्डियां ही क्यों न समाप्त हो जाएं या फिर शरीर का सारा रक्त ही क्यों न सूख जाए, मैं सम्यक समाधि प्राप्त किए बिना इस स्थान से हिलूंगा भी नहीं। वह सात दिनों तक ध्यानलीन रहे। सातवें दिन रात के पिछले पहर एक अत्यंत तीव्र प्रकाश के साथ उनके अंतरतम में ज्ञान की ज्योति प्रविष्ट हुई। संसार की उत्पत्ति, स्थिति और लय का रहस्य उन पर प्रकट हो गया। उन्होंने जान लिया कि सांसारिक दुख, शोक, जन्म, मरण आदि के कारण क्या हैं। उनको ज्ञान का बोध हो गया था। अतः उस दिन के बाद से वह बुद्ध कहलाए। जिस वृक्ष के नीचे ध्यान में बैठ कर उनको ज्ञान प्राप्त हुआ था, वह बोधिवृक्ष कहलाया। उस समय गौतम बुद्ध की अवस्था पैंतीस वर्ष की थी। उन्होंने सात सप्ताह उसी बोधि वृक्ष के निकट गुजारे जहां वह चिंतन-मनन करते रहे। इसके बाद उन्होंने निश्चय किया कि जनसाधारण के कल्याण के लिए उनको अब अपने ज्ञान का उपदेश देना चाहिए।

इसके बाद वह बोधगया से वाराणसी के निकट सारनाथ आए और अपने पहले पांच शिष्यों को धर्म का उपदेश दिया। उन्होंने अपने शिष्यों से कहा कि हे भिक्षुओ, तुम्हें दो अतियों से बचना चाहिए। इनमें से एक है कामवासनाओं में लिप्त होना और दूसरी है अनर्थों से युक्त पीड़ा से आत्मा को संतप्त करना। उन्होंने अपने शिष्यों को बताया कि इन दो अतियों का परित्याग करके मैंने मध्यम मार्ग अपनाया है। यह मध्यम मार्ग ही ज्ञान तथा दृष्टि देने वाले निर्माण का मार्ग है। इसके बाद उन्होंने अपने शिष्यों को उन चार आदि सत्यों के बारे में विस्तार से समझाया जिनका उनको अपनी साधना के फलस्वरूप ज्ञान हुआ था।

1. उन्होंने कहा कि संसार दुखमय है, यह प्रथम आदि सत्य है। दरअसल इस प्रथम सत्य को एक प्रकार से उन्होंने बहुत पहले ही जान लिया था और इसी से प्रेरित होकर उन्होंने घरबार त्याग दिया था। जब उन्होंने एक वृद्ध, एक रोगी और एक मृत शरीर देखा था तो दुखों से उनका परिचय हो गया

था और उनके मन में यह जिज्ञासा जागी थी कि आखिर ये दुख क्यों होते हैं और क्या इनका निवारण संभव है। इसी की खोज में उनको इतना समय लग गया और अपनी जिज्ञासा का समाधान हो जाने पर उन्होंने मन बनाया कि जनसाधारण के कल्याण के लिए इसका व्यापक रूप से प्रचार करें। दुखों की परिभाषा करते हुए उन्होंने कहा कि जन्म भी दुख है और मरण भी दुख है। वृद्धावस्था भी दुख है और रोग, शोक आदि भी दुख हैं। इसी प्रकार अप्रिय की प्राप्ति या प्रिय वस्तु से बिछुड़ना भी दुख है। हम जिस वस्तु की कामना करते हैं, उसका न मिलना भी दुख ही है।

2. इन दुखों के कारण हैं, यह दूसरा आदि सत्य है। दुखों का मूल कारण तृष्णा है जिसके अनेक रूप हैं। इंद्रियों के जितने भी विषय हैं उनका विचार मात्र ही तृष्णा को जन्म देता है। इसी तृष्णा की पूर्ति के प्रयास हिंसा को जन्म देते हैं। इसी के कारण संसार में प्राणियों में परस्पर संघर्ष होता है। यह संघर्ष हमें बड़े पैमाने से लेकर छोटे पैमाने तक हर कहीं दिखाई देता है। राजाओं का आपसी युद्ध अगर बड़े पैमाने का उदाहरण है तो किसी वस्तु की प्राप्ति के लिए दो साधारण व्यक्तियों का परस्पर संघर्ष छोटे पैमाने का उदाहरण है। यह संघर्ष और इससे उत्पन्न हिंसा को हम सब कहीं देख सकते हैं। अतः तृष्णा ही दुखों का मूल कारण है।

3. दुखों का अंत संभव है, यह तीसरा आदि सत्य है। चूंकि तृष्णा दुखों का मूल कारण है, अतः तृष्णा का निवारण करके इन दुखों से मुक्त हुआ जा सकता है। तृष्णा का निवारण तभी संभव है जब मन को प्रिय लगने वाले विषयों के प्रति वैराग्य उत्पन्न हो। जब यह वैराग्य उत्पन्न हो जाए तो भव का निरोध हो जाता है और प्राणी पुनर्जन्म की आशंका से मुक्त हो जाता है। जन्म-मरण पर नियंत्रण हो जाने के बाद दुख, कष्ट, शोक आदि सभी सांसारिक संतापों से स्वतः मुक्ति मिल जाती है। इसका अर्थ यह होता है कि मनुष्य इस प्रकार से वीतराग होकर जब जन्म-मरण पर नियंत्रण पा लेता है तो वह इस जन्म में ही जीवित रहते हुए निर्वाण के परम आनंद का अनुभव कर सकता है। परम आनंद की ऐसी स्थिति को प्राप्त प्राणी को किसी भी प्रकार का दुख या शोक कैसे संतप्त कर सकता है।

4. दुखों के नाश के उपाय हैं, यह चौथा आदि सत्य है। दुखों का अंत करने के इन उपायों को ही बौद्ध दर्शन में निर्वाण मार्ग की संज्ञा दी गई है। इस दर्शन की विशेषता यह है कि इसके अनुशीलन के लिए सन्यासी होना आवश्यक नहीं। कोई गृहस्थ भी अपने दैनिक जीवन का यथावत निर्वाह करते हुए इस मार्ग का अनुसरण कर सकता है। कदाचित इसलिए भी गौतम बुद्ध के दर्शन को मध्यम मार्ग बताया गया है। उन्होंने दुखों के नाश के लिए जिस मार्ग का

अनुशीलन करने का उपदेश अपने इन पांच प्रथम शिष्यों को दिया उसका सार संक्षेप यह है कि इसके आठ अंग हैं। सम्यक दृष्टि, सम्यक संकल्प, सम्यक वाणी, सम्यक कर्म, सम्यक जीविका, सम्यक प्रयास, सम्यक स्मृति और सम्यक समाधि।

1. **सम्यक दृष्टि** : भगवान बुद्ध ने बताया कि सबसे पहले सद्मार्ग के अनुशीलन के लिए दुष्कर्मों और सुकर्मों का ज्ञान आवश्यक है। दुष्कर्मों को उन्होंने तीन भागों में विभाजित किया -- कायिक, वाचिक और मानसिक दुष्कर्म। हिंसा, चोरी, व्यभिचार आदि जो बुरे काम काया यानी शरीर के माध्यम से किए जाते हैं, वे कायिक दुष्कर्म कहलाते हैं। इसी प्रकार जो दुष्कर्म वाणी के माध्यम से होते हैं, वह वाचिक दुष्कर्मों की श्रेणी में आते हैं जैसे कि झूठ, चुगलखोरी, बुरे या कठोर वचन बोलना आदि। लोभ, असत्य धारणा बनाना या बदले की भावना रखना आदि मानसिक दुष्कर्म हैं। इनके विपरीत जो अच्छे काम हैं वे सुकर्म हैं। सुकर्म और दुष्कर्म की पहचान हो जाने पर समुचित मार्ग को अपनाना ही सम्यक दृष्टि है।
2. **सम्यक संकल्प** : सम्यक दृष्टि मिल जाने के बाद समुचित मार्ग पर चलने का दृढ़ संकल्प करना ही सम्यक संकल्प है।
3. **सम्यक वाणी** : सम्यक संकल्प हो जाने पर साधक में वाणी संबंधी सारे दोष समाप्त हो जाते हैं और वह मधुर वचनों के साथ चुगलखोरी, मिथ्याचार आदि दुर्गुणों का सर्वथा त्याग कर देता है। इसी को सम्यक वाणी कहते हैं।
4. **सम्यक कर्म** : इसी प्रकार अच्छे और बुरे कर्मों की जानकारी हो जाने के बाद साधक हिंसा, चोरी, व्यभिचार आदि बुरे कर्मों को त्याग कर सत्कार्यों में प्रवृत्त होता है, यही सम्यक कर्म है।
5. **सम्यक जीविका** : कायिक, वाचिक और मानसिक दुष्कर्मों का त्याग करके सत्कर्मों के माध्यम से ही जीविका का उपार्जन करना सम्यक जीविका कहलाता है।
6. **सम्यक प्रयास** : भगवान ने सम्यक प्रयास के चार भाग बताए। उनके अनुसार पहला भाग है पुराने बुरे भावों का नाश करना, दूसरा है नए बुरे भावों को न अपनाना, तीसरा भाग है मन को अच्छे भावों की ओर उन्मुख रखना और चौथा प्रयास है इन अच्छे भावों या विचारों को निरंतर मन में बनाए रखना। सम्यक प्रयास को सम्यक व्यायाम भी कहा गया है।
7. **सम्यक स्मृति** : दुखों का मुख्य कारण बताते हुए उन्होंने कहा कि शरीर,

चित्त, वेदना और मन की अवस्थाओं को सब कुछ मान लेने से ही दुख उत्पन्न होते हैं। यदि हम इनके प्रति अनासक्त हो जाएं तो दुख अपने आप ही समाप्त हो जाएंगे। इसी को सम्यक स्मृति कहा गया है।

8. **सम्यक समाधि :** सम्यक समाधि में लीन होने के लिए आवश्यक है कि उपरोक्त सातों बातों का अनुशीलन किया जाए। इस प्रकार सत्कर्म करता हुआ साधक जब चित्त को एकाग्र कर लेता है तो उसे सम्यक समाधि कहते हैं। यही साधना की अवस्था है जो निर्वाण के मार्ग पर ले जाती है। भगवान बुद्ध के अनुसार निर्वाण इस जीवन से परे की चीज नहीं। इसी जीवन में निर्वाण को प्राप्त किया जा सकता है। इसके लिए उन्होंने सम्यक समाधि को चार चरणों में विभक्त किया है। पहले चरण में आराधक अपने विचारों में लीन होकर विरक्ति का अनुभव करता है, जिससे परम शांति मिलती है। इसके बाद दूसरी स्थिति में विचारों का प्रपंच भी शांत हो जाता है। यह निर्वेद की स्थिति है जिसमें स्थायी आनंद का अनुभव होता है। तीसरी स्थिति में आनंद की अनुभूति भी लुप्त हो जाती है। तब साधक साधना के आनंद से भी आगे की स्थिति में पहुंच कर एक अलग ही तरह का अनुभव करता है। चौथी और अंतिम अवस्था में साधक को देह के किसी भी प्रकार के सुख का भान नहीं रहता। पूर्णतः विदेह होकर वह आनंद सहित हर प्रकार के दैहिक अनुभव से मुक्त हो जाता है। इस अवस्था में उसे न सुख का अनुभव होता है न दुख का। वह इन अनुभूतियों से अतीत हो जाता है। यही पूर्ण प्रज्ञा की स्थिति कहलाती है। यही निर्वाण है जिसे साधक अपने जीवनकाल में ही सशरीर प्राप्त कर लेता है। उन्होंने निर्वाण को सर्वोपरि महत्व दिया और कहा कि निर्वाण के अतिरिक्त सभी वस्तुएं नाशवान और परिवर्तनशील हैं। यहां यह स्पष्ट कर देना आवश्यक है कि बौद्ध दर्शन के अनुसार निर्वाण का अर्थ जीवन की समाप्ति नहीं। यह जीवन का अंत नहीं, घृणा, लोभ, मोह, क्रोध आदि सभी बुरी प्रवृत्तियों का स्थायी अंत है। ये प्रवृत्तियां ही बंधनकारी होती हैं। इनसे मुक्त होकर जीव जन्म-मरण के बंधन से मुक्त हो जाता है।

बौद्ध दर्शन में पुनर्जन्म को मान्यता दी गई है। तथागत के उपदेशों में कहा गया कि हमारा यह जीवन हमारे पूर्वजन्म के कर्मों के अनुरूप ही हमें मिला है। अब इस जीवन में हम जैसे कर्म करेंगे, अगला जीवन उन्हीं के अनुरूप प्राप्त होगा। निर्वाण पा लेने पर मनुष्य को इस जन्म-मरण के चक्र से छुटकारा मिल जाता है। हम जैसा कर्म करते हैं वैसा ही फल हमको मिलता है। लेकिन इसका मतलब यह नहीं कि जीव कर्मों के अधीन है। वस्तुतः कर्म जीव के अधीन है। वह कर्मों से नहीं बंधा है, बल्कि जैसा चाहे वैसे कर्म कर सकता है। खुद को कर्मों के अधीन

मान लेने से तो अकर्मण्यता आ जाएगी जबकि सत्कर्म करके जीव अपने दुखों से मुक्ति पा सकता है।

निम्नलिखित श्लोक़ को कुछ लोग बौद्ध धर्म का सार मानते हैं :

आरोग्या परमा लाभा संतुष्टि परमं धनं।
बिस्सासं परमा जाति निव्वाणं परमं सुखम॥

अर्थात निरोग और स्वस्थ रहना परम लाभ है। संतुष्टि ही परम अर्थात सबसे बड़ा धन है। विश्वास ही सबसे बड़ा संबंधी और निर्वाण ही सबसे बड़ा सुख है।

परंपरागत धार्मिक भावनाओं, मान्यताओं और परंपराओं के मुकाबले अपने इस नए दर्शन को लेकर जब तथागत बुद्ध और उनके शिष्य मनुष्य जीवन के दुखों का नाश करने वाले इस दर्शन का उपदेश करने निकले, तो बहुत तेजी से उनके अनुयायियों की संख्या बढ़ने लगी। उनके उपदेशों की एक विशेषता यह थी कि वे संस्कृत में न होकर जनसाधारण की भाषा पाली में थे जिसे सब समझ सकते थे। दूसरी बड़ी विशेषता यह थी कि वह किसी को यों ही अपनी बात मानने को नहीं कहते थे। उनका कहना था कि उपदेश सुनो, उस पार मनन करो, कोई शंका हो तो उसका समाधान करो, तब उसे अपनाओ। उनके तर्क सरल और हृदयग्राही होते थे। उनके दर्शन की एक विशेषता यह भी थी कि वह प्रत्यक्ष ज्ञान पर आधारित था। उन्होंने ज्ञान अपने प्रत्यक्ष अनुभवों के आधार पर प्राप्त किया था और अपने अनुयायियों को भी उसी की शिक्षा देते थे। इसमें कुछ भी सूक्ष्म, परोक्ष या इंद्रियातीत न था। यह ठोस यथार्थ पर आधारित था, अत: जनसाधारण के लिए इसे समझना सुगम था। ईश्वर की सत्ता को भी उन्होंने इसी लिए स्वीकार नहीं किया क्योंकि यह कोई साक्षात् या सामने दिखने वाला एहसास न था। इंद्रियग्राह्य न होने के कारण वह इसे नहीं मानते थे। इसी प्रकार वे वेदवाक्य को प्रमाण नहीं मानते थे। उनका अपने शिष्यों से कहना था कि किसी बात पर इसलिए विश्वास न करो क्योंकि लोग इस पर विश्वास करते हैं। किसी बात पर इसलिए विश्वास न करो क्योंकि कोई महात्मा ऐसा कहते हैं। किसी बात पर इसलिए विश्वास न करो क्योंकि अमुक शास्त्र या वेद मे ऐसा लिखा है। केवल उसपर विश्वास करो जिसको सुनने के बाद तुम स्वयं उसका अनुभव करके उसकी परीक्षा कर सकते हो।

भगवान बुद्ध ने अपने शिष्यों को चारो दिशाओं में अपने धर्म का प्रचार करने के लिए भेजा ताकि मानवमात्र का कल्याण हो। उन्होंने उनको न केवल उपदेश देने का अधिकार दिया बल्कि यह अधिकार भी दिया कि वे अन्य लोगों को दीक्षित करके बौद्ध धर्म में शामिल कर सकते हैं। वह स्वयं भी वर्षा ऋतु के समाप्त होते ही अपनी पदयात्रा पर निकल पड़ते थे।

वह उरुवेला आए तो उनकी भेंट कश्यप बंधुओं से हुई। वे अग्नि के उपासक थे। अपने कठोर तप और पुनीत आचरण के कारण उनकी बहुत मान्यता थी। भक्तों की बहुत बड़ी मंडली के अलावा उनके एक हजार शिष्य तो उनके साथ ही उनके आश्रम में रहते थे। भगवान बुद्ध ने उनको अपने दर्शन का उपदेश देते हुए कहा कि तुम बाहर की अग्नि की उपासना क्यों करते हो? इससे क्या लाभ? अपने अंदर अग्नि प्रज्वलित करो, जो सारी विषय-वासनाओं को जला दे और तुमको पूरी तरह से वीतविघ्न कर दे। वे इस नए दर्शन से इतने प्रभावित हुए कि उन्होंने बौद्ध धर्म अपना लिया। जैसा कि स्वाभाविक ही था, उनके साथ ही उनके एक हजार शिष्य भी अपने गुरु का अनुसरण करते हुए बौद्ध भिक्षु बन गए। वहां से वह राजगृह आए। यहां उन्होंने अपने धर्म का उपदेश दिया। कहते हैं, उनके प्रवचन सुनकर सम्राट बिंबिसार इतने प्रभावित हुए कि उन्होंने बौद्ध धर्म अपना लिया। उनकी सारी प्रजा पर इसका बहुत प्रभाव पड़ा और बहुत बड़ी संख्या में राजगृह के प्रजाजन बौद्ध हो गए।

नए अनुयायियों को बौद्ध धर्म में दीक्षित करके भिक्षु बनाने की उनकी प्रक्रिया बहुत सरल थी। उसकी दाढ़ी-मूंछ और सिर मुंडवा दिया जाता था। उसे पीला चोगा पहना दिया जाता था। वह अपने दीक्षा गुरु के सामने पालथी मार कर बैठ जाता था। वह उसके चरणों में झुकता था और फिर दोनों हाथ जोड़कर उन्हें ऊपर उठाते हुए उच्चारण करता था,'' बुद्धं शरणं गच्छामि, धर्मं शरणं गच्छामि, संघं शरणं गच्छामि।'' इस तरह भिक्षु बनने के अभिलाषी के लिए किसी तरह के जातिपाति का बंधन नहीं था। भगवान जातिपाति को मानते ही नहीं थे। वह केवल आचरण को महत्व देते थे।

राजा शुद्धोधन को भी अपने पुत्र के बुद्ध हो जाने की खबर मिली। वह उससे मिलने को व्यग्र हो उठे। उन्होंने अपने आठ विश्वस्त सेवकों को भेजा कि तथागत बुद्ध को आदरमान के साथ यहां लेकर आओ। लेकिन कहते हैं वहां जाने के बाद उन्होंने जब भगवान बुद्ध का उपदेश सुना, तो उनके मन में ऐसा वैराग्य उत्पन्न हो गया कि वे भी बौद्ध भिक्षु बन गए। अब उनको सांसारिक बातों में कोई दिलचस्पी नहीं थी। वह अपने राजा और उसके आदेश को भी भूल गए। जब वे कई दिनों तक लौट कर नहीं आए तो राजा ने और प्रतीक्षा करने के बजाए सिद्धार्थ के एक मित्र उदयन को भेजा कि जाकर अपने बचपन के दोस्त से मिलो और उसे कपिलवस्तु लेकर आओ। भगवान बुद्ध के उपदेशों का कुछ ऐसा चमत्कारी प्रभाव होता था कि उदयन भी वहां जाकर बौद्ध भिक्षु बन गया। पर उसने राजा शुद्धोधन को दिया अपना वचन निभाया और गौतम बुद्ध को अपने साथ कपिलवस्तु चलने को राजी कर लिया। भगवान बुद्ध के कपिलवस्तु आने पर उनका भव्य स्वागत किया गया। उनको राजमहल लाया गया और राजा, रानी,

उनकी पत्नी यशोधरा और पुत्र राहुल उनसे मिले। उन्होंने वहां भी उपदेश दिया जिसे सुनकर राजा और रानी दोनों बौद्ध हो गए।

तथागत बुद्ध राजमहल से नगर में लौट आए और सदा की तरह भिक्षा पात्र लेकर वहां घरों से अन्न लेकर खाने लगे। राजा को इससे बहुत दुख पहुंचा लेकिन अब वह बहुत कुछ अपने पुत्र के बारे में समझ चुके थे। वह जान चुके थे कि वह अब राजकुमार सिद्धार्थ नहीं। वह सब तरह के रिश्ते-नाते छोड़कर तपस्वी बन चुके हैं। प्रजा भी इस बात को जानती है। कपिलवस्तु में उनके उपदेश सुनने लोग आते थे जिनमें से भारी संख्या में उनके अनुयायी बन गए। यशोधरा के मन में अब भी कहीं यह बात थी कि वह अपने पति के मन में अपने घरबार के बारे में कुछ-न-कुछ मोह उपजा सकती है। उसके स्वयं के प्रयास और तर्क तो व्यर्थ गए थे, अतः उसने पुत्र राहुल को बार-बार भगवान बुद्ध के पास भेजा कि जाकर अपने पिता से मिला करो। उसे लगता था कि एक न एक दिन इससे उनका मन पसीजेगा। लेकिन हुआ यह कि वहां जाने और कई बार पिता के उपदेश सुनने के बाद राहुल के मन में भी वैराग्य उत्पन्न हो गया और वह तथागत बुद्ध की शरण जाकर बौद्ध हो गया।

कपिलवस्तु से भगवान बुद्ध राजगृह लौटे और वहां जैतवन में ठहरे। जब वह वहां अपने अनुयायियों के साथ रह रहे थे, एक दिन एक स्त्री विलाप करती हुई उनके पास आई। उसका पुत्र मर गया था। उसने अपने पुत्र का मृत शरीर भगवान के चरणों में रख दिया और बार-बार प्रार्थना करने लगी कि अपनी आध्यात्मिक शक्तियों से उसे जीवित कर दें। तथागत ने उसकी बात अपने स्वभाव के अनुसार शांतिपूर्वक सुनी और बोले,"ठीक है। मैं तुम्हारे पुत्र को जीवित कर दूंगा। लेकिन इसके लिए तुम्हें एक काम करना होगा। तुम आसपास के घरों में जाओ और किसी घर से थोड़े से चावल के दाने मांग लाओ।" जब वह जाने लगी तो बोले," सुनो, चावल के दाने ऐसे घर से लाना जहां किसी की मृत्यु न हुई हो।" वह स्त्री काफी देर तक घर-घर भटकती रही। पर कोई भी घर ऐसा न मिला जहां किसी की मृत्यु न हुई हो। तब वह भगवान बुद्ध की बात समझ गई कि उन्होंने क्या कहा था। उसकी समझ में आ गया कि मृत्यु एक अनिवार्य तथ्य है। जो जन्म लेता है, उसकी एक न एक दिन मृत्यु निश्चित है। शोक करने या विलाप से इस तथ्य को बदला नहीं जा सकता। उसने लौट कर भगवान के चरणों में नमन किया और चुपचाप जाकर अपने पुत्र का दाह संस्कार किया।

ऐसी अनेक कथाएं भगवान बुद्ध के बारे में प्रचलित हैं। अंगुलिमाल नामक भयानक डाकू अपने हिंसक कर्मों के लिए दूर-दूर तक कुख्यात था। उसका नाम अंगुलिमाल इसलिए पड़ा था कि वह जिसे मारता था उसकी अंगुली काट कर अपनी

अंगुलियों की माला में शामिल कर लेता था। इस तरह अपने मारे हुए लोगों की अंगुलियों की माला पहन कर वह बड़े गर्व का अनुभव करता था। उसके डर से सारे क्षेत्र में त्राहि-त्राहि मची हुई थी। भगवान बुद्ध जब उधर से गुजरे तो उनको इस भयानक डाकू के बारे में पता चला। वह उससे मिलने के लिए चल दिए। हालांकि लोगों ने बहुत समझाने की कोशिश की कि वह पशु के समान है और उसे सुधारा नहीं जा सकता। वह किसी को भी देखते ही आक्रमण कर देता है, भले ही उसके पास धन हो या न हो। उसे लोगों के प्राण लेने में आनंद आता है, आदि आदि। भगवान बुद्ध उस वन में जाकर अंगुलिमाल से मिले जहां वह रहता था और उससे थोड़े से प्रश्न करके उसे ऐसा प्रभावित किया कि उनके छोटे से उपदेश ने ही उसकी आत्मा जगा दी। वह उनकी शरण में आकर बौद्ध भिक्षु बन गया।

अंगुलिमाल हिंसक पशु समान सही, पर पशु तो न था। लेकिन एक बार जब तथागत कहीं जा रहे थे तो वहां के लिए दो रास्ते थे। एक छोटा रास्ता था जिसके वन में एक सिंह था, जो लोगों को देखते ही उनपर आक्रमण कर देता था। दूसरा रास्ता लंबा था लेकिन उसमें ऐसा कोई जोखिम न था। उनके साथ जा रहे भिक्षुओं ने निवेदन किया कि प्रभु लंबे रास्ते से चलना ही निरापद रहेगा। पर उन्होंने छोटे रास्ते से जाने का निर्णय लिया। जब बीच जंगल में पहुंचे तो सामने रास्ते में शेर खड़ा था। गौतम बुद्ध अपनी सहज गति से चलते हुए मुसकराते हुए उसके पास पहुंचे। गुस्से से गुर्राता हुआ शेर उनको देख कर शांत हो गया और भगवान के बहुत पास आने पर पालतू कुत्ते की तरह दुम हिलाने लगा। उन्होंने प्यार से उसके सिर पर हाथ फेरा और अपने भिक्षुओं के साथ आगे बढ़ गए।

भगवान बुद्ध का कहना था कि किसी के बुरे व्यवहार से या दुर्वचन कहने से कभी क्षुब्ध नहीं होना चाहिए। कहने की आवश्यकता नहीं कि वह स्वयं भी इसका पालन करते थे। एक बार कहते हैं वह किसी गृहस्थ के द्वार पर भिक्षा मांगने गए। उसने भिक्षा तो न दी उल्टे उन पर गालियों की बौछार कर दी। भगवान चुपचाप उसके दुर्वचनों को सुनते रहे। जब उसका गालियों का कोष समाप्त हो गया और वह चुप हो गया तो बोले," भद्र, यह बताओ कि अगर कोई मुझे भिक्षा दे और मैं उसका अन्न न लूं तो वह किसका होगा?" "वह अन्न वापस भिक्षा देने वाले गृहस्थ के पास ही तो जाएगा, और किसका होगा!" उसने उत्तर दिया। "तो भद्र, तुमने मुझे जो गालियां दी हैं यदि में उनको स्वीकार न करूं तो किसके पास जाएंगी?" वह भगवान की बात का अर्थ समझ गया और बहुत शर्मिंदा हो कर उनके सामने नतमस्तक हो गया।

भगवान बुद्ध ने 45 वर्षों तक भ्रमण करके मानवता को प्रेम, करुणा और अहिंसा का पाठ पढ़ाया। जब उनकी आयु अस्सी वर्ष की हो गई थी और अस्वस्थ रहने लगे तो उन्होंने जगह-जगह जाकर अधिक से अधिक भिक्षुओं से संपर्क किया और उनको बताया कि उन्हें अपनी अंतर्रात्मा के प्रकाश में आगे बढ़ना है। जिस सत्य से उन्होंने उनका साक्षात्कार कराया है, उसका प्रचार-प्रसार करके मानव कल्याण के लिए प्रयास करना है। अधिक से अधिक लोगों को यह ज्ञान देना है ताकि उनको दुखों से मुक्ति मिल सके। अंत में 485-84 ई. पूर्व उन्होंने अपने शिष्य आनंद से यह कहते हुए शरीर त्याग दिया कि मैं अब धर्म और संघ की शरण जाता हूं।

卐卐卐

अध्याय-3

आदि शंकराचार्य

वेदांत के व्याख्याता और अद्वैत सिद्धांत के प्रणेता जगद्गुरु शंकराचार्य ने भारतीय आध्यात्म के पुनर्जागरण का बीड़ा उठाया और इसके लिए पहले उपनिषद्, गीता और ब्रह्मसूत्र पर भाष्य लिखकर और उनके बाद देश भर में भ्रमण कर उनका प्रचार-प्रसार करके भारतीय समाज में एक नई धार्मिक चेतना का संचार किया। भारत के चार भागों में चार पीठों की स्थापना भी उनके मुख्य कामों में शामिल की जाती है। ये हैं, बद्रीनाथ में ज्योतिष्पीठ, पुरी में गोवर्धनपीठ, द्वारिका में शारदापीठ और मैसूर में शृंगेरीपीठ।

भारत के इस विख्यात आध्यात्मिक नेता का जन्म कुलीन नंबूदरी ब्राह्मण परिवार में सन 684 में हुआ। केरल के कलाड़ी ग्राम के निवासी इनके पिता शिवगुरु और माता आर्यअंबा की कोई संतान न थी। कहते हैं, भगवान शिव की आराधना करने और मन्नतें मानने के बाद इनको पुत्र की प्राप्ति हुई। इस बारे में एक कहानी यह भी प्रसिद्ध है कि इनकी माता को सपने में शंकर भगवान ने दर्शन देकर पूछा कि तुमको बहुत से मूर्ख और दुष्ट पुत्र चाहिए या एक गुणी पुत्र, जिसका जीवन बहुत कम समय का होगा। आर्यअंबा ने गुणी पुत्र का वर मांगा, भले ही उसकी उम्र कम हो। ऐसा ही हुआ। हो सकता है शंकर के कम उम्र में ही स्वर्गवास होने के कारण और बचपन से ही उनके बहुत गुणी होने के कारण यह कहानी बनाई गई हो या फिर यह उपदेश देने के लिए कि एक गुणी पुत्र अनेक मूर्खों से बेहतर होता है।

कहा जाता है कि बालक शंकर ने अपनी मातृभाषा तमिल से भी पहले संस्कृत भाषा सीख ली थी। इस बात में सत्य का अंश हो सकता है क्योंकि दक्षिण भारत के ब्राह्मण परिवारों में आज भी संस्कृत को बहुत महत्व दिया जाता है। अगर उन

दिनों में मातृभाषा से भी बढ़कर उसे महत्व दिया गया हो और परिवार में भी संस्कृत का प्रयोग रोज की बातचीत में होता हो, तो कोई बड़ी बात नहीं।

शंकर अभी बहुत छोटे ही थे कि उनके पिता का देहांत हो गया। उनकी शिक्षा-दीक्षा की जिम्मेदारी उनकी माता पर आ गई। पांच साल की उम्र में उनका उपनयन संस्कार किया गया और माता ने पढ़ने के लिए गुरुकुल भेज दिया। यहां वह गुरुकुल के नियमों के अनुसार भिक्षा मांग कर लाते, चटाई पर सोते और आश्रम के सभी नियमों का पालन पूरी निष्ठा के साथ करते।

अध्ययन में उनकी प्रगति का हाल यह था कि आठ वर्ष की छोटी सी उम्र में ही उन्होंने चारों वेदों और शास्त्रों का अध्ययन केवल तीन साल में ही पूरा कर लिया था। इसका कारण उनकी पढ़ाई में लगन के अलावा अद्‌भुत स्मरण-शक्ति को भी जाता है। बताया जाता है कि बालक शंकर जिस श्लोक को एक बार सुन लेता तो उसे बड़ी सरलता से दोबारा ज्यों-का-त्यों दोहरा सकता था। इसके फलस्वरूप शंकर ने आठ साल की उम्र में ही अपनी सारी पढ़ाई पूरी कर ली। इसमें संस्कृत और उनकी मातृभाषा तमिल के अतिरिक्त प्राकृत और मागधी भाषा में महारत हासिल करना शामिल था। काव्य और शास्त्रों का अध्ययन करते हुए शंकर उनके बहुत से अंशों का अर्थ बिना किसी गुरु की सहायता से स्वयं ही समझ लेते थे। इसने उनके कम उम्र में अपना अध्ययन पूरा करने में सहायता की।

शंकर ने इसके बाद तर्कशास्त्र में महारत हासिल की। उन्होंने सांख्य और पतंजलि के योग का गहन अध्ययन किया तथा अद्वैत सिद्धांत का चिंतन-मनन करने में लग गए। बहुत छोटी उम्र में ही शंकर को बड़ों की शास्त्र चर्चा और तर्क सुनने का चाव था। वह चुपचाप उनकी वार्ता सुनते और उसे आत्मसात कर लेते। इससे उनके आध्यात्म ज्ञान में बहुत वृद्धि हुई। वह उनके शास्त्रार्थ को सुनते थे, उन पर मनन करते थे और फिर अपने निष्कर्ष निकाला करते थे। बड़े होने पर शंकराचार्य ने कभी मौलिक होने का दावा नहीं किया। वह अपने आपको शास्त्र का व्याख्याता ही मानते थे। लेकिन उनकी प्रतिभा का आकलन करने वालों ने उनको मौलिक व्याख्याता माना है, जिसने पुरानी व्याख्याओं के स्थान पर वेदांत को नई व्याख्या प्रदान करके उसे अपने ज्ञान से प्रकाशित किया।

शंकर के बहुत कम उम्र में सन्यासी होने के बारे में भी एक कथा है। कहते हैं, उनके घर पर एक बार विद्वान साधुओं का एक दल आया। ये लोग बालक शंकर की विद्वत्ता की प्रसिद्धि सुनकर आए थे और उसके ज्ञान से बहुत प्रभावित हुए। लेकिन उन्होंने बताया कि शंकर की आयु केवल सोलह वर्ष ही है। वह इससे अधिक जीवित न रह सकेंगे। यह सुनकर माता को चिंता हुई, लेकिन शंकर ने जिद पकड़ ली कि तब तो मुझे अभी से सन्यास ले लेना चाहिए। वरना सन्यासी बनकर मुझे ज्ञान का जो प्रचार करना है, वह कैसे होगा? मां इसके लिए तैयार न थी।

उसने यह कहकर उनको सन्यास लेने से मना कर दिया कि उनका अंतिम संस्कार कौन करेगा? और यदि विधिपूर्वक अंतिम संस्कार नहीं हुआ तो उनको मोक्ष कैसे होगा। समस्या यह थी कि सन्यासियों के लिए किसी का अग्नि संस्कार करना मना है। इस पर शंकर ने माता को वचन दिया कि वह उनके अंतिम समय में अवश्य आएंगे और पुत्र के इस कर्तव्य का पालन अवश्य करेंगे, भले ही यह सन्यासी-धर्म के विरुद्ध क्यों न हो। पर माता ने फिर भी अनुमति नहीं दी। पति को वह पहले ही खो चुकी थी। अब पुत्र को नहीं खोना चाहती थी, जो उसका एकमात्र आसरा था।

शंकर दुविधा में थे। माता की आज्ञा के बिना वह सन्यास नहीं लेना चाहते थे। इधर माता उनको सन्यास से हटाने के लिए कम उम्र में उनका विवाह करके उनको गृहस्थी के बंधन में बांधने के बारे में सोच रही थी। तभी एक घटना घटी जिसने इस समस्या को हल कर दिया। शंकर अपनी माता के साथ आलवाई नदी पर स्नान करने जाया करते थे। उस दिन कुछ ऐसा हुआ कि नदी के तेज बहाव में उनके पैर उखड़ गए और वह डूबने लगे। बचने की कोई आशा नहीं थी। माता यह देख कर विलाप करने लगी। शंकर ने चिल्ला कर कहा कि मां अब मुझे सन्यास धारण करने की आज्ञा दे दो ताकि मरते समय मेरी यह इच्छा पूरी हो जाए। आंखों में आंसू भरे मां ने बेबस होकर उनको अनुमति दे दी। उसके बाद कुछ ऐसा हुआ कि वह संभल गए और कोशिश करके धीरे-धीरे नदी से बाहर निकल आए, जो किसी चमत्कार से कम न था। इस तरह आठ साल की छोटी सी उम्र में ही वह सन्यासी होकर सत्य की खोज में लग गए। उन्होंने अपना घर छोड़ दिया और सन्यासी वेश में अनजाने रास्तों पर निकल गए।

शंकर किसी योग्य गुरु की तलाश में जंगलों और तीर्थस्थानों में भटकते रहे पर उनको कोई ऐसा विद्वान नहीं मिला जिसकी शरण में जाकर उनको संतुष्टि होती। तभी उन्होंने प्रसिद्ध गुरु गौड़पाद के शिष्य गोविंद मुनि के बारे में सुना। वे उनके दर्शन करने के लिए चल पड़े। पवित्र नर्मदा नदी के किनारे निवास करने वाले गोविंद मुनि अपने समय के विख्यात विद्वान और वेद-वेदांत के ज्ञाता थे। कहते हैं, शंकर के प्रणाम करने पर उन्होंने पूछा कि तुम कौन हो? इसपर शंकर ने दस श्लोकों में जवाब दिया कि आत्म किसे कहते हैं और वह कौन हैं। इससे गोविंद इतने प्रभावित हुए कि उन्होंने तुरंत शंकर को अपना शिष्य बनाना स्वीकार कर लिया।

अपने गुरु गोविंद मुनि के चरणों में बैठ कर शंकर ने वेद-वेदांत के गूढ़ तत्वों का गहन अध्ययन किया। जब गोविंद मुनि आश्वस्त हो गए कि अब उनका शिष्य इनमें पारंगत हो गया है तो उन्होंने शंकर को आदेश दिया कि वाराणसी जाकर अद्वैतवाद का प्रचार करें। वहां जाकर शंकर ने अद्वैतवाद पर प्रवचन देने आरंभ किए तो बहुत से श्रोता उनकी व्याख्याओं से प्रभावित होकर उनके शिष्य बन गए। गंगा किनारे उनका प्रवचन सुनने के लिए सैकड़ों लोग रोज इकट्ठे होते थे। उनकी

ख्याति दूर-दूर तक फैलने लगी थी। शंकराचार्य आध्यात्म के गूढ़ ज्ञाता तो थे ही, संस्कृत में बहुत मधुर कविता भी रचते थे। उनका रचा 'भज गोविंदं, भज गोविंदं, गोविंदं भज मूढ़मते,' आज भी बहुत लोकप्रिय है। वह आशु कवि थे, जो किसी भी घटना से प्रभावित होकर तत्काल श्लोकों की रचना करते थे। 'भज गोविंदं' भी किंवदंती के अनुसार एक विद्यार्थी के केवल व्याकरण के अध्ययन पर बहुत जोर देने के कारण उसे उपदेश देने के लिए उन्होंने तत्काल रचा था।

ऐसे ही कहते हैं कि एक बार गंगास्नान के लिए जाते समय किसी चांडाल के सामने आ जाने पर उनकी शिष्य मंडली ने उसे रास्ते से हट जाने को कहा। इस पर चांडाल ने शंकराचार्य से कहा कि आप तो उपदेश देते हैं कि ब्रह्म ही सत्य है, जीव और ब्रह्म में कोई भेद नहीं, फिर यह भेदभाव कैसा? आपके इस व्यवहार से तो लगता है कि आपने अद्वैत को समझा ही नहीं। शंकराचार्य उसकी इस बात से इतने प्रभावित हुए कि तुरंत कुछ श्लोकों की रचना कर डाली, जिसमें से एक का अर्थ यह था कि जो चैतन्य को अपना स्वरूप समझता हो ऐसा पुरुष भले ही चांडाल हो, वह मेरा गुरु है।

ब्रह्मैवाहमिदं जगच्च सकलं चिन्मात्र-विस्तारितं।
सर्वं चैतदविद्यया त्रिगुणयाशेषं मया कल्पितम्॥
इत्थं यस्य दृढ़ा मतिः सुखतरे नित्ये परे निर्मले।
चाण्डालोऽस्तु स तु द्विजोऽस्तु गुरुरित्येषा मनीषा ममा॥

यों तो आचार्य शंकर के अनेक शिष्य थे, पर विष्णु शर्मा उनके पट्ट शिष्य माने गए जिन्होंने शंकराचार्य के बहुत निकट रह कर उनके अद्वैतवाद के सिद्धांत को समझा, अपनी सभी शंकाओं का निवारण किया और फिर उसमें पारंगत हो गए। विष्णु शर्मा को शंकराचार्य का शिष्य बनने के बाद सनंदन के नाम से जाना जाता था। उनका एक नाम पद्मपाद भी था। इसके बारे में एक कहानी प्रचलित है। कहा जाता है कि जिन दिनों शंकराचार्य ऋषिकेश में प्रवास कर रहे थे, एक दिन सनंदन गुरु के लिए कोई बूटी लेने गंगापार गए। तभी आचार्य को उनकी याद आई तो अपने शिष्यों से बोले के सनंदन को बुलाओ। उनको आवाज दी गई तो वह जल्दबाजी में पुल तक जाने के बजाए जहां थे, वहीं से नदी पार करने लगे। गंगा की तेज धार जिसे तैर कर भी पार करना संभव नहीं था, उसे सनंदन ने पानी पर चल कर पार कर लिया। क्योंकि वह जहां भी पैर रखते थे, वहां एक कमल का फूल उनके पैर को सहारा देने के लिए उग आता था। इस तरह वह जल्दी ही नदी पार करके गुरु के पास पहुंच गए। इस चमत्कार के बाद उनको पद्मपाद के नाम से भी जाना जाने लगा।

सनंदन ने शंकराचार्य के अद्वैत सिद्धांत को उनके पास रहकर सबसे अच्छी तरह समझा था और उनको शंकराचार्य के अद्वैतवाद का सबसे अच्छा व्याख्याता और प्रचारक माना जाता है। शंकराचार्य के अद्वैतवाद का मूलमंत्र ब्रह्म सत्यं जगन्नमिथ्या जीवो ब्रह्मैव नापरः है। इसका अर्थ है – ब्रह्म सत्य है, संसार मिथ्या है, जीव ब्रह्म से भिन्न नहीं है। उनका तर्क था कि सृष्टि की उत्पत्ति ही ब्रह्म से हुई है। सृष्टि उस एक ब्रह्म का बहुरूप है। उसने चाहा कि मैं एक हूं, बहुत हो जाऊं, इस प्रकार सृष्टि की रचना हुई। उन के मतानुसार आत्मा ज्ञान रूप है और ज्ञाता भी है। ज्ञाता ज्ञान से भिन्न नहीं होता। किसी भी वस्तु के अनुभव के दो भाग होते हैं। एक अनुभव करने वाला आत्मा और दूसरा अनुभव का विषय यानी बाहरी पदार्थ। उनका कहना था कि यथार्थवादी दृष्टिकोण वाले इन दोनों को अलग-अलग मानते हैं, लेकिन वास्तव में ये एक ही हैं, क्योंकि केवल आत्मा ही एकमात्र सत्ता है। संसार की सत्ता तो लोकव्यवहार की दृष्टि की सिद्धि के लिए मानी गई है। इसलिए वह तो परमार्थ रूप से सत्य नहीं, लेकिन व्यवहार रूप से सत्य है। उनका कहना था कि सांसारिक वस्तुओ की कामना न करके निष्काम भाव से उपासना करने से संसार के सभी कष्टों से छुटकारा पाया जा सकता है। यह विचार ही है जो व्यक्ति को बांधता है और यही उसे मुक्त भी करता है।

सनंदन ने आचार्य से आज्ञा ली और अद्वैतवाद का प्रचार-प्रसार करने के लिए यात्रा पर निकल पड़े। पहले उन्होंने सारे उत्तर भारत का भ्रमण किया। अनेक तीर्थों और आध्यात्मिक स्थलों में जाकर शास्त्रार्थ किया और विद्वानों के साथ-साथ सामान्यजनों को भी अद्वैत का महत्व समझाया। इसके बाद उन्होंने दक्षिण भारत का रुख किया। वहां भी अनेक स्थानों पर अपने मत का प्रचार करते हुए वह अपने मामा से मिलने श्रीरंगम पहुंचे जो स्वयं शास्त्रों के बहुत अच्छे ज्ञाता और आध्यात्म के अधिकारी विद्वान थे। पद्मपाद ने बड़े उत्साह से मामा को अपने गुरु के अद्वैत के सिद्धांत के बारे में बताया और उनके ब्रह्म सूत्र भाष्य पर लिखी अपनी टीका भी उनको दिखाई। मामा उनकी बातों को सुनकर ऊपरी तौर पर तो बहुत प्रसन्न हुए लेकिन मन ही मन उनको अपने भांजे पर बहुत गुस्सा आया। इसका कारण यह था कि मामा कुमारिल भट्ट के अनुयायी प्रभाकर के शिष्य थे और अपने भांजे की पोथी में उसके विपरीत मत देखकर सहन नहीं कर पाए। वह नहीं चाहते थे कि इसका प्रचार हो।

पद्मपाद ने मामा को बताया था कि इसके बाद वह रामेश्वरम जाएंगे। जब वह जाने लगे तो उनके मामा ने कहा कि पुस्तक साथ क्यों ले जाते हो, यहीं छोड़ जाओ, मेरे पास सुरक्षित रहेगी। बात पद्मपाद को जंच गई। मामा के इरादों से बेखबर वह पुस्तक उनके पास छोड़कर अपने अभियान पर आगे बढ़ गए। इधर मामा को चिंता सताने लगी कि भांजे की पोथी को नष्ट कैसे किया जाए कि उसे शक भी न

हो। जब और कोई उपाय न सूझा तो उन्होंने तय किया कि अपने घर में ही आग लगा देते हैं। उसके आने पर बता देंगे कि आग में तुम्हारी पुस्तक *पद्मपादिका* भी स्वाहा हो गई। अपने वाद का विरोध करने वाली पुस्तक को नष्ट करने के लिए उन्होंने अपना घर और सारा माल-मत्ता आग के हवाले कर दिया। जब पद्मपाद वापस आए और मामा से पुस्तक मांगी तो उन्होंने दुखी होने का नाटक करते हुए कहा कि तुम्हारी पोथी तो जल कर स्वाहा हो गई। इस पर पद्मपाद ने मामा का घर जल जाने का दुख तो प्रकट किया लेकिन बोले की आप पोथी कि चिंता न करें। मुझे वह अक्षरशः याद है, दोबारा लिख लूंगा।

यह सुनकर मामा मानो आसमान से धरती पर गिरे। जिस ग्रंथ को समूल नष्ट करने के लिए उन्होंने अपने घर को आग के हवाले कर दिया था, वह फिर से जीवित हो सकता है। अब तो एक ही उपाय है - पद्मपाद की हत्या।

अपने मत के विरोध से वह इतने दुखी और नाराज थे कि अपने भांजे की जान लेने पर आमादा हो गए। उन्होंने उसे खाने में जहर दे दिया। पद्मपाद मरे नहीं लेकिन बहुत बीमार हो गए। इसी अवस्था में वह अपने गुरु के पास आए। उनके शरीर के साथ-साथ मस्तिष्क भी कमजोर हो गया था। कुछ याद नहीं रहा था। अपने स्वास्थ्य को लेकर पद्मपाद इतने परेशान न थे, जितने पुस्तक के लुप्त हो जाने से थे। शंकराचार्य ने दोनों समस्याओं को हल कर दिया। उन्होंने शिष्य का उपचार करके उसे भला-चंगा किया। इसके साथ ही उसकी लिखी पुस्तक भी दोबारा बोलकर लिखवा दी। यहां उनकी अद्‌भुत स्मरण शक्ति काम आई। पुस्तक लिखने के बाद पद्मपाद ने अपने गुरु को वह पढ़कर सुनाई थी। इसलिए शंकराचार्य को वह याद हो गई थी और उन्होंने आसानी से दोबारा लिखवा दी और इस तरह एक महत्वपूर्ण ग्रंथ षड्‌यंत्र की आग में भस्म होकर कर लुप्त होने से बच गया।

शंकराचार्य ने अपने शिष्य की प्राण रक्षा की। इसी प्रकार एक बार शिष्य ने भी गुरु के प्राण अपनी साधना के बल पर बचाए। कथा इस प्रकार है कि एक कापालिक शंकराचार्य को धोखे से घने जंगल में ले गया। अपनी किसी सिद्धी के लिए उसे किसी सन्यासी की बलि देनी थी। शंकराचार्य से बढ़कर और कोई सन्यासी उसे कहां मिलता। इसलिए पहले तो उसने आचार्य का शिष्य बनने का ढोंग किया। उसने कहा कि वह अद्वैतवाद का अनुयायी बनना चाहता है और कापालिक के घोर तांत्रिक कर्मों को त्याग देगा। मनुष्य की खोपड़ी में मदिरा पीने वाले और काले जादू करने के लिए सिद्धियां पाने वाले कापालिकों को सुधार सकें, यह बात आचार्य को अच्छी लगी। उन्होंने उसे शिष्य बना लिया और इस तरह उनका विश्वास जीत कर वह उनको एक दिन मौका पाकर जंगल में ले गया। वहां उसने अपना असली इरादा प्रकट किया और ठठा कर हंसा कि अब मेरी वर्षों की साधना पूरी होगी।

काफी रात बीत जाने पर भी आचार्य के न आने से उनके सभी शिष्य बेचैन हो रहे थे। उधर कापालिक आधी रात होने का इंतजार कर रहा था, जब बलि देने का मुहूर्त था। पद्मपाद ने ध्यान लगा कर देखा तो उनको पता चला कि आचार्य के प्राण संकट में हैं। उनको यह भी पता चल गया कि उनको धोखे से घने जंगल में ले जाया गया है। उन्होंने तुरंत समाधि में बैठ कर अपने इष्ट नरसिंह भगवान का स्मरण किया। इसके बाद कहते हैं कि कुछ ऐसा चमत्कार हुआ कि सरल स्वभाव और मधुर व्यक्तित्व वाले पद्मपाद का रूप भयानक हो गया और वह सिंह की तरह गर्जना करते हुए जंगल की तरफ भागे। बाकी शिष्य भी उनके पीछे-पीछे दौड़े। वहां जाकर उन्होंने वह भयानक दृश्य देखा। अपने शरीर को तुच्छ समझने वाले शंकराचार्य ध्यानमग्न बैठे थे। कापालिक उनकी बलि चढ़ाने के लिए सारी तैयारी करके मुहूर्त का इंतजार कर रहा था। पद्मपाद ठीक समय पर पहुंचे थे। कापालिक ने शंकराचार्य का वध करने के लिए तलवार उठाई ही थी कि भयंकर रूप धरे पद्मपाद ने आगे बढ़कर उसके हाथ से तलवार छीन ली और उसी बलिवेदी पर उसका सिर काट कर चढ़ा दिया। इस तरह कापालिक उग्र भैरव अपने कर्मों की सजा पा गया। इस सारे कोलाहल से शंकराचार्य का ध्यान भंग हुआ और उन्होंने आंखें खोल कर सारा दृश्य देखा। किंवदंती के अनुसार यह काम पूरा करने के बाद पद्मपाद बेहोश हो गए और जब दोबारा होश में आए तो अपने पुराने रूप में थे।

शंकराचार्य के बारे में अनेक चमत्कारिक कथाओं में से एक यह भी है कि एक बार जब आचार्य वाराणसी में प्रवास कर रहे थे तो महर्षि वेदव्यास ने बूढ़े ब्राह्मण के रूप में आकर उनके ज्ञान की परीक्षा ली। उन्होंने आचार्य से कहा कि मैंने सुना है आपने महर्षि वेदव्यास के ब्रह्मसूत्र की बड़ी सुंदर व्याख्या की है। उसी पर कुछ चर्चा करने की इच्छा से मैं आपके पास आया हूं। शंकराचार्य ने विनम्रता से कहा कि ब्राह्मण देव आप प्रश्न पूछें, मैं अपने ज्ञान के मुताबिक भरसक उसका उत्तर दूंगा। महर्षि व्यास मुस्करा कर बोले कि चलो हम ब्रह्मसूत्र के तीसरे अध्याय के पहले सूत्र तदन्तरप्रतित्तौ रहंति संपरिषवक्तः प्रश्ननिरूपणाभ्याम् को ही ले लेते हैं, इसकी व्याख्या आप किस तरह करते हैं? शंकराचार्य ने जवाब में कहा कि इस शरीर के नष्ट हो जाने यानी मृत्यु हो जाने पर जब जीव दूसरी देह प्राप्त करता है, तब वह पंचभूतों के सूक्ष्म अवयवों से युक्त होकर ही दूसरे स्थान पर जाता है। इस विषय में उपनिषद् का प्रमाण स्पष्ट है। शंकर के इस प्रकार उत्तर देने पर उस ब्राह्मण ने एक के बाद एक तर्क देना आरंभ किया और बात बढ़ती चली गई। इस तरह दोनों पक्षों से एक से एक बारीकियां सामने आईं और दर्शनशास्त्र के गूढ़ तत्व उजागर हुए।

कहा जाता है कि यह शास्त्रार्थ कई दिनों तक चला। उस तेजस्वी ब्राह्मण ने सैकड़ों शंकाएं की और शंकराचार्य ने सैकड़ों तर्क देकर उनका निराकरण किया। पद्मपाद को इसका निर्णायक बनाया गया था पर वह अपने गुरु और उस वृद्ध

ब्राह्मण, दोनों की विद्वता से अभिभूत होकर चुप थे। अंत में उन्होंने कहा कि दोनों ही पक्ष एक से हैं, मैं किसी को हारा हुआ या विजयी नहीं कह सकता। इस पर दोनों विद्वान बहुत प्रसन्न हुए।

शंकर पहचान गए थे कि यह कोई सामान्य ब्राह्मण नहीं, स्वयं भगवान वेदव्यास ही हैं जो उनके ज्ञान की परीक्षा लेने के लिए आए हैं। उन्होंने महर्षि को प्रणाम किया और बोले, " मैंने अपना कार्य संपन्न किया। जो भाष्य मुझे लिखने थे, लिख चुका हूं। मेरे जीवन के 16 वर्ष भी पूरे हो रहे हैं। अब मैं इस पार्थिव शरीर को आपकी उपस्थिति में ही त्याग करना चाहता हूं। आप मणिकर्णिका में थोड़ा रुक कर इसके साक्षी बनें।"

महर्षि वेदव्यास बोले," वत्स, तुम्हारा कार्य अभी संपूर्ण नहीं हुआ। इस बात का बोध कराने के लिए ही मैं यहां आया हूं। तुमने अपने भाष्य लिखकर केवल वेद और वेदांत के सिद्धांतों की व्याख्या की है। अब तुम्हारा काम सारे भारत में इनका प्रचार करना है। तुम्हें इस देश के चारो कोनों में इनकी आधारशिला रखनी है। मैं चाहता हूं कि तुम 16 वर्ष और इस धरती पर रह कर इस कार्य को संपन्न करो ताकि हजारों सालों के तप के बाद ऋषियों ने जिस सत्य का दर्शन किया, उसके ज्ञान का आलोक सारे भारतवर्ष में फैला सको।"

इस प्रकार वेदव्यास ने उनको 16 वर्ष की और आयु का आर्शीवाद दिया ताकि वह इस कार्य को संपन्न कर सकें। इसके साथ ही यह आदेश भी दिया कि उस समय के विख्यात विद्वान पंडित कुमारिल भट्ट को अपने मत में लाएं। वेदव्यास के आदेश का पालन करते हुए शंकराचार्य तुरंत प्रयाग की ओर चल पड़े, जहां कुमारिल भट्ट उस समय अपने शिष्यों के साथ विराजमान थे। कहा जाता है कि कुमारिल भट्ट और शंकराचार्य अलग-अलग मतों के प्रतिस्थापक थे। लेकिन दोनों में एक समानता भी थी। उस समय बौद्ध और जैन धर्म के प्रचार के कारण सनातन धर्म के अनेक सिद्धातों के प्रति लोगों की आस्था में कमी आ रही थी। शंकराचार्य और कुमारिल भट्ट दोनों ने उसकी पुनःस्थापना के लिए महत्वपूर्ण कार्य किया। इसीलिए उनको सनातन धर्म का पुनरुद्धारक कहा जाता है।

शंकर कुमारिल भट्ट से शास्त्रार्थ करने के लिए इतनी लंबी पदयात्रा करके आए थे, लेकिन उनकी यह मनोकामना पूरी नहीं हो सकी। जब वह उनसे मिलने प्रयाग में त्रिवेणी तट पर पहुंचे, तब तक बहुत देर हो चुकी थी। वहां पहुंच कर शंकराचार्य और उनके शिष्यों ने जो दृश्य देखा, उससे अवाक् रह गए। कुमारिल भट्ट का शरीर भूसे की आग में जल रहा था और उनको घेर कर खडे उनके शिष्यों की आंखों से आंसू लगातार बह रहे थे। पर इन सब से बेलाग कुमारिल भट्ट अपने जलते शरीर से अप्रभावित लग रहे थे। उनका आधा शरीर जल चुका था लेकिन उनका चेहरा अभी भी सहज भाव से प्रसन्न दिख रहा था। शंकर ने आते ही उनसे इस का

कारण पूछा तो कुमारिल भट्ट ने कहा कि मेरे लिए प्रायश्चित करना आवश्यक था। मुझ से कुछ पापकर्म हो गया था। शंकर ने तीव्र स्वर में कहा कि आपकी आत्मा शुद्ध है, आप कोई पाप कैसे कर सकते हैं? इसका उत्तर न देते हुए कुमारिल भट्ट बोले कि मैं आपके यहां आने का प्रयोजन जानता हूं। मैं तो अब आपसे विदा लूंगा। अपने प्रयोजन को पूरा करने के लिए आप मेरे शिष्य मंडन मिश्र के पास जाएं।

कुमारिल भट्ट का आदेश पाकर शंकराचार्य बहुत प्रसन्न हुए। बात यह थी कि उस समय मंडन मिश्र अद्वैत से भिन्न मीमांसा सिद्धांत के प्रतिपादकों के सिरमौर थे। यदि शंकर शास्त्रार्थ में उनको पराजित करने में सफल हो जाते, तो उस मत के सभी अनुयायी स्वतः परास्त समझे जाते। इस प्रकार शंकराचार्य की दिग्विजय यात्रा मानो यहीं सफल हो जाती। वह प्रयाग से अपनी शिष्य मंडली के साथ कई दिनों तक पैदल चल कर माहिष्मती नगरी पहुंचे, जहां मंडन मिश्र रहते थे। मंडन मिश्र मैथिली ब्राह्मण थे पर यहां नर्मदा किनारे माहिष्मती नगरी में आकर बस गए थे। कदाचित किसी ज्ञानी आश्रयदाता के निमंत्रण पर। उनके बहुत बड़े और भव्य आवास के खंडहर आज भी वहां पाए जाते हैं जिससे प्रतीत होता है कि उनकी विद्वता का सम्मान करते हुए आश्रयदाता ने उनको यह बड़ी हवेली और सभी सुख-सुविधाएं प्रदान की होंगी। आचार्य शंकर ने नर्मदा के किनारे बने एक मंदिर में अपने शिष्यों को ठहराया और स्वयं मंडन मिश्र से शास्त्रार्थ करने के लिए अकेले ही उनके निवास की ओर चल पड़े।

शंकराचार्य जब वहां पहुंचे तो हवेली का फाटक बंद था। द्वारपालों ने बताया कि मंडन मिश्र अपने पिता का श्राद्धकर्म कर रहे हैं, इसलिए किसी को भी अंदर जाने की आज्ञा नहीं है। उनके समझाने पर भी कि वह मंडन मिश्र से शास्त्रार्थ करने आए हैं और उनका अंदर जाना अति आवश्यक एवं महत्वपूर्ण है, द्वारपाल नहीं माने। शंकराचार्य की मंडन मिश्र से मिलने की आकांक्षा इतनी तीव्र थी कि वह और इंतजार नहीं कर सके। उन्होंने अपनी योगविद्या के बल पर हवेली में प्रवेश किया और मंडन के सामने उपस्थित होकर अपने आने का प्रयोजन कहा। निषेध के बावजूद अचानक घर में घुस आए सन्यासी को देख कर पहले तो मंडन मिश्र क्रोधित हुए क्योंकि श्राद्ध के दौरान किसी सन्यासी की उपस्थिति शुभ नहीं मानी जाती। लेकिन शंकराचार्य का तेज देखकर, बंद हवेली में प्रवेश करने की उनकी यौगिक शक्ति को समझ कर और उनके आने का कारण जान कर वह शांत हो गए। मंडन मिश्र इतना तो तुरंत समझ ही गए कि जो सन्यासी उनको शास्त्रार्थ के लिए चुनौती दे रहा है, वह कोई साधारण विद्वान नहीं हो सकता।

यह जानने के बाद कि शंकर वेदांत के प्रकांड पंडित हैं और मीमांसा के आचार्य मंडन मिश्र से शास्त्रार्थ करना चाहते हैं, मंडन बहुत प्रसन्न हुए। दोनों उच्च कोटि के विद्वान थे। उनको शास्त्रार्थ में हारने-जीतने की परवाह नहीं थी।

इस स्तर पर इस विषय का विषद् विवेचन होगा, यह जानकर ही दोनों प्रसन्न थे। मंडन मिश्र की पत्नी भारती बड़ी विदुषी महिला थी। अतः उसे इस शास्त्रार्थ का निर्णायक बनाया गया। भारती ने दोनों विद्वानों को एक-एक माला पहना कर घोषणा की कि इनमें से जिसके गले की माला सूखनी आरंभ हो जाएगी वह पराजित माना जाएगा।

शंकराचार्य और मंडन मिश्र का शास्त्रार्थ कई दिनों तक चला। नगर के सभी विद्वान और दूर-दूर से आए अन्य विद्वान व नगरवासी यह शास्त्रार्थ सुनने के लिए मंडन के घर पर आए। आखिरकार मंडन मिश्र के गले की माला कुम्हला गई जिससे साबित हो गया कि वह शास्त्रार्थ में हार गए हैं। उन्होंने सहर्ष अपनी हार स्वीकार कर ली और सन्यासी बन कर शंकराचार्य का शिष्य बनाना स्वीकार कर लिया। भारती को यह सुनकर बहुत धक्का लगा। वह नहीं चाहती थी कि उसका पति घरद्वार त्याग कर सन्यासी हो जाए और वह उसे खो दे। उसने तर्क दिया कि पति की अर्धांगिनी होने के नाते जब तक शंकराचार्य उसे भी शास्त्रार्थ में पराजित नहीं कर लेते, उनकी विजय अधूरी मानी जाएगी। शंकराचार्य ने यह भी स्वीकार कर लिया। मंडन मिश्र की विदुषी पत्नी ने शंकराचार्य से कई तरह के प्रश्न किए जिनका सटीक उत्तर देकर आचार्य ने उसे निरुत्तर कर दिया। पर वह किसी भी तरह हार नहीं मानना चाहती थी। उसने सोच विचार कर शंकराचार्य से ऐसा सवाल पूछा जिसका जवाब देना शंकर जैसे बालब्रह्मचारी सन्यासी के लिए संभव नहीं था। उसने पूछा," आप बताएं कि काम की कितनी कलाएं होती हैं और उनका क्या स्वरूप है? शुक्लपक्ष और कृष्णपक्ष में उनकी एक-सी स्थिति रहती है या भिन्न-भिन्न होती है? पुरुष तथा स्त्री में इनका निवास किस प्रकार होता है?"

शंकराचार्य को आध्यात्मिक शास्त्रार्थ के दौरान इस तरह का प्रश्न पूछे जाने की आशा कदापि न थी। प्रश्न सुनकर वह अवाक् रह गए। फिर भी उन्होंने इस बारे में प्रतिवाद नहीं किया लेकिन समुचित उत्तर देने के लिए भारती से एक मास का समय मांगा, जिसके लिए वह राजी हो गई। काफी सोच-विचार के बाद आचार्य इस निर्णय पर पहुंचे कि भारती के प्रश्न का उत्तर देने के लिए उनको परकाया प्रवेश करना होगा। आखिर सन्यासी होने के कारण वह इसका व्यावहारिक ज्ञान स्वयं तो प्राप्त कर नहीं सकते थे। उन्होंने ध्यान लगाकर देखा तो अमरुक नाम के एक राजा का शव धरती पर पड़ा था और उसकी रानियां एवं अन्य लोग विलाप कर रहे थे। अपने शिष्यों को अपने शरीर की रक्षा का भार सौंप कर आचार्य ने अपने योगबल से राजा के मृत शरीर में प्रवेश किया। सबने आश्चर्य से देखा कि उनका राजा फिर से जीवित हो गया है। ऐसा कैसे संभव हुआ, ये तो वे लोग जान नहीं सकते थे।

इस प्रकार राजा अमरुक के शरीर में प्रवेश करके शंकराचार्य ने कामशास्त्र के बारे में सारा ज्ञान प्राप्त किया और लौट कर वापस अपने शरीर में प्रवेश किया

जिसकी रक्षा दिन-रात उसे एक गुफा में रखकर उनके शिष्य कर रहे थे। फिर उन्होंने जाकर भारती के प्रश्न का समुचित उत्तर दिया। इस पर भारती ने सहर्ष अपनी पराजय स्वीकार कर ली और अपने पति को सन्यास ग्रहण करने की अनुमति दे दी। मंडन मिश्र तो पहले से ही इसके लिए तैयार थे। उन्होंने शंकर से सन्यास की दीक्षा लेकर उनका शिष्य बनना स्वीकार कर लिया। आचार्य ने स्नेह पूर्वक उनको अपना शिष्य बनाया और उनका नया नाम सुरेश्वराचार्य रखा।

आचार्य इसके बाद महाराष्ट्र की यात्रा पर निकले और फिर वहां से होकर दक्षिण में मद्रास और केरल गए। वहां अद्वैत का प्रचार करने के बाद और कुछ प्रमुख शिष्य बनाने के बाद उन्होंने अपनी दिग्विजय यात्रा आरंभ करने का निश्चय किया। इसके दौरान उन्होंने अपनी शिष्य मंडली के साथ भारत के सभी प्रमुख तीर्थस्थलों का भ्रमण किया। ये तीर्थ कभी सनातम धर्म के गढ़ हुआ करते थे पर अब वहां तरह-तरह का धार्मिक आडंबर फैल गया था। कई तरह के अवैदिक कर्मकांड और तांत्रिक-कापालिक अनुष्ठानों के अतिरिक्त कई स्थलों पर बौद्धों का प्रभाव भी बहुत बढ़ गया था। शंकराचार्य ने इन सब स्थानों पर जाकर अद्वैत का प्रचार किया और वैदिक धर्म की पुन:स्थापना की।

इतना ही नहीं उन्होंने वैदिक धर्म के प्रचार-प्रसार की परंपरा को बनाए रखने के उद्देश्य से चारो धामों में चार प्रसिद्ध मठों की स्थापना की। उन्होंने पूर्व में जगन्नाथपुरी में गोवर्धन मठ स्थापित किया और आचार्य पद्मपाद को इसका अध्यक्ष नियुक्त किया। दक्षिण मैसूर में उन्होंने प्राचीन धर्मग्रंथों में विख्यात शृंगि श्रृषि के निवास शृंगेरी में उसी नाम से शृंगेरी मठ की स्थापना की और अपने शिष्य सुरेश्वराचार्य को इसका अध्यक्ष नियुक्त किया। आचार्य शंकर ने उत्तर में बद्रिकाश्रम में ज्योतिर्मठ (जोशीमठ) की स्थापना करके उसका अध्यक्ष तोटकाचार्य को बनाया। चौथा शारदामठ काठियावाड़ में है, जिसकी विधिवत स्थापना करके आचार्य ने हस्तामलक आचार्य को इसका अध्यक्ष बनाया। इन चार प्रमुख मठों के बाद शंकराचार्य ने कुछ और भी मठों की स्थापना की, जिनका महत्व उपरोक्त मठों के समान ही माना जाता है।

जिस समय आचार्य शंकरशृंगेरी में थे, उनको आभास हुआ कि उनकी माता बहुत बीमार हैं। वह अपने शेष कार्य का उत्तरदायित्व अपने योग्य शिष्यों पर छोड़ कर तुरंत माता से मिलने अपने पैत्रिक ग्राम कलाड़ी की ओर चल दिए। आचार्य को आभास हो गया था कि माता मृत्युशैया पर हैं और उनको पुकार रही हैं। उन्हें मां को दिया अपना वचन भी याद था कि सन्यासी होने के बावजूद उनका दाह संस्कार वह अवश्य करेंगे जबकि सन्यासियों को किसी का दाह संस्कार करने की अनुमति नहीं होती। जब वह वहां पहुंचे, उनकी माता मरणासन्न थीं। शंकर की ख्याति निश्चय ही माता के कानों तक पहुंच चुकी थी। उन्होंने अपने सन्यासी पुत्र से अनुरोध किया कि अंतिम समय में कुछ ज्ञान की बातें उनको भी बताए। जब शंकराचार्य ने अपने आध्यात्मिक दर्शन की व्याख्या माता के लिए करनी आरंभ की

तो वह परेशान-सी हो गईं। एक तो ऐसी गंभीर स्थिति जिसमें कोई बात ठीक से न सुनाई देती है न समझ में आती है, ऊपर से ऐसा गहन-गंभीर तत्वज्ञान। उन्होंने कुछ सहज-सरल वर्णन करने को कहा।

यह मेरी माता का अंतिम समय है, ऐसा जानकर शंकराचार्य ने सोचा कि ऐसे में तो भगवान शंकर की स्तुति करना ही उचित होगा। उन्होंने स्तुति आरंभ की तो उसके प्रभाव से शंकरजी के गण माता को उनके लोक में ले जाने के लिए आ गए। पर उनके भयानक स्वरूप देखकर माता भयभीत हो गईं। उन्होंने ऐसे भयावह स्वरूप वालों के साथ जाने से इनकार कर दिया। फिर शंकराचार्य ने विष्णु भगवान की स्तुति करनी आरंभ की। इससे उनके भेजे दूत माता को लेने आए तो वह सहर्ष अपना पार्थिव शरीर त्याग कर उनके साथ जाने को तैयार हो गईं।

माता इस संसार से विदा हो गई। अपने वादे के मुताबिक शंकराचार्य ने उनका अंतिम संस्कार अपने हाथों करने की तैयारी आरंभ की। लेकिन उनके सभी नातेदारों ने इसका घोर विरोध किया। उनका कहना था कि सन्यासियों को किसी का अंतिम संस्कार करने की अनुमति नहीं है। फिर शंकर ऐसा कैसे कर सकते हैं। उन्होंने न तो माता का पार्थिव शरीर उनको ले जाने दिया और न ही अग्नि दी। विवश होकर शंकराचार्य ने माता को दिया वचन पूरा करने के लिए अपने घर के पिछवाड़े में ही सूखी लकड़ियों का ढेर इकट्ठा किया, उस पर अपनी मां का शव रखा और योगबल से अग्नि उत्पन्न करके उनका अंतिम संस्कार कर दिया।

इसके बाद आचार्य फिर अपने मत का प्रचार करने और मठों की व्यवस्था करने के काम में लग गए। उनको आभास हो रहा था कि अब उनका लक्ष्य पूरा हो चुका है और संसार का त्याग करने का समय आ गया है। उन्होंने मठों का कार्य देखने के लिए अपने शिष्यों को भेजा और स्वयं बद्रीनारायण की ओर चल पड़े। वहां पूजा-अर्चना करने के बाद वह कैलाश पर्वत पर गए और वहां अपने पार्थिव शरीर का त्याग करके उन्होंने सूक्ष्म शरीर के साथ स्वर्ग की ओर प्रस्थान किया।

शंकराचार्य के स्वर्गवास के बारे में और भी कई विवरण प्रचलित हैं। इनमें से एक के अनुसार वह कामरूप (अब गुवाहाटी) गए थे। वहां उन्होंने अभिनवगुप्त को शास्त्रार्थ में पराजित किया। अभिनवगुप्त हार का यह अपमान सहन न कर सके तो उन्होंनी तांत्रिक शक्तियों के प्रभाव से आचार्य पर प्रहार किया जिससे वह बहुत बीमार हो गए। बहुत उपचार करने पर भी कोई लाभ नहीं हुआ। उनके शिष्य पद्मपाद ने अपने आत्मबल से जान लिया कि यह तांत्रिक प्रहार का परिणाम है। उन्होंने अपने शक्तियों के बल से आचार्य का रोग दूर कर दिया लेकिन वह पूरी तरह स्वस्थ नहीं हो सके। अंततः उन्होंने केवल 32 वर्ष की अल्पायु में ही शरीर त्याग दिया।

卐卐卐

अध्याय-4

रामानुजाचार्य

श्री रामानुजाचार्य का जन्म सन 1017 में हुआ था। इनके माता-पिता तमिलनाडु में श्रीपेरंबदूर में रहते थे। उनके पिता का नाम केशव याज्ञिक और माता का नाम कांतिमनी था। कहते हैं कि इन दोनों की कोई संतान नहीं थी। अतः केशव याज्ञिक ने वृंदारण्य में कुमुदिनी झील के तट पर जाकर पुत्र प्राप्ति के लिए यज्ञ किया। उनकी साधना से प्रसन्न होकर आराध्य देव ने उनको सपने में दर्शन दे कर कहा कि मैं तुमसे बहुत प्रसन्न हूं। अब तुम अपने गांव लौट जाओ। शीघ्र ही तुमको एक पुत्र की प्राप्ति होगी जो बहुत यशस्वी होगा। इस पर केशवाचार्य खुशी-खुशी अपने घर लौट आए। कालांतर में उनको पुत्र की प्राप्ति हुई। बच्चे का नाम उन्होंने लक्ष्मण रखा। चूंकि लक्ष्मण भगवान राम के अनुज अर्थात छोटे भाई थे, अतः उस बच्चे को रामानुज के नाम से भी पुकारा जाता था। बाद में उनका रामानुज नाम ही अधिक प्रसिद्ध हो गया।

रामानुज अभी बहुत छोटे ही थे कि उनके पिता का देहांत हो गया। माता कांतिमनी ने उनको अपने भांजे गोविंद के साथ वेदांत के अध्ययन के लिए तत्कालीन प्रसिद्ध गुरु यादव प्रकाश जी के पास कांचीवरम भेज दिया। दोनों भाई वहां रह कर विद्याध्ययन करने लगे। रामानुज बड़े मेधावी छात्र थे। वह न केवल गुरु के बताए वेदांत के भाष्य को ध्यानपूर्वक सुनते थे, बल्कि उसपर स्वयं भी मनन किया करते थे। धीरे-धीरे उन्होंने अनेक श्लोकों के अपने अर्थ निकालने आरंभ कर दिए, जो गुरु के बताए अर्थों से भिन्न होते थे। जैसा कि विद्यार्थियों में हो जाता है, वह कई बार अपने सहपाठियों को भी अपने अर्थ बताते और गुरुजी के बताए अर्थ के बारे

में चर्चा किया करते। यह बात जब यादव प्रकाश जी के कानों तक पहुंची तो उनको बहुत बुरा लगा। एक बार तो बात यहां तक बढ़ गई कि कक्षा में ही रामानुज ने अपने गुरु की छांदोग्य उपनिषद के एक मंत्र की व्याख्या को बड़े विनम्र शब्दों में चुनौती दे डाली। वह अपने गुरु का अपमान नही करना चाहते थे लेकिन उनको व्याख्या इतनी ग़लत लगी कि अपना अर्थ बताने से रोक नहीं पाए। सारी बात को स्पष्ट करने के लिए एक नजर छांदोग्य उपनिषद के प्रथम प्रपाठक (छठा खंड) के सातवे मंत्र की उस पंक्ति पर डालना उचित होगा जो इस प्रकार है :

तस्य यथा कप्यासं पुण्डरीकमेवमक्षिणी तस्योदिति नाम।

यादव प्रकाश जी ने इसका अर्थ यों किया कि उस सुनहरे आदित्य पुरुष की दोनों पुण्डरीक यानी कमल के समान आंखें हैं जो वानर के नितंबों के समान लाल हैं। यह सुनकर रामानुज की आंखों से आंसू टपकने लगे। उन्होंने अत्यंत विनम्रता से कहा कि गुरुजी, क्या उस दिव्य स्वर्ण पुरुष के नेत्रों की लाली की उपमा वानर के लाल नितंबों से देना उचित होगा? क्या यह महापाप नहीं होगा? क्या इसका कुछ इस तरह अर्थ नहीं हो सकता? फिर उन्होंने अपना अर्थ बताया : कप्यासं का अर्थ यों किया जा सकता है कं जलं पिबति इति कपि अर्थात सूर्य। तब इस मंत्र का अर्थ होगा उस स्वर्ण पुरुष की दोनों आंखें सूर्य की रश्मियों से खिले कमल के समान लाल हैं। (प्रसंगवश कुछ विद्वानों ने वानर के नितंब से इस तुलना वाले अर्थ से बचने के लिए यह अर्थ भी किया है कि जिसके कमल के समान दोनों नेत्र वानर के मुख के समान लाल हैं। हालांकि कप्यासं का अर्थ तो कपिस्य आस्यम अर्थात कपि के नितंब ही होता है। या फिर इसका वह अर्थ किया जा सकता है जो रामानुजजी ने बताया।)

इस पर गुरु शिष्य में थोड़ा तर्क-वितर्क हुआ। यादव प्रकाश जी ने यह तो नहीं कहा कि तुम मेरी व्याख्या को गलत कैसे बता रहे हो। उन्होंने यह कहा कि तुम क्या आदि शंकराचार्य से भी बड़े व्याख्याता हो, जो उनके भाष्य को भी चुनौती दे रहे हो। इस पर रामानुजाचार्य चुप रह गए। एक और अवसर पर जब कि गुरु तैतिरीय उपनिषद के एक मंत्र की व्याख्या कर रहे थे तो रामानुज ने फिर विनम्रतापूर्वक उनको टोका और अपना अर्थ उनके सामने रखा। इस पर उनका कुपित होना स्वाभाविक ही था। गुरु ने कहा कि जब तुम इतने ही विद्वान हो और मेरे और मुझसे पूर्ववर्ती सभी आचार्यों की व्याख्याओं से सहमत नहीं हो तो अपना खुद का विद्यालय क्यों नहीं खोल लेते, जिसमें तुम अपने शिष्यों को इस तरह के अर्थ पढ़ाया करो। रामानुज क्या उत्तर देते, चुपचाप सिर नवा कर बैठ गए।

गुरु यादव प्रकाश जी अपने शिष्यों के सामने इस धृष्ट बालक द्वारा किए गए अपमान से तो दुखी थे ही, उनको एक और भी चिंता सता रही थी। उसकी व्याख्याओं में एक तरह से आदि शंकराचार्य के अद्वैतवाद का खंडन ही था। यह

लड़का आगे चल कर द्वैतवादी होगा, इस विचार से ही वह बहुत व्यग्र हो उठे। एक दिन उन्होंने अपने कुछ खास शिष्यों के साथ इस समस्या के बारे में विचारविमर्श किया कि इस बालक का क्या किया जाए। एक शिष्य ने राय दी कि गुरुजी, यह तो बहुत सरल है। आप इसे तुरंत गुरुकुल से निकाल दीजिए। पर एक अन्य शिष्य को इससे संतोष नहीं हुआ। उसने कहा कि यह समस्या का समाधान नहीं है। भले ही गुरुजी ने क्रोध में आकर यह बात कही हो लेकिन अगर उसने आगे चलकर सचमुच अपना विद्यालय खोल लिया और द्वैतवाद का प्रचार करने लगा तो घोर अनर्थ हो जाएगा। तो फिर क्या किया जाए? इसपर एक अन्य शिष्य ने सुझाव दिया कि रामानुज के जीवन का अंत कर देना ही इसका एकमात्र उपाय है। दरअसल गुरु यादव प्रकाश जी यही चाहते थे। पर वह अपने मुख से ऐसी भयानक बात नहीं निकाल सकते थे। शायद उनके शिष्यों में ऐसा सुनकर उनके प्रति अश्रद्धा उत्पन्न हो जाती। अब जबकि एक शिष्य ने यह प्रस्ताव रखा तो उसका अनुमोदन करने में उतनी बुराई न थी। उन्होंने अनिच्छा का नाटक करते हुए कहा कि हां, इसके सिवा और कोई रास्ता भी तो नहीं है। सब की सहमति बन जाने के बाद रामानुज को कैसे मारा जाए, इसके बारे में एक योजना तैयार की गई। तय किया गया कि रामानुज और उनके ये खास शिष्यों की एक टोली तीर्थयात्रा पर वाराणसी जाएगी। रास्ते में एक घना जंगल पड़ता है। वहीं रामानुज को मार कर फेंक देंगे और फिर गंगा में स्नान करके हत्या के पाप से भी मुक्त हो जाएंगे।

ये लोग पदयात्रा करते-करते घने जंगल में पहुंच गए थे। अब रामानुज की हत्या करने का समय आ गया था। जब यादव प्रकाश अपने कुछ शिष्यों के साथ रामानुज को मारने की योजना पर गुप्त मंत्रणा कर रहे थे, उनकी बातें रामानुज के भाई गोविंद भट्ट ने सुन लीं। उन्होंने तुरंत अपने भाई को सारी बात बता दी और कहा कि फौरन यहां से भाग जाएं। रामानुज आधी रात को सब की नजर बचा कर वहां से भाग निकले। वह घने जंगल में भटकते रहे। न दिशा का ज्ञान था न किसी आदमी की सूरत नजर आती थी, जिससे सहायता मांगते या रास्ता पूछते। आखिरकार इसी तरह भटकते-भटकते उनकी नजर एक बहेलिए और उसकी पत्नी पर पड़ी। उन्होंने भी रामानुज को देख लिया तो इशारे से पास बुलाया। बहेलिए की पत्नी ने बड़े प्यार से पूछा कि बेटा, तुम कौन हो और इस भयानक जंगल में कैसे भटक रहे हो? इस पर रामानुज ने बताया कि मैं कांचीपुरा का रहने वाला हूं। अपने घर जा रहा हूं। लेकिन जंगल में राह भूल कर भटक रहा हूं। तब बहेलिए ने कहा कि हम लोग भी उधर ही जा रहे हैं। दरअसल हम रामेश्वरम की तीर्थ यात्रा को जा रहे हैं। रास्ते में कांचीपुरा पड़ता है। तुम हमारे साथ चलो। हम तुम्हें वहां तक पहुंचा देंगे। अकेले तो तुम्हें न इस जंगल में रास्ता मिलता न तुम यहां के खतरों से परिचित हो। यहां भयानक जंगली जानवर पाए जाते हैं जिनसे बचना मुश्किल होता है। रामानुज को ये लोग अच्छे लगे तो उनके साथ हो लिए। वे दिनभर चलते और

रात को किसी निरापद जगह पर विश्राम करते। इस तरह उनकी सहायता से रामानुज कांचीपुरा पहुंच गए। वहां आकर उन्होंने अपनी माता से सब हाल बताया कि कैसे उनको मारने का घृणित षड़यंत्र उनके अपने गुरु ने ही किया था और कैसे सौभाग्य से वह बच निकले। अब वह घर पर रह कर अपनी आराधना एवं विद्याध्ययन में समय व्यतीत करने लगे।

श्रीरंगम मठ के महंत यमुनाचार्यजी महान संत और वैष्णव संप्रदाय के विद्वान थे। उनके एक प्रिय शिष्य थे कांचीपूर्ण। वह भगवान के अनन्य भक्त और प्रखर विद्वान थे। आसपास के लोग उनका बहुत सम्मान करते थे। इस बारे में उल्लेखनीय बात यह है कि यद्यपि कांचीपूर्ण जाति के शूद्र थे, तो भी न तो गुरु यमुनाचार्यजी ने उनको शिक्षा देने में संकोच किया और न ही आसपास के लोगों ने इस कारण उनका सम्मान करने में कोई कमी दिखाई। छोटी जाति के होने के बावजूद वह मंदिर में सेवा करते थे और सब इसका विरोध करने के बजाय उनके इस सेवा भाव की बहुत प्रशंसा करते थे। रामानुज को भी उनके बारे में पता था। एक दिन स्नेहवश रामानुज ने उनको अपने घर पर भोजन करने के लिए आमंत्रित किया। उस दिन तो वह किसी कारणवश नहीं आ सकते थे। लेकिन उन्होंने वादा किया कि किसी और दिन आपके घर का आतिथ्य अवश्य स्वीकार करुंगा। रामानुज ने यह बात अपनी पत्नी को बता दी कि कांचीपूर्ण घर पर भोजन करने किसी दिन आएंगे। उनके सत्कार में कोई कमी नहीं होनी चाहिए। संयोगवश जिस दिन कांचीपूर्ण उनके घर पर पधारे, रामानुज वहां नहीं थे। उनकी पत्नी ने उनको आदरपूर्वक आसन पर बैठाकर भोजन कराया। लेकिन उनके जाने के बाद उसने सारी पाकशाला को धोया और स्वयं भी अपने आपको शुद्ध करने के लिए नदी में स्नान करने चली गई। जब रामानुज घर पर आए तो उनको सारी बात का पता चला। वह इस बात से इतने खिन्न हुए कि घर-बार त्याग कर साधु हो गए।

एक अन्य विवरण के अनुसार रामानुज अपनी पत्नी के इस तरह के आचरण से प्रायः खिन्न रहते थे। उन्होंने कई बार उसको इस बारे में समझाया भी पर उस पर कोई असर नहीं होता था। अनेक बार उसकी इस तरह की गलतियों को माफ करने के बाद एक ऐसी घटना घटी जिससे उनको बहुत अधिक दुख पहुंचा। हुआ कुछ ऐसा कि वह उन दिनों कांची में एक विद्वान नांबी के साथ रह रहे थे। नांबी ने उनको वेदांत के बहुत से गुप्त रहस्यों की जानकारी दी थी और रामानुज उनको अपना गुरु मानते थे। दोनों परिवार साथ-साथ रहते थे। एक दिन जब रामानुज की पत्नी और नांबी की पत्नी दोनों कुएं पर पानी भरने गईं तो नांबी की पत्नी के घड़े से थोड़ा पानी छलक पर रामानुज की पत्नी के घड़े में पड़ गया। इससे रामानुज की पत्नी बहुत कुपित हुई। वह यह सहन नहीं कर सकती थी कि किसी छोटी जाति वाले के घड़े का पानी उसके घड़े में पड़े। नांबी की पत्नी ने घर आकर सारी बात

अपने पति से कही तो इससे खिन्न होकर नांबी ने तत्काल वह स्थान छोड़ दिया और अपने परिवार के साथ अन्यत्र चले गए। रामानुज को इस बात से इतनी जबरदस्त ठेस पहुंची कि उसी समय घरबार त्याग कर सन्यासी हो गए।

अब रामानुज का सारा समय आराधना और प्रवचन देने में ही गुजरता था। कांचीपूर्ण के गुरु यमुनाचार्य उनकी विद्वता के कारण रामानुज से बहुत प्रेम करते थे। जब वह वृद्धावस्था के कारण बहुत बीमार रहने लगे तो उन्होंने अपने किसी योग्य उत्तराधिकारी के बारे में सोचना आरंभ किया। इसपर उनको रामानुज की याद आई तो उन्होंने कांचीपूर्ण को रामानुज को बुला लाने के लिए भेजा। पर रामानुज उनके दर्शन करने के लिए आ पाते, इससे पहले ही गुरु यमुनाचार्यजी ब्रह्मलीन हो चुके थे। उनके शिष्यों ने अपने गुरु की अंतिम इच्छा के बारे में रामानुज को बताया और पूरे आदरमान के साथ उनको श्रीरंगम मठ के महंत के पद पर प्रतिष्ठित किया। उन्होंने उनको यह भी बताया कि गुरु यमुनाचार्यजी की प्रबल इच्छा थी कि ब्रह्मसूत्र पर विशिष्टाद्वैत भाष्य लिखा जाए । इस पर रामानुज ने कहा कि दिवंगत गुरुजी के आशीर्वाद और ईश्वर की कृपा से वह यह काम अवश्य संपन्न करेंगे। इस अवसर पर गोष्ठीपूर्ण स्वामी ने उनको एक गुरु मंत्र देकर दीक्षित किया और कहा कि इसका जाप करते रहना। उस समय परंपरा यह थी (आज भी अधिकांश संप्रदायों में यह परंपरा प्रचलित है) कि गुरु मंत्र को बहुत गुप्त रखा जाता था और दीक्षा ग्रहण करने वाला इसे किसी को बताता नहीं था। वैसे भी शास्त्रों का बहुत सा ज्ञान ब्राह्मणों ने अपने तक सीमित रखा हुआ था और जनसाधारण को इससे दूर रखते थे। रामानुज इससे कतई सहमत नहीं थे। वे किसी भी जातिपांति के भेदभाव के बिना जो भी आता, उसे उसके कल्याण के लिए कुछ भी बताने या समझाने में संकोच नहीं करते थे। कहते हैं कि गोष्ठीपूर्णजी ने उनको जो गुरु मंत्र दिया था, रामानुज ने मंदिर में बहुत से लोगों को एकत्र करके उन सब को वह मंत्र ऊंचे स्वर में सुनाया और कहा कि यह कल्याणकारी मंत्र है, इसका जाप किया करो। इससे गोष्ठीपूर्ण बहुत नाराज हुए। उन्होंने रामानुज को इस उद्दंडता के लिए बहुत बुरा-भला कहा और गुस्से में यहां तक बोले कि तुम अपनी इस करतूत के लिए नरक में जाओगे। इस पर रामानुज ने विनम्रता से जवाब दिया कि अगर ऐसी हरकत करने से हजारों लोगों का कल्याण होता है, तो मुझे नरकवास मंजूर है।

एक अन्य विवरण के अनुसार रामानुज ने उस समय मठाधीश का पद स्वीकार करने से इनकार कर दिया था। वह उस समय स्वयं को इसके योग्य नहीं समझते थे। वह अपने गृहनगर लौट गए थे। बाद में पर्याप्त ज्ञान पा लेने पर जब उनको दोबारा इसे ग्रहण करने को कहा गया तो वह सहमत हो गए। मठ के अपने कर्तव्यों का पालन करते हुए रामानुज ने गुरु की इच्छा पूर्ण करने का काम भी शुरू किया। लेकिन ब्रह्मसूत्र का भाष्य लिखना कोई सरल काम न था। वह चाहते थे कि भाष्य

लिखना आरंभ करने से पहले वह उन सारे गुरुओं के भाष्यों का अध्ययन कर लें जिन्होंने पहले इस विषय पर काम किया है। फिर मनन करने के बाद जिस निष्कर्ष पर पहुंचें, उसके अनुसार अपना भाष्य लिखें। इसके लिए वह अनेक स्थानों पर गए और जो कुछ सामग्री मिली उसका ध्यानपूर्वक अध्ययन किया। दक्षिण के एक पुस्तकालय में जाने पर उनको एक गंभीर समस्या का सामना करना पड़ा। वहां के आचार्यों ने रामानुज को पुस्तकालय में अध्ययन करने की अनुमति तो दे दी लेकिन यह शर्त लगाई कि वह केवल पढ़ सकते हैं, किसी ग्रंथ या उसके अंश की नकल करके अपने साथ नहीं ले जा सकते। अब इतनी सारी और जटिल सामग्री को कंठस्थ करना तो संभव न था। वह मुश्किल में पड़ गए। तभी उनका एक शिष्य उनके काम आया। उसने कहा कि गुरुजी, मैंने उक्त ग्रंथ का अनेक बार अध्ययन किया है। मुझे वह कंठस्थ है। आप निश्चिंत होकर यहां से चलें। आपको जहां भी जरूरत होगी, मैं सहायता करूंगा। इससे संतुष्ट होकर रामानुज वहां से लौट चले। आकर उन्होंने अपना भाष्य लिखना आरंभ किया। जहां-जहां उनको आवश्यकता होती, वह अपने शिष्य करथलवर की सहायता लेते। ब्रह्मसूत्र का भाष्य लिखने के बाद उन्होंने भगवद्‌गीता का भी भाष्य लिखा। उन्होंने वेदांतसार और वेदांतदीपम् आदि भाष्य भी लिखे और इस प्रकार गुरु यमुनाचार्यजी की अंतिम इच्छा का पालन किया। इसके बाद वह अपने मत का प्रचार करने के लिए विभिन्न स्थानों पर गए। इस भ्रमण के दौरान रामानुज जहां अपने ज्ञान का प्रकाश फैलाते हुए जनसाधारण को भी वेदांत के गंभीर दर्शन को सरल भाषा में समझाते थे, वहां जहां भी उनको बड़े ज्ञानी मिलते, उनके साथ विचार-विमर्श करके और ज्ञान अर्जित करते थे। उनकी ज्ञान पिपासा उनको कश्मीर तक ले गई जो उन दिनों ज्ञान का पीठासन माना जाता था। वहां सरस्वतीपीठ में उनको स्वयं मां सरस्वती ने आर्शीवाद दिया और हयग्रीव की एक मूर्ति प्रदान की।

रामानुज का विशिष्टाद्वैत शंकराचार्य के अद्वैत दर्शन से भिन्न है। शंकर केवल ब्रह्म को ही सत्य मानते हैं। उनके अनुसार ब्रह्म के अतिरिक्त और कुछ है ही नहीं। अत: समस्त जगत मिथ्या है। विवेक के प्रकाश में जब यह मिथ्या दूर हो जाता है तो सत्य के दर्शन होते हैं। तब सब कुछ ब्रह्ममय हो जाता है। रामानुजाचार्य के अनुसार ब्रह्म चिन्मय आत्मा और जड़ प्रकृति दोनों में विद्यमान है। लेकिन इसके साथ ही वह इन दोनों से विशिष्ट है। आत्मा और प्रकृति इन दोनों पदार्थों से अद्वैत किंतु दोनों से विशिष्ट होने के कारण रामानुज ब्रह्म को विशिष्टाद्वैत मानते हैं। विशिष्टाद्वैत दर्शन के अनुसार प्रकृति, माया अथवा अविद्या जो जड़ है, आत्मा जो सूक्ष्म है और सर्वनियंता, ज्ञान व आनंद स्वरूप ईश्वर, ये तीन प्रकार के पदार्थ हैं जो ब्रह्म में निवास करते हैं। आत्मा का शरीर से जो संबंध है, वही संबंध ईश्वर का आत्मा और प्रकृति से है, जिसे हम ब्रह्म कहते हैं वह ईश्वर से भिन्न नहीं। उनके मतानुसार प्रकृति, आत्मा और ईश्वर, इन तीनों की समष्टि को ही ब्रह्म कहते हैं।

रामानुजाचार्य की एक विशेषता यह थी कि वह अन्य वैष्णवों के विपरीत जातिपाति को बिलकुल नहीं मानते थे। एक बार एक धोबी उनके पास बड़ी श्रद्धा से ज्ञान प्राप्त करने आया, तो उन्होंने उसे न केवल दीक्षित किया बल्कि विशिष्टाद्वैत के सिद्धांत में पारंगत बना दिया। जबकि अन्य वैष्णव छोटी जाति वालों को वेदांत के ज्ञान का अधिकारी नहीं मानते थे। उनके बारे में एक और कथा बड़ी दिलचस्प है। कहा जाता है कि आचार्य का एक शिष्य धनुर्दास शूद्र था। वह अक्सर प्रातःकाल नदी में स्नान करने के बाद धनुर्दास के कंधे का सहारा लिए हुए लौटते थे। उनके ब्राह्मण शिष्य यह देख कर हैरान रह जाते थे। कहां तो लोग शूद्र से छू जाएं तो जाकर शुद्ध होने के लिए नदी में स्नान करते हैं और कहां इतने बड़े वैष्णव आचार्य नदी में स्नान करने के बाद शूद्र के कंधे का सहारा लेकर मठ लौटते हैं। उन्होंने साहस करके आचार्य से इस आचरण का कारण पूछ ही लिया। इस पर उन्होंने कहा कि वत्सो! तुम सब अशुद्ध हो। यदि मैं तुम में से किसी के कंधे का सहारा लेकर लौटूं तो मेरा स्नान व्यर्थ हो जाएगा। तुम सब पहले तो अपने जाति अभिमान से अशुद्ध हो। इसके बाद तुम अपने ज्ञान के अभिमान से अशुद्ध हो। फिर तुम अपने ही समान ईश्वर की अन्य संतानों को हीन जाति का जानकर उनसे घृणा करते हो, इस प्रकार भी अशुद्ध हो। यदि मैं स्नान के बाद तुम्हारा सहारा लूं तो मेरा मन और आत्मा अशुद्ध हो जाएगी। धनुर्दास में इनमें से कोई दोष नहीं। वह पूरी तरह शुद्ध है। अतः नदी में स्नान करने से मेरा शरीर शुद्ध हो जाता है और उसके बाद उसका सहारा लेने से मेरा मन और आत्मा शुद्ध हो जाती है।

उनके विषय में प्रचलित अनेक व्याख्यानों में एक यह भी बहुत प्रसिद्ध है कि आचार्य एक बार तिरुपति की तीर्थयात्रा से लौटते हुए अष्टसहस्त्रग्राम पहुंचे। वहां उनके दो शिष्य रहते थे। एक बहुत अमीर था तो दूसरा उसी हद तक गरीब था। जो नितांत विपन्न और निर्धन था, आचार्य ने अपने स्वभाव के अनुसार शिष्यों के साथ उसका आतिथ्य स्वीकार करने का मन बनाया। वह वर्दार्या नामक उस शिष्य की झोंपड़ी के द्वार तक पहुंचे और दरवाजा खटखटाया। उस समय वह भिक्षा मांगने के लिए बाहर गया हुआ था। घर पर उसकी पत्नी थी। वह बेचारी निर्धनता के कारण इतने कम और फटे हुए चीथड़े से पहने थी कि उनके सामने भी नहीं आ सकती थी। उसने झोंपड़ी का दरवाजा खोल दिया और खुद दरवाजे की आड़ में खड़ी हो कर दोनों हाथ बाहर निकाल कर आचार्य को प्रणाम किया। आचार्य इसका कारण समझ गए। उन्होंने अपना उत्तरीय उतार कर तुरंत उसकी ओर फेंका। स्त्री ने उसे उठा कर पहना और उससे अपना तन ढक कर आचार्य के सामने हाथ जोड़े उपस्थित हुई। उसने उनका और उनके शिष्यों का पूरी श्रद्धाभक्ति से स्वागत किया और बोली कि प्रभु, आप शिष्यों सहित इस विपन्न की झोंपड़ी में विश्राम करें तब तक मैं कुछ भोजन का प्रबंध करती हूं। ऐसा कह कर वह अपनी झुग्गी से बाहर

आई। लेकिन इस सोच में पड़ गई कि अब करे तो क्या करे! घर में अन्न का एक दाना न था। पति जो भिक्षा मांगकर लाने वाले थे उससे तो इन दोनों का पेट भी मुश्किल से भरता। यह उसका सौभाग्य था कि नगर में एक से एक धनी लोगों के रहते वह उसके यहां पधारे थे। उनको भिक्षा के तुच्छ अन्न से सत्कार करना कहां की समझदारी होगी! तभी उसे ध्यान आया कि नगर का एक धनी व्यापारी सदा उस पर बुरी नजर रखता आया है। वह उसके पति की निर्धनता से परिचित था, अतः उसे तरह-तरह के प्रलोभन देता था। पर उस पतिव्रता ने कभी उसे पास नहीं फटकने दिया। आज उसे कोई और रास्ता नजर नहीं आया तो उसके पास चली गई। उसने बताया कि घर पर उसके गुरु ने अपने शिष्यों के साथ पधारने की कृपा की है। लेकिन उनका सत्कार करने के लिए घर पर कुछ भी नहीं है। यदि आप उनके लिए पर्याप्त भोजन सामग्री दे दें तो बड़ी कृपा होगी। बदले में आप उनके जाने के बाद मेरे साथ अपनी इच्छा पूरी कर सकते हैं। यह सुनते ही व्यापारी की बांछें खिल गईं। वह तुरंत राजी हो गया। उसने भरपूर खाद्य सामग्री तुरंत अपने सेवकों के हाथ उसके घर पहुंचा दी।

वर्दार्या की पत्नी ने खुशी-खुशी उस सामग्री से भोजन बनाया और आचार्य और उनके शिष्यों को तृप्त किया। इस बीच उसका पति भी भिक्षा मांग कर घर लौट आया था। गुरु को अपने यहां आया पाकर उसकी खुशी का ठिकाना न रहा। पत्नी द्वारा उनका ऐसा सत्कार होते देख वह परम प्रसन्न हुआ। लेकिन अगले ही क्षण उसे ध्यान आया कि इतनी उत्तम खाद्य सामग्री आखिर आई कहां से? उसने पत्नी से पूछा तो उसने डरते-डरते सारी बात बता दी कि इसके सिवा और कोई चारा न था और वह उस धनी व्यापारी को गुरु के जाने के बाद अपना शरीर सौंपने का वादा कर आई है। वर्दार्या ने पत्नी की सारी बात धैर्यपूर्वक सुनी और कुपित होने के बजाय बोला कि तू स्त्री नहीं देवी है। तू ने अपने गुरु की सेवा के लिए और अपने पति की मान रक्षा के लिए अपना सर्वस्व अर्पित करने का मन बना लिया। बाद में दोनों आर्चाय के जाने के बाद उनका दिया प्रसाद लेकर उस व्यापारी के घर पर पहुंचे। वर्दार्या ने समय पर सहायता करने के लिए उसका धन्यवाद किया। उसकी पत्नी ने उसे अपने गुरु का प्रसाद दिया और कहा कि मैं अपने वचन के मुताबिक आ गई हूं। आप अपनी इच्छा पूरी कर सकते हैं। व्यापारी ने प्रसाद ग्रहण किया तो उसके बाद उसे अपनी आत्मा में एक प्रकाश-सा कौंधता लगा। थोड़ी देर बाद उसकी बुद्धि बहुत निर्मल हो गई। उसने उठ कर पहले दोनों हाथ जोड़कर वर्दार्या की पत्नी की प्रदक्षिणा की। फिर बोला कि माता, मुझ पापी को क्षमा कर दो। मैंने कामपिपासा के वश में होकर आपके सामने जो प्रस्ताव रखा था, उसके लिए बहुत शर्मिंदा हूं। मुझे अपने गुरु के पास ले चलो। जिनके प्रसाद में यह प्रभाव है कि मेरा कलुषित चित्त निर्मल हो गया, उनके दर्शन पाकर तो मेरा जीवन धन्य हो जाएगा।

वर्दार्या उसे रामानुजजी के पास ले गया। व्यापारी उनके चरणों में लोट गया। वह उनका शिष्य हो गया और उसने अपना सारा धन उनकी सेवा में अर्पित कर दिया।

आचार्य रामानुज ने साठ वर्षों तक श्रीरंगम में रहकर अपना समय अध्ययन-मनन, प्रवचन देने और प्रभु की सेवा में व्यतीत किए। शेष समय उनका तीर्थयात्राओं और भ्रमण में व्यतीत हुआ। जब वह वयोवृद्ध हो गए तो उन्होंने अपने शिष्यों को बुला भेजा और उनको अपने अंतिम संदेश के नाम पर उपदेश दिया और कहा कि सदा इस पर आचरण करना। जो कुछ उन्होंने कहा, उसका सार यह था कि समस्त वैष्णव विद्वानों की अपने आध्यात्मिक गुरुओं के समान पूजा करना और महान आचार्यों की शिक्षाओं में पूरी आस्था रखना। कभी इंन्द्रियों के दास न बनना। सांसारिक ज्ञान प्राप्त करके कभी संतुष्ट नहीं होना। ईश्वर की महानता और उसकी अद्‌भुत रचना विषयक ग्रंथों का बारंबार अध्ययन करना। इस बात को सदा मन में बैठा लो कि जो प्रभुभक्तों की सेवा करता है, उसे प्रभु की प्राप्ति होती है। इसलिए प्रभुभक्तों के आदरमान और सेवा में कभी कमी नहीं करना। सदा अधिक से अधिक ज्ञान अर्जित करने का प्रयास करना। यदि गुरुजनों की कृपा से तुमको पर्याप्त ज्ञान मिल जाएगा तो इंद्रियों पर तुम्हारा स्वत: ही नियंत्रण हो जाएगा और उनका आकर्षण तुमको कभी परेशान नहीं करेगा। तुम हर तरह की आसक्ति और आकर्षण के प्रति उदासीन हो जाओगे। सेवा बहुत बड़ी साधना है। याद रखो कि यदि तुम सेवा नहीं करोगे तो चाहे कितने बड़े ज्ञानी क्यों न बन जाओ, तुम्हारा कभी कल्याण नहीं होगा। प्रभु के चरणों में अपने को पूर्णत: समर्पित कर दो। जो लोग इसके अतिरिक्त कोई दूसरा भक्ति मार्ग बताते हैं, उनसे दूर रहो। इंद्रियों के दास, भोगविलास में लिप्त लोगों की संगति से सदा दूर रहो। सदैव प्रभुभक्तों की संगति में रहो। सदा स्मरण रखो कि जो लोग प्रभु के विग्रह को केवल पत्थर की मूर्तियां समझते हैं, अपने आध्यात्मिक गुरु को सामान्य मनुष्य समझते हैं, प्रभुभक्तों को भी उनकी जाति के अनुसार छोटा-बड़ा समझते हैं, प्रभु के चरणों से निकली गंगा के पवित्र जल को जिसमें सब प्रकार के पापों को नष्ट करने की अद्‌भुत क्षमता है, साधारण जल समझते हैं, पवित्र मंत्रों को शब्दों का अंबार समझते हैं, परमब्रह्म को अन्य देवताओं के समान मानते हैं, वे सब नरकवास करेंगे।

आजीवन मानवमात्र के कल्याण के लिए प्रयासरत रामानुजाचार्यजी जब अपने पुनीत आचरण और अनन्य प्रभुभक्ति के कारण 120 वर्ष की अवस्था को पहुंच गए तो उन्होंने अपने आराध्य देव के चरणों में विनती की कि प्रभु, मेरा शरीर जराजीर्ण हो गया है। इसे त्यागने की अनुमति दीजिए। तब प्रभु का आर्शीवाद और अनुमति पाकर अपनी इच्छानुसार उन्होंने नश्वर शरीर को त्याग दिया और ब्रह्मलीन हो गए।

卐卐卐

अध्याय-5

बाबा शेख फरीद

शेख फरीद का जन्म नाम इब्राहीम था। उनको बिरहम भी पुकारते थे, जो शायद इब्राहीम का ही अपभ्रंश होगा। आप हजरत फरीदुद्दीन मसऊद के वंशज थे। इनके पिता का नाम शेख जमालुद्दीन सुलेमान और माता का नाम करसुम बीवी था। इनका जन्म मुलतान के निकट कथवाल नामक स्थान पर सन 1175 में हुआ था। इनके घराने का संबंध काबुल के शासकों से था लेकिन परिवार का वातावरण सामंती न होकर धार्मिक अधिक था। इनकी माता की विशेष रूप से इस्लाम में गहरी आस्था थी और वह चाहती थीं कि उनका बच्चा भी इस्लाम के नियमों का पाबंद रहे। इसलिए उन्होंने उसकी धार्मिक शिक्षा पर विशेष ध्यान दिया।

फरीद अभी बहुत छोटे थे कि इनके पिता का देहांत हो गया। इनकी माता ने इनकी परवरिश की और इनको एक नेक और धार्मिक इनसान बनाने पर पूरा ध्यान दिया। इस प्रकार धर्म और ईश्वर के प्रति आस्था इनको घुट्टी में ही मिली। इसके आगे विकास इनके अध्ययन से हुआ क्योंकि माता ने इनको धर्मविज्ञान का अध्ययन करने की प्रेरणा दी। अपने इस अध्ययन के दौरान इनकी आध्यात्म में रुचि और भी गहरी होती गई। वे सूफी रहस्यवाद से प्रभावित थे और इन्हीं दिनों इनकी मुलाकात प्रसिद्ध संत ख्वाजा कुतबुद्दीन बख्तियार काकी से हो गई जो संयोगवश उस समय मुलतान से होकर दिल्ली जा रहे थे। फरीद उस मुलाकात में ही उनसे ऐसे प्रभावित हुए कि मन ही मन उनको अपना गुरु मान बैठे। बख्तियार काकी ने उनको अपना अध्ययन पूरा करने का निर्देश दिया और कहा कि जब वह पढ़ाई पूरी कर लें तो उनके पास दिल्ली आएं। फरीद को अपनी पढ़ाई पूरी करने में पांच वर्ष लग गए लेकिन वह इस दौरान अपने गुरु को

नहीं भूले। अध्ययन समाप्त होते ही उन्होंने अपना बोरिया-बिस्तर उठाया और दिल्ली की राह ली।

दिल्ली आने के थोड़े अरसे बाद कुछ ऐसा घटा कि फरीद को अपने किसी कर्म के लिए प्रायश्चित करना पड़ा। वह अपने कठारे प्रायश्चित में लीन थे, तभी बख्तियार काकी के पीर ख्वाजा मुईनुद्दीन उनसे मिलने के लिए आए। बख्तियार काकी ने अपने सभी शिष्यों को बारी-बारी से अपने पीर से मिलवाया और उन्होंने सबको उनकी योग्यता के अनुरूप आशीर्वाद दिया। इसके बाद उन्होंने काकी से पूछा कि तुम्हारे सभी मुरीद मुझ से मिल चुके या कोई अभी बाकी है? 'एक है', काकी कुछ संकोच से बोले,'लेकिन वह तो अभी प्रायश्चित कर रहा है।' 'कोई हर्ज नहीं, उसे भी देख लेते हैं,' मुईनुद्दीन ने कहा।

जब वे दोनों फरीद के कमरे में गए तो उसकी हालत देख कर दंग रह गए। कठोर प्रायश्चित ने उसे इतना कमजोर कर दिया था कि ठीक से खड़ा भी नहीं हो सकता था। उसने अपने पीर और उनके साथ आए उनके पीर के प्रति आदर दिखाने के लिए सिर झुकाया तो उसके साथ ही जमीन पर लुढ़क गया। मुईनुद्दीन यह सब देख कर हैरान हो गए।

बख्तियार काकी से उन्होंने कहा,"तुम इस बेचारे से इतने बेरहम कैसे हो गए! क्या हाल कर दिया है इसका!"

इस पर काकी शर्मिंदा हो गए। उन्हें खुद उम्मीद न थी कि उनके बताए प्रायश्चित का अक्षरशः पालन करके यह अपना ऐसा हाल कर लेगा। बहरहाल उन्होंने अपने पीर से कहा कि मैं अभी अल्लाह से दुआ करके इसे माफी देने के लिए कहता हूं। शायद वह इसका प्रायश्चित देख कर मेरी सुन लें। दुआ पूरी होने पर जो कुछ हुआ उसे एक बड़ा चमत्कार ही कहा जा सकता है। दुआ के खत्म होते ही आकाशवाणी हुई कि मैंने इसका प्रायश्चित स्वीकार करके इसे माफ कर दिया। फरीद मनुष्यमात्र में अद्वितीय है। उसका कोई जवाब नहीं।

कहां तो ये दोनों उस्ताद उस मुरीद पर तरस खाकर उसे भी देखने आए थे और कहां अब वे उसे किसी श्रेष्ठ संत से भी बढ़कर मानने को विवश हो गए। मुईनुद्दीन ने उस पर अपने आशीर्वादों की वर्षा कर दी और बख्तियार काकी ने उसे चिश्ती सूफी परंपरा के शेख का खिताब देकर नवाजा। मुईनुद्दीन का इससे भी दिल न भरा तो उन्होंने शेख फरीद को अपनी पगड़ी और शाल देकर उसका सम्मान किया। बाद में शेख फरीद हांसी आ गए। वहां वे जनकल्याण के लिए उपदेश देते और फिर अपनी साधना के लिए एकांत में चले जाते। उन्होंने ये दोनों काम एक साथ जारी रखे। धीरे-धीरे उनके मुरीदों की संख्या बढ़ती गई। दूर-दूर से उनकी ख्याति सुनकर लोग आते और उनके चरणों में बैठ कर दिव्य ज्ञान का प्रकाश पाते।

बाबा शेख फरीद हांसी की अपेक्षा कोई अधिक एकांत स्थान चाहते थे, जहां वह अधिक एकाग्रता से अपनी साधना कर सकें। इसलिए वह वहां से कथवाल आए। लेकिन वहां भी अधिक दिन उनका मन नहीं रमा। इसके बाद वह अजोधन आ गए और फिर अपने जीवन के अंतिम समय तक वहीं रहे।

बाबा शेख फरीद गंजशकर कहलाते थे। इस बारे मे दो विवरण उपलब्ध हैं। पहले का संबंध उनके बचपन से है। उनकी धर्मपरायण माता करसुम बीबी चाहती थीं कि वे नियम से नमाज अदा किया करें। इसलिए फरीद जब बच्चे थे, वह इनके लिए एक नियत स्थान पर थोड़ी शक्कर रख देती थीं। नमाज पढ़ने के बाद वह पुरस्कार स्वरूप शक्कर खा सकते थे। एक दिन माता शक्कर रखना भूल गई। लेकिन जब फरीद नमाज पढ़ चुके तो उनकी गहरी आस्था का चमत्कार यह हुआ कि उस स्थान पर शक्कर अपने आप प्रकट हो गई। उन्होंने चाव से शक्कर खाई। यह बात माता को पता चली और फिर सब तरह फैल गई। उस दिन से उनके नाम के साथ गंजशकर जुड़ गया।

दूसरा विवरण तब का है जब बाबा शेख फरीद महान सूफी संत बन चुके थे। वह अपनी मौज में किसी पेड़ के नीचे बैठे थे। तभी सामने के रास्ते से एक आदमी गुजरा। उसने खच्चरों पर शक्कर के बोरे लाद रखे थे, जिन्हें वह पास की मंडी में बेचने के लिए ले जा रहा था। शेख फरीद ने उत्सुकतावश पूछ लिया कि भाई तू क्या ले जा रहा है? उसने सोचा कि अगर मैंने सच बता दिया कि शक्कर है तो कहीं यह फकीर मुझ से कुछ शक्कर न मांग ले। इसलिए सच को छिपाते हुए बोला,"कुछ नहीं, बाबा, मिट्टी है।" "अच्छा, तू कहता है तो मिट्टी ही होगी," शेख फरीद बोले और फिर अपनी साधना में मग्न हो गए। वह आदमी जब मंडी पहुंचा और बोरे खोले तो अपना सिर पीट लिया। सभी बोरे मिट्टी से भरे थे। वह अपनी बेवकूफी और लालच पर बहुत पछताया। हांपता-कांपता वह दौड़ा-दौड़ा वापस आया और शेख साहब के कदमों में गिर कर मांफी मांगने लगा कि पीर मुझसे बहुत बड़ी गलती हो गई। मैंने झूठ कहा था कि मिट्टी है, मेरे बोरों में तो शक्कर थी। "अच्छा, तू कहता है तो शक्कर ही होगी,"बाबा फरीद बोले और फिर अपने ध्यान में मग्न हो गए। उसकी हिम्मत न पड़ी कि आगे कुछ बोले या उनके ध्यान में विघ्न डाले। धड़कते दिल से वापस मंडी आ गया। वहां आकर देखा तो सारे बोरों में मिट्टी की जगह पहले की तरह शक्कर भरी थी। उसने वहां सब को इस चमत्कार के बारे में बताया। तब से शेख फरीद के नाम के साथ गंजशकर जुड़ गया।

उनके चमत्कारों की और भी बहुत-सी कथाएं प्रचलित हैं। कहते हैं एक रात एक चोर उनकी खानकाह में चोरी करने के इरादे से घुसा। जब वह चुराने के लिए कुछ खोज रहा था तो एकाएक उसे दिखना बंद हो गया। उसने किसी तरह रात बिताई और सुबह होते ही शेख फरीद के कदमों में गिर का माफी मांगी,"बाबा, मैंने पाप किया है। मैं चोर हूं। लेकिन अब कभी ऐसा काम नहीं करूंगा। मैं अंधा हो गया हूं। मेरी आंखों

की रोशनी लौटा दो।" शेख मुसकरा दिए। उन्होंने हाथ उठा कर खुदा से प्रार्थना की कि उसे माफ कर दें। तुरंत उसकी आंखों की रोशनी लौट आई।

हमारे अन्य अनेक संतों की तरह बाबा शेख फरीद भी कवि थे और उनकी रचनाएं आज भी लोग बड़ी श्रद्धा और चाव से पढ़ते हैं। अपनी रचनाओं में उन्होंने सूफी आध्यात्म की आधारभूत बातों को जनसाधारण के कल्याण के लिए सहज-सरल भाषा-शैली में प्रस्तुत किया है। आगे चलकर सिख धर्म में भी बाबा फरीद की रचनाओं का बहुत आदर हुआ। 1604 में सिख गुरु अर्जुनदेव जी ने जब श्री गुरु ग्रंथसाहिब का संपादन किया तो उन्होंने उसमें बाबा शेख फरीद की रचनाओं को भी स्थान दिया। ये शेख फरीद के 112 श्लोक थे जिन्हें शेख फरीद के श्लोकों के नाम से इस पवित्र धर्मग्रंथ में शामिल किया गया। बाद में गुरु अमरदास जी ने इसमें शेख फरीद के कुछ और श्लोकों को जोड़ा।

जैसा कि प्राय: सभी तत्कालीन महान संतों का स्वभाव रहा है, बाबा फरीद को भी सांसारिक वस्तुओं से कतई लगाव न था। कोई मूल्यवान चीज तो क्या वह नए वस्त्र तक पहनने से कतराते थे। उनके साधारण फटे पुराने वस्त्र जब तक एकदम जीर्णशीर्ण न हो जाएं, उन्हें कभी न बदलते और अगर कोई उनको नए वस्त्र भेंट करना चाहता तो मना कर देते। किसी बड़ी से बड़ी भेंट की उनको तनिक भी परवाह न होती, जबकि बड़े-बड़े अमीर उमरा और यहां तक कि सुलतान बलबन भी उनको कुछ भेंट देकर कृतार्थ होना चाहता था। बलबन जब वजीर था, उस समय भी वह अपने सुलतान की तरफ से रुपयों की थैली और कुछ गांवों की जागीर लेकर उनके आस्ताने पर हाजिर हुआ था। बलबन के अनुरोध पर बाबा ने रुपए स्वीकार कर लिए और उनको हाथ के हाथ गरीबों में बंटवा दिया। गांवों की जागीर उन्होंने इस संदेश के साथ लौटा दी कि सुलतान हमें गांव देकर एहसानमंद बनाना चाहता है। लेकिन हमारा परवरदिगार हमें जीविका देता है और कोई एहसान भी नहीं जताता।

उनकी खानकाह में सभी का स्वागत होता था। वहां रहने वालों को भोजन, आवास और आध्यात्मिक शिक्षा सुलभ रहती थी। लेकिन यह सब निहायत सादगी के साथ। देश के कोने-कोने से जिज्ञासु शिष्य उनकी खानकाह में बाबा का आशीर्वाद और आध्यात्मिक निर्देश पाने के लिए आते। जमात खानकाह आध्यात्मिक गतिविधियों का केंद्र था और उसकी ख्याति दूर-दूर तक फैल चुकी थी। उसके अनेक खंभे थे जहां मुरीद अपना सामान और तस्बीह आदि रखते थे और उसके फर्श पर बैठ कर सामूहिक नमाज अता करते व अध्ययन करते थे। वे लोग जंगल से लकड़ियां चुन कर लाते, खाने के लिए फल और कुछ पकाने योग्य सब्जियां आदि लाते। कुछ पकाने में सहयोग देते और इस तरह सब के खाने का प्रबंध हो जाता था। बहुत से धनी लोग भी अपना सब कुछ त्याग कर उनके शिष्य बन गए थे। सैयद महमूद किरमानी एक बहुत सफल

व्यापारी थे लेकिन खानकाह में आकर उनको ऐसी लगन लगी कि सब कुछ छोड़कर वहीं बस गए।

अपने मत का प्रचार करने के लिए बाबा फरीद ने अपने बीस खलीफाओं को देश के विभिन्न भागों में भेजा था। उनके प्रमुख शिष्य शेख निजामुद्दीन औलिया हुए जिन्होंने बाबा फरीद के बाद सूफी आध्यात्म की मशाल संभाली और उसके आलोक से दुख और अज्ञान के अंधकार में डूबे दिलों को रौशन किया।

एक बार किसी शिष्य ने शेख फरीद से पूछा कि सच्चे दरवेश की पहचान क्या है? उन्होंने जवाब में बताया कि सच्चा दरवेश वह है जो दूसरों के प्रति करुणा का भाव रखता है। वह दूसरों के दोष का ढ़िढ़ोरा नहीं पीटता बल्कि उनको छिपाए रखता है। उसमें ये चार गुण होते हैं : वह दूसरों के दोष से अपनी आंखें बंद रखता है। वह अनुचित बातों से अपने कान बंद रखता है। वह बुरी बात कहने से अपनी जुबान बंद रखता है। वह अपनी वासनाओं की पूर्ति के लिए कहीं जाने में अपनी टांगों को लंगड़ी रखता है।

बाबा शेख फरीद के दो बेटे थे, शेख ताजुद्दीन महमूद और शेख मुनव्वर शाह शहीद। इनमें से शेख ताजुद्दीन भी उच्च श्रेणी के आध्यात्मिक संत बने, जिन्होंने अपने पिता के दर्शन का प्रचार-प्रसार अपने शिष्यों में किया।

भारत के इस महान सूफी संत बाबा फरीद गंजशकर ने सन 1265 में अपने खुदा को याद करते हुए अंतिम सांस ली।

अध्याय-6

शेख निजामुद्दीन औलिया

शेख फरीद के शिष्य हजरत निजामुद्दीन औलिया ने अपना सारा जीवन जनसाधारण को प्रेम, मानवता और भाईचारे का पाठ पढ़ाने में व्यतीत किया। वह जाति, धर्म, क्षेत्रीयता, भाषा के भेदभाव को नहीं मानते थे। उनका दृढ़ विश्वास था कि सभी मानव एक ही ईश्वर की संतान हैं। इसलिए उनके खानकाह में जो कोई भी आता था, बिना किसी भेदभाव के उसका स्वागत होता था। गरीबी और सांसारिक कष्टों के सताए लोग बड़ी संख्या में उनकी शरण में आते और अद्भुत शांति व चैन पाकर लौटते। इसलिए हिंदू, मुसलमान सभी धर्मों के अनुयायी उनको मानते थे। अपने शिष्यों को भी उन्होंने सर्वत्र प्रेम और मानवता का संदेश प्रसारित करने की प्रेरणा दी। इस दृष्टि से वह बहुत बड़े समाज सुधारक थे। आखिर जनसाधारण को नैतिकता, सत्य और प्रेम के मार्ग पर चलने की प्रेरणा देने से बड़ा समाज सुधार और किस तरह हो सकता है! उनका कहना था कि कुरान शरीफ का नियमित पाठ करना या समय पर नमाज पढ़ना बहुत कठिन नहीं। कोई भी दृढ़ निश्चयी व्यक्ति यह कर सकता है। इस पर उनके एक शिष्य ने पूछा कि फिर आराधना क्या है? हजरत ने जवाब दिया,'' दुख से संतप्त हृदयों को सांत्वना देना, जरूरतमंद, बूढ़े लोगों की मदद करना और भूखे को भोजन कराना तथा नैतिक मूल्यों का पालन करना और उनका आदर करना।'' उनका कहना था कि हमें अच्छे इनसान बनने के लिए प्रकृति से सीख लेनी चाहिए। प्रकृति किसी के साथ भेदभाव नहीं करती। नदियां बिना किसी भेदभाव के सब की प्यास बुझाती हैं। धरती बिना किसी भेदभाव के सब को रहने के लिए आश्रय देती है। सूरज बिना किसी भेदभाव के महलों और

झोंपड़ियों को अपनी रोशनी समान रूप से देता है। हमें इनके अनुरूप ही अपने आचरण को ढालना चाहिए।

धार्मिक भेदभाव व सीमाओं से बहुत ऊपर उठ कर मानवमात्र के कल्याण के लिए अपना समस्त जीवन बिताने वाले इस महान संत का जन्म 1242 ई. में हुआ। इनके पुरखे बुखारा के बहुत संपन्न और संभ्रांत परिवारों से थे। सभ्यता, संस्कृति और धार्मिकता उनके रक्त में थी। वह अपना सब-कुछ खोकर शरणार्थियों की तरह बदायूं में आकर बस गए थे। लेकिन इस निर्धनता में भी उन्होंने अपने नैतिक गुणों को नहीं छोड़ा। यही उनकी सबसे बड़ी संपत्ति थी जो निजामुद्दीन को विरासत में मिली। निजामुद्दीन अभी बहुत छोटे थे तभी उनके पिता ख्वाजा अहमद का निधन हो गया। उनके लालनपालन का उत्तरदायित्व उनकी माता बीबी जुलेखा पर आ गया, जिन्होंने गरीबी में भी बड़े प्यार और संतोष के साथ अपने पुत्र की परवरिश की। उन्होंने निर्धनता की परवाह न करते हुए जीवन में उच्च नैतिक व आध्यात्मिक मूल्यों को महत्व दिया और अपने पुत्र को उनमें समृद्ध बनाया। उन्होंने पुत्र की शिक्षा के लिए बदायूं के दो विख्यात शिक्षकों मौलाना अलाउद्दीन उसूली और शादी मुकरी से अनुरोध किया कि उनके बेटे को अपने ज्ञान की छत्रछाया में लेकर उसे शिक्षित करें। ये दोनों उस समय के बदायूं के विख्यात विद्वान थे और निस्वार्थ भाव से बच्चों को शिक्षा देना अपना धर्म समझते थे। शादी मुकरी पहले किसी धनी व्यक्ति के दास थे। फिर वह लाहौर के प्रसिद्ध आध्यात्मिक गुरु ख्वाजा मुकरी के शिष्य हो गए। उनके चरणों में बैठ कर उन्होंने उच्च धार्मिक शिक्षा ग्रहण की और पवित्र कुरान शरीफ के विद्वान बनकर ख्याति पाई। कहते हैं कि उनके पढ़ाने का तरीका इतना अच्छा था कि उनके हर शिष्य को कुरान शरीफ कंठस्थ हो जाता था। मौलाना उसूली अपनी तरह के विद्वान थे जो बच्चों को धार्मिक के अतिरिक्त अन्य विषयों की शिक्षा भी देते थे। ये दोनों ही विद्वान बड़े मनोयोग से बच्चों को पढ़ाते थे और इसके लिए कभी उन्होंने कोई फीस नहीं ली। मौलाना उसूली का तो यह हाल था कि निर्धनता के कारण उनको कई-कई दिन भूखा भी रहना पड़ता था। जब वह भूख से बेहाल होते, तब भी बच्चों को पढ़ाने में नागा न करते। उनकी विद्वता के कायल कई लोग उनको कुछ भेंट देने आते लेकिन वह केवल इतना ही स्वीकारते जितना उनकी तात्कालिक आवश्यकता की पूर्ति कर सके। इससे अधिक वह कभी किसी से न लेते। अन्न या अन्य वस्तुओं की यह भेंट समाप्त हो जाने पर वह कभी किसी से कुछ मांगते नहीं थे। इसलिए उनको विपन्नता सदा घेरे रहती। लोग इस बात पर नजर रखने की कोशिश करते कि मौलाना अभाव से परेशान तो नहीं। पता चलने पर कोई न कोई उनके लिए कुछ भेंट लेकर आता। इस तरह उनका जीवन चल रहा था और वह अपनी गरीबी में मस्त रह कर विद्या का दान देते रहते थे। इन दोनों विद्वानों ने बालक निजामुद्दीन को बड़ी लगन से पढ़ाया। उनका ज्ञान अर्जित करने का उत्साह

और नैसर्गिक प्रतिभा देखकर वे बहुत प्रसन्न थे और निजामुद्दीन की प्रतिभा की अन्य लोगों से भी चर्चा करते थे। उनको लगता था कि उनका यह सबसे योग्य शिष्य होगा जो आगे चलकर अपने साथ अपने गुरुओं का भी नाम रोशन करेगा।

अपने दोनों गुरुओं के पास रहकर निजामुद्दीन ने नियमित शिक्षा ग्रहण की। जब मौलाना उसूली आश्वस्त हो गए कि अब उनका शिष्य सभी आवश्यक विषयों में पारंगत हो गया है, तो उन्होंने उसकी दस्तारबंदी की घोषणा कर दी। यह रस्म किसी शिष्य की शिक्षा पूरी हो जाने और एक ऊंचे स्तर पर पहुंच जाने पर अदा की जाती थी। इसके अंतर्गत गुरु स्वयं या किसी विख्यात विद्वान के हाथों से उसे पगड़ी बंधवा कर विद्वान घोषित करता था। दस्तारबंदी की घोषणा तो हो गई लेकिन उसके लिए दस्तार (पगड़ी) की भी तो आवश्यकता थी। धन के अभाव में पगड़ी लेकर आना निजामुद्दीन के लिए बड़ी समस्या थी। उसने आकर जब यह सारी बात अपनी माता से बताई तो वह पुत्र की इस सफलता पर फूली न समाई। उसने कहा कि तुम पगड़ी की चिंता न करो। दस्तारबंदी के नियत दिन से पहले पगड़ी का प्रबंध हो जाएगा। जुलेखा बीबी ने रुई का प्रबंध किया। उसे दिनरात परिश्रम करके काता और फिर पड़ोस के एक जुलाहे से विनती की कि उनके पुत्र के लिए पगड़ी बुन दे। जुलाहा इस परिवार को अच्छी तरह जानता था। वह खुशी-खुशी राजी हो गया और अपने वादे के मुताबिक दस्तारबंदी के दिन से पहले ही उसने पगड़ी बुन कर दे दी। निजामुद्दीन की माता बीबी जुलेखा ने बड़े चाव से धोकर पगड़ी दस्तारबंदी समारोह के लिए तैयार कर दी। जुलेखा बीवी ने उस दिन के लिए कुछ पैसे जोड़ कर रखे थे। उन्होंने बेटे को देकर कहा कि इससे सबको मिठाई बांटना। जब निजामुद्दीन ने आकर अपने उस्ताद को यह बात बताई तो उन्होंने कहा कि सिर्फ मिठाई काफी नहीं। इस मौके पर तो सब की दावत होनी चाहिए। मैं समझ सकता हूं कि तुम्हारी अम्मी इससे ज्यादा का इंतजाम नहीं कर पाई होंगी। लेकिन तुम फिक्र मत करो। मैंने भी इस दिन के लिए कुछ जमा करके रखा है। दावत का इंतजाम मेरी तरफ से हो जाएगा। दस्तारबंदी की रस्म के लिए मौलाना उसूली ने बदायूं के एक और विद्वान मौलाना अली मौला को आमंत्रित किया, जिन्होंने उसूली के प्रति प्रेम भाव और निजामुद्दीन के उनके प्रतिभाशाली शिष्य होने के कारण यह सहर्ष स्वीकार कर लिया।

दावत हुई और उसके बाद दस्तारबंदी की रस्म शुरू हुई। मौलाना अली ने बच्चे के सिर पर पगड़ी बांध कर उसे विद्वानो की श्रेणी में शामिल कर लिया। जब वह उसे आशीर्वाद देने लगे तो निजामुद्दीन उनके कदमों में झुक गए। मौलना अली ने ऐलान किया कि यह बच्चा आगे चल कर कोई बहुत बड़ी हस्ती बनेगा। वह उसकी प्रतिभा के अलावा दो बातों से बहुत प्रभावित हुए थे। एक तो आमतौर पर दस्तारबंदी के बाद अपने आप को विद्वानों की श्रेणी में समझ कर बच्चे गर्व से सिर उठा लेते

थे। लेकिन यह और भी विनम्र होकर झुक गया था। दूसरा जो बात निजामुद्दीन और उसकी अम्मी को कुछ अखर रही थी वही मौलाना को सबसे ज्यादा पसंद आई। ऐसे मौके पर शिष्य रेशम की कीमती पगड़ियां लाया करते थे। लेकिन निर्धनता के कारण उसकी माता किसी तरह से बहुत ही मामूली हाथ के कते सूत से बनी पगड़ी का जुगाड़ कर पाई थी। यह सादगी मौलना अली को बहुत अच्छी लगी। बहरहाल वजह जो भी हो, आगे चल कर उनकी भविष्यवाणी एकदम सच साबित हुई।

बदायूं में शिक्षा पूरी कर लेने के बाद और विद्वानों की श्रेणी में शामिल हो जाने के बाद हजरत निजामुद्दीन की ज्ञान के लिए पिपासा शांत नहीं हुई। वह जानते थे कि यह तो शुरुआत है। अभी और बहुत कुछ है। दिल्ली उन दिनों सभ्यता-संस्कृति का केंद्र था और देश के कोने-कोने से आकर बड़े-बड़े विद्वान वहां बस गए थे। अत: उन्होंने वहीं जाने का मन बना लिया। अपनी बहन और माता को साथ लेकर वह दिल्ली के लिए रवाना हो गए। वहां पहुंच कर उन्होंने दो-चार चर्चाओं में ही भाग लिया था कि उनकी ख्याति दूर-दूर तक एक प्रतिभाशाली विद्वान के रूप में फैल गई। फिर भी उन्होंने कुछ योग्य गुरुओं की तलाश की और उनकी छत्रछाया में बैठकर बहुत कुछ सीखा। निजामुद्दीन का सारा प्रयास अधिक से अधिक ज्ञान अर्जित करने पर केंद्रित रहता था। किसी रोजगार की तलाश करने या रोजी कमाने का कोई हुनर सीखने की तरफ उनका ध्यान ही नहीं गया। सांसारिक बातों में उनकी कोई रुचि थी नहीं। परिणाम यह हुआ कि उनके दिन अत्यंत गरीबी में गुजरने लगे। कई बार घर में खाने को नहीं होता था और उनकी माता तथा बहन को भी भूखा रहना पड़ता था। पति के निधन के बाद से निर्धनता का जीवन बिताने वाली माता और उनके साथ उसी तरह रहने वाली उनकी बहन को यह कभी न अखरता। उन्हें निजामुद्दीन की विद्वता पर गर्व था और निर्धनता की अभ्यस्त होने के कारण वे हर तरह की परेशानी को हंसते-हंसते झेल जाती थीं। उनकी माता को अपने बेटे के बहुत बड़ा संत और परोपकारी बनने का पूरा विश्वास था। लेकिन वह यह भी कहा करती थीं कि यह उनके जीवनकाल में नहीं होगा। हुआ भी ऐसा ही। एक दिन सुबह-सुबह उनकी तबीयत अचानक बहुत खराब हुई। जब निजामुद्दीन खबर मिलने पर भागे-भागे अपनी मां के सिरहाने पहुंचे तो उन्होंने उसका हाथ अपने हाथ में लेकर कहा कि मैं तुझे खुदा के हवाले करती हूं। इसके बाद उन्होंने आंखें मूंद लीं।

हजरत निजामुद्दीन औलिया के बारे में सबसे उल्लेखनीय बात यह है कि उन्होंने पवित्र कुरान शरीफ और इस्लाम धर्म के उच्च विद्वानों से शिक्षा पाई थी। वह सदा उनके आभारी भी रहे। इनमें से कोई भी सूफी या रहस्यवादी न था। लेकिन कुछ प्रेरणा ऐसी हुई कि उनका झुकाव रहस्यवाद की ओर बढ़ता गया। जब वह बदायूं में स्कूल में पढ़ते थे, उन्होंने किसी से बाबा फरीद गंजशकर के बारे में सुना। यह व्यक्ति उनका आशीर्वाद लेकर लौटा था और पीर के आध्यात्मिक ज्ञान की

प्रशंसा करते अघाता न था। उस दिन से ही औलिया के मन में शेख फरीद की एक काल्पनिक छवि बस गई थी और वह समय-समय पर उनका नाम लेकर उनको याद किया करते थे। ऐसा लगता था कि मानो उन्होंने उनको अपना आध्यात्मिक गुरु मान ही लिया था। शेख फरीद के दर्शन करने और उनका आशीर्वाद लेने की उनकी तमन्ना बीस वर्ष की आयु में पूरी हुई। उन दिनों वह दिल्ली में थे। उनके मुहल्ले में ही एक संत रहते थे जिनकी सादगी और विद्वता से निजामुद्दीन बहुत प्रभावित थे। वह शेख फरीद के भाई थे। उनके सान्निध्य में रहकर औलिया को शेख फरीद के दर्शन की इच्छा और भी प्रबल हो गई। एक दिन उनको ऐसी लगन लगी कि वह शेख फरीद से मिलने के लिए अजोधन के लंबे सफर पर निकल पड़े। जब वह वहां पहुंचे तो उनको देखते ही शेख फरीद ने कहा,'' आओ, मैं तुम्हारा ही इंतजार कर रहा था।'' उसी दिन उन्होंने निजामुद्दीन औलिया को अपना शिष्य घोषित कर दिया और उनकी हर जिज्ञासा और शंका का समाधान बड़े प्रेम से किया।

इसके बाद तो उनका अजोधन की तीर्थयात्रा का सिलसिला चल निकला। शेख फरीद के जीवनकाल में तीन वर्षों तक वह लगातार उनसे आध्यात्मिक दिशानिर्देश पाने के लिए वहां जाते रहे। 93 वर्ष की आयु में जब शेख फरीद ने नश्वर शरीर त्याग दिया, उसके बाद भी हजरत निजामुद्दीन वहां जाया करते थे। अपने अंतिम समय में शेख फरीद ने उनको अपना उत्तराधिकारी घोषित कर दिया और दिल्ली जाकर वहां उस वृक्ष के समान जीवन यापन करने का आदेश दिया, जिसकी छाया में आकर दुख से संतप्त लोगों को सुख, संतोष और शांति का अनुभव हो। हजरत निजामुद्दीन के दिल्ली के लिए प्रस्थान करने के कुछ समय बाद ही शेख फरीद की हालत बिगड़ी और उन्होंने अपने खुदा को याद करते हुए अंतिम सांस ली।

शेख फरीद के संसार से विदा होने के बाद हजरत निजामुद्दीन ने उनके उत्तराधिकारी का पद संभाला और चिश्ती मतावलंबियों को संगठित करने का काम तेजी से अपने हाथों में ले लिया। उनका बहुत बड़ा योगदान यह रहा कि उन्होंने देश के कोने-कोने में फैले शेख फरीद के अनुयायियों को संगठित करने के लिए अपने दिल्ली के अनुयायियों में से चुनकर सात सौ संदेशवाहक देश के विभिन्न कोनों में भेजे। शेख फरीद किसी को अपने मत में दीक्षित करने या शिष्य बनाने से पहले उसकी कड़ी परीक्षा लेते थे। कोई आसानी से उनके मत में दीक्षित नहीं हो सकता था। वह सदा सुपात्र को ही उच्च धार्मिक शिक्षा ओर उपदेश दिया करते थे। हजरत निजामुद्दीन ने इसके विपरीत अपने आस्ताने पर आने वाले हर छोटे-बड़े, विद्वान या साधारण जन, धर्मपरायण या पाप कर्म करने वाले का बिना किसी भेदभाव से स्वागत किया और उसे अपना शिष्य बना लिया। इस पर कुछ तत्कालीन विद्वानों ने आपत्ति की। हजरत ने उन्हें समझाया कि हमारा कर्तव्य मानवमात्र के जीवन में सुधार लाकर उसका नैतिक स्तर ऊंचा करना है। हमारा संदेश अधिक से अधिक

लोगों तक पहुंचना चाहिए। इसे सीमित करना उचित नहीं। उसके बाद हर कोई अपने अपने स्तर और आचरण के अनुरूप उसे अपनाएगा। लेंकिन इतना निश्चित है, उसके जीवन में कुछ न कुछ सुधार अवश्य होगा। वह दुष्कर्मों से विरक्त होकर अच्छे काम करना और भाईचारा सीखेगा और धीरे-धीरे अपने नैतिक स्तर को ऊंचा करने का प्रयास करेगा। लेकिन अगर हम उसे कुपात्र समझ कर पास ही न आने देंगे तो शिक्षा कैसे ग्रहण करेगा? भले-बुरे के बारे में उसको कैसे ज्ञान होगा? वह दूसरों का और स्वयं अपना दुख कैसे दूर करेगा? इसलिए हर फकीर का फर्ज है कि वह आम लोगों में घुलमिल जाए। उनको प्रेम का पाठ पढ़ाए। जिसकी पहली शर्त यह है कि वह स्वयं उनसे प्रेम करे। दुख से संतप्त उनके दिलों पर अपने उपदेश के छींटे देकर उनको राहत पहुंचाएं। जनसाधारण की सेवा को वह सबसे बड़ी आराधना मानते थे और अपने शिष्यों को उन्होंने सदा यही उपदेश दिया।

हजरत निजामुद्दीन औलिया ने अपनी खानकाह शहर से दूर एकांत स्थान खोजकर गयासपुर में बनाई थी। यहां उन्होंने शुरुआत यमुना किनारे शांत व शीतल स्थान देखकर कुछ झोंपड़ों से की थी जिनको धीरे-धीरे आवश्यकता और खानकाह के साधन बढ़ने पर एक बड़े भवन का रूप दे दिया गया। यह एक बड़ा भवन था जिसके केंद्र में जमातखाना था। यहां उनके अनुयायी हजरत के उपदेश सुनने के लिए बड़ी सख्या में एकत्र हो सकते थे। हम इसे सभा-भवन कह सकते हैं। खानकाह का एक बहुत बड़ा अहाता था जिसके एक ओर बहुत ऊंची दीवार खड़ी कर दी गई थी ताकि वहां एकत्र होने वाले अनुयायियों को धूप न लगे। मुख्य द्वार के एक ओर रसोईघर था जहां दिन भर खानकाह आने वालों के लिए खाना बनता रहता था। इसी के ऊपर एक छोटा कमरा था जहां हजरत रात को विश्राम करते थे। उनका अध्ययन करने का शौक हमेशा बना रहा और वह अक्सर देर रात तक अपने कमरे में पढ़ा करते थे। इस्लाम धर्म और सूफीमत के ग्रंथों में उनकी गहरी आस्था थी। उनकी स्मृति बहुत अव्छी थी और उनको इन पुस्तकों में से बहुत कुछ कंठस्थ था, जिसे वह अपने उपदेशों और अनुयायियों के शंका समाधान के दौरान सुनाया करते थे। बड़े-बड़े विद्वान भी उनके इस अगाध ज्ञान को देखकर दंग रह जाते थे। उनकी एक बहुत बड़ी विशेषता यह थी कि हजरत बिना किसी भेदभाव के आने वाले प्रत्येक व्यक्ति से मिलते थे। वह उसकी हर बात बड़े ध्यान से सुनते थे और उसकी समस्याओं का हल बताते थे। उनके चेहरे की दिव्य शांति और करुणा तथा प्रेम में भीगे शब्द व्यथित लोगों के दिलों पर मरहम का काम करते थे।

खानकाह के अपने नियम थे। हजरत निजामुद्दीन औलिया का स्पष्ट निर्देश था कि किसी भी प्रकार की अचल संपत्ति खानकाह में भेंट स्वरूप स्वीकार न की जाए। इसके अतिरिक्त जो कुछ आए खानकाह की तात्कालिक आवश्यकता के लिए थोड़ा रख कर बाकी सब का सब जरूरतमंदों में बांट दिया जाए। कभी किसी

से कुछ भेंट देने का आग्रह न किया जाए। जो कोई स्वेच्छा से कुछ देता है, वही स्वीकार किया जाए। सब कुछ बांट देने के बाद और दूसरी भेंट आने तक कभी थोड़ा विलंब हो जाता तो स्थिति यहां तक पहुंच जाती कि खानकाह में कुछ न बचता। लेकिन हजरत को इससे कोई परेशानी नहीं होती थी। वह किसी भी सांसारिक वस्तु का संग्रह करने के विरुद्ध थे। वह अपने सब अनुयायियों को सादा जीवन जीने और परोपकार का उपदेश देते और स्वयं इसकी जीती-जागती मिसाल थे।

नैतिक मूल्यों के अतिरिक्त उन्होंने खुदा के लिए और उनके पैगंबर हजरत मुहम्मद साहब के प्रति प्रेम को बहुत महत्व दिया। इसके साथ ही वह मानवमात्र से प्रेम करने का उपदेश दिया करते थे। उनका कहना था कि खुदा ने इनसान को ही प्रेम करने का गुण दिया है। हमें इसके लिए उसका शुक्रगुजार होना चाहिए और सबसे प्रेम करना चाहिए। इससे अपना अंतःकरण तो शुद्ध होता ही है, बहुत सी समस्याएं भी सुलझ जाती हैं। उनका कहना था कि बाहरी स्वच्छता ही काफी नहीं। अंतःकरण की स्वच्छता उससे भी अधिक महत्वपूर्ण है। हमें अपने अंतरमन से ईर्ष्या, द्वेष आदि विकारों को निकाल देना चाहिए। इससे मन और आत्मा पवित्र होती है और स्वतः ही आनंद की अनुभूति होती है। इसके लिए समय-समय पर अपने अंतरतम का विश्लेषण करते रहना चाहिए और खुद के अंदर जो कमियां और दुर्गुण हों, उनको दूर करने का निरंतर प्रयास करते रहना चाहिए। ईर्ष्या, द्वेष, घृणा आदि ऐसे दुर्गुण हैं जो हमारे जीवन में तरह-तरह की समस्याएं पैदा करते हैं। इनको दूर करके हम कई तरह की समस्याओं से बच सकते हैं। उनके मतानुसार ईश्वर की भक्ति का सबसे सरल और आसान तरीका दुखी लोगों के दुख दूर करना और उनको सांत्वना देना है। इससे आप ईश्वर के निकट पहुंच जाते हैं। किसी भी धर्म या मत को मानने वाले में या किसी भी जाति या भाषा अथवा प्रांत के निवासी में अथवा अमीर और गरीब में कभी भेदभाव नहीं करना चाहिए। सब उसी एक ईश्वर की संतान हैं। सब का आदर करना चाहिए और सब से समान रूप से प्रेम करना चाहिए।

वह स्वयं सांसारिक संपत्ति के प्रति विरक्ति रखते थे। लेकिन उन्होंने कभी भी अपने अनुयायियों से यह नहीं कहा कि आवश्यकता की दुनियावी चीजों से दूर रह कर अभाव का जीवन जीओ। उनका कहना था कि जो कुछ अर्जित करते हो, वह अपने पुरूषार्थ से अर्जित करो। कभी गलत तरीके से धन कमाने की कोशिश न करो। इसके अतिरिक्त वह कहा करते थे कि आवश्यक सांसारिक वस्तुओं का अर्जन बुरा नहीं लेकिन उनके प्रति आसक्ति बुरी है। इन वस्तुओं के संग्रह करने में उतना आनंद नहीं मिलता जितना इनको जरूरतमंदों को बांटने में मिलता है।

अगर परस्पर प्रेम और भाईचारा हो तो दुनिया की बहुत सी समस्याएं हल हो सकती हैं। इसलिए हमें अपने व्यवहार को प्रेममय बनाने का प्रयास करना चाहिए। उनका कहना था कि व्यवहार तीन प्रकार का हो सकता है। एक यह कि आप

किसी के साथ न अच्छा सुलूक करो न बुरा करो। दूसरा यह कि जो आपसे अच्छा सुलूक करता है, उसके साथ अच्छा सुलूक करो। बाकियों के प्रति तटस्थ रहो। तीसरा यह कि जो आपके साथ अच्छा सुलूक करता है उसके साथ तो अच्छा करो ही, जो बुरा करता है उसके साथ भी अच्छा सुलूक करो। अपने अनुयायिों को हजरत उपदेश देते थे कि तीसरे प्रकार का सुलूक ही सर्वश्रेष्ठ है। हमें उसके अनुसार आचरण करना चाहिए।

हजरत निजामुद्दीन औलिया सदा बादशाहों से दूर रहे। उनको उनसे कभी कोई सरोकार न था। न वह उनसे मिलने कभी गए और न कभी यह पसंद किया कि कोई शासक उनसे मिलने के लिए उनके आस्ताने पर आए। इससे दिल्ली के कई शासक उनसे रुष्ट रहे। सबसे अधिक नाराजगी शायद सुल्तान गयासुद्दीन तुगलक को थी। वह कई कारणों से औलिया से नाराज रहते थे। कहा जाता है कि उनके दरबार के कुछ विद्वान हजरत निजामुद्दीन औलिया की लोकप्रियता और अनुयायियों की भारी संख्या से जलते थे। कुछ उनके सूफी मत से सहमत न होने के कारण उनके प्रति द्वेष भाव रखते थे। इन लोगों ने तरह-तरह से सुल्तान के कान भरे। समय के साथ-साथ औलिया के प्रति सुल्तान की नाराजगी बढ़ती गई। जब वह दक्षिण से लौट रहे थे तो उन्होंने आदेश दिया कि उनके दिल्ली पहुंचने से पहले हजरत दिल्ली से बाहर चले जाएं अन्यथा उनको कठोर दंड दिया जाएगा। इससे उनके अनुयायी बहुत परेशान हो गए। लेकिन निजामुद्दीन औलिया ने न तो आदेश का पालन किया और न ही परेशान हुए। कूछ मुरीदों के बहुत पूछने पर उन्होंने सिर्फ इतना कहा, "हनोज दिल्ली दूर अस्त।" (अभी दिल्ली दूर है)। यह बात सच साबित हुई। दिल्ली से बाहर उनके स्वागत के लिए शहजादे जूना खान ने लकड़ी का एक भव्य पंडाल बनवाया था। जब सुलतान वहां पहुंचे तो एक षड्यंत्र के तहत वह पंडाल एकाएक गिर पड़ा और उसके बोझ के नीचे दब कर गयासुद्दीन तुगलक की मौत हो गई।

सूफी संगीत की परंपरा शेख निजामुद्दीन औलिया की सरपरस्ती में खूब फूली-फली। आध्यात्मिक गायन से उनको बहुत अधिक लगाव था जो कव्वालियों में गाया जाता था। वैसे तो उनकी संगीत की बैठकों में फारसी का कलाम भी गाया जाता था लेकिन उनको हिंदी-उर्दू के कलाम से अधिक लगाव था। वह संगीत सुनते-सुनते इतने मस्त हो जाते कि झूमने लगते, उठकर नाचने लगते और उनकी आंखों से आंसू बहने लगते। कई बार जब वह पालकी में बैठकर कहीं जा रहे होते तो इस छोटी या लंबी यात्रा के दौरान भी गायकों को साथ रखते और उनसे संगीत सुना करते थे। खानकाह में उनसे वरिष्ठ संतों का उर्स बड़े उत्साह से मनाया जाता था। इस मौके पर भोज का विशेष प्रबंध होता और कव्वालियों की धूम मचती।

निजामुद्दीन औलिया के शिष्य उन पर जी जान से फिदा थे। वह अपने पीर को कितना मानते थे इसका अंदाजा उनके पट्ट शिष्य अमीर खुसरो के एक व्यवहार से सहज ही लगाया जा सकता है। कहा जाता है कि एक बार एक व्यक्ति औलिया से मिलने आया। वह फटेहाल था। हजरत उसे कुछ भेंट देना चाहते थे। अत: उन्होंने उससे कहा कि भाई, तुम कुछ समय तक खानकाह में ठहरो। बात यह है कि इस समय मेरे पास तुम्हें देने को कुछ नहीं है। इस पर वह बोला,''इतनी कीमती चीज होते हुए आप मुझे टरका रहे हैं।'' हजरत ने पूछा कि ऐसी कौन सी कीमती चीज तुमने मेरे पास देख ली जिसका जिक्र कर रहे हो? उसने कोने में रखी उनकी पुरानी जूतियों की तरफ इशारा करते हुए कहा कि इससे कीमती तोहफा मेरे लिए और हो ही नहीं सकता। निजामुद्दीन क्या करते! बोले कि अगर तुम्हारी ऐसी ही श्रद्धा है तो ले जाओ। इस पर मांगने वाले की बांछे खिल गईं। उसने जूतियां उठा कर एक झाबे में रखीं और उनको सिर पर उठा कर चल दिया। वहां मौजूद हजरत के सारे शिष्य इस वाकये को हैरत से देखते रहे। उनको क्या पता था कि इससे भी ज्यादा हैरानी में डालने वाला वाकया अभी पेश आने वाला है।

फकीर जैसा वह आदमी अपने सिर पर जूतियां रखकर चला जा रहा था। संयोगवश सामने से अमीर खुसरो ऊंटों और खच्चरों पर बहुत सा माल लादे चले आ रहे थे। फकीर को देखते ही बोले,''बूए पीर मी आयद... बूए पीर मी आयद।'' (मुझे अपने पीर की सुगंध आ रही है।) उसके पास आने पर पूछा कि क्यों भाई, ये जूतियां हजरत निजामुद्दीन की ही हैं ना? उसके हां कहने पर खुसरो ने कहा कि तुम मेरे किसी भी ऊंट पर लदा सारा सामान ले लो और ये जूतियां मुझे दे दो। वह फटेहाल आदमी इसके लिए कतई तैयार नहीं हुआ। खुसरो बेचैन हो गए। उन्होंने जल्दी से कहा,''अच्छी बात है। तुम आधा सामान ले लो और जूतियां मुझे दे दो।'' इस पर भी जब उसने इनकार किया तो अमीर खुसरो जल्दी से बोले,'' भाई, सब कुछ ले लो और जूतियां दे दो। देखो, अब इनकार न करना क्योंकि इससे ज्यादा कुछ देने को मेरे पास नहीं है।'' इस तरह ऊंटों और खच्चरों पर लदी इतनी बड़ी दौलत उस आदमी को अपने पीर की पुरानी जूतियों के बदले देकर अमीर खुसरो निहाल हो गए। उन्होंने शुक्र किया कि इस बार उसने इनकार नहीं किया। अपना सारा माल उसे देकर उन्होंने जूतियों का झाबा सिर पर उठाया और चल दिए।

हजरत निजामुद्दीन ने 50 वर्षों तक लगातार मानवता की सेवा करने और लोगों को प्रेम व भाईचारे का पाठ पढ़ने में बिताए। वह इस बात का खास ख्याल रखते थे कि खानकाह में आने वाला कोई भूखा न रहे। पर स्वयं उनको रोजे रखने का बहुत शौक था। वह अक्सर रोज़ा रखते और बाद में भी थोड़ी सी सब्जी के साथ आधी रोटी खा कर रोजा तोड़ते। इस अल्पाहार, दिनभर का व्यस्त कार्यक्रम और देर रात तक जागकर अध्ययन करना उनकी दिनचर्या थी। इससे उनके स्वास्थ्य पर बहुत बुरा

असर पड़ रहा था पर उन्होंने कभी इसकी परवाह नहीं की। वह अक्सर बीमार रहते थे। दवा अवश्य लेते थे पर अपने रोज के काम छोड़ कर आराम करना उन्हें गवारा नहीं था। इसलिए कभी पूरी तरह ठीक भी नहीं होते थे। उम्र के साथ-साथ उनका स्वास्थ्य गिरता चला गया और अब स्पष्ट हो गया कि वह बहुत दिन जीएंगे नहीं। आखिरी वक्त निकट आने पर उन्होंने बार-बार नमाज पढ़ी, अपने बाद खानकाह का प्रबंध करने के बारे में अपने शिष्यों को कुछ आवश्यक निर्देश दिए और फिर अचानक सदा के लिए आंखें मूंद लीं।

अमीर खुसरो उस समय दिल्ली में नहीं थे। वह कहीं गए हुए थे और वहां से दिल्ली लौट रहे थे। तभी उनको यह दुखद समाचार मिला कि उनके पीर नहीं रहे। वह अपने साथ जो कुछ साजसामान ला रहे थे, उसे भूल कर रोते-पीटते खानकाह की तरफ दौड़ पड़े। वहां आकर देखा कि हजरत का पार्थिव शरीर एक चारपाई पर पड़ा है। उनके चेहरे पर उनकी जुल्फें बिखरी हुई हैं और उनके शिष्य चारपाई को घेरे खड़े हैं। खुसरो सुबकते हुए चुपचाप से आकर वहां खड़े हो गए। कुछ देर बाद भरे गले से बहुत धीमी आवाज में बोले :

गोरी सोवे सेज पे, मुख पर डारे केस।
चल खुसरो घर आपने रैन भई चहुं देस॥

कहा जाता है कि इसके बाद अमीर खुसरो ने जाकर अपना धन दौलत सब कुछ लुटा दिया और अपने पीर के मजार पर आकर बैठ गए। वह मजार पर झाडू लगाते, मजार की सेवा करते और चुपचाप से वहां बैठे रहते। कभी अपने पीर की याद में आंसू बहाते, कभी सिर धुनते। उनको खाने-पीने, सोने तक की सुध न रहती। किसी में हिम्मत नहीं थी कि अमीर खुसरो को टोक सके। लोग उनका यह हाल देखकर आंखों में आंसू भर लेते पर बोलते कुछ नहीं। जानते थे कि इससे कुछ न होगा। कोई आदमी ऐसे हाल में बहुत दिन कैसे जी सकता था! अमीर खसुरो भी अपने पीर के निधन के बाद मुश्किल से छः महीने जिए और उनके वियोग में घुलकर अपनी जान दे दी।

卐卐卐

अध्याय–7

संत कबीर

संत कबीर हिंदी के विख्यात कवि और निर्गुणपंथी संतों में कबीरपंथ के प्रवर्तक थे। वह उन महान विचारकों और कवियों की श्रेणी में आते हैं, जिनकी विचारधारा या काव्यसृजन किसी विधिवत शिक्षा का मोहताज नहीं होता। उनके काव्य और दर्शन में जो ठोस मौलिकता है, उसका कारण यही है कि उन्होंने जीवन का प्रत्यक्ष अनुभव करके उस पर चिंतन-मनन किया और उसी के आधार पर अपनी रचना की। वह स्वयं कहते हैं :

मसि कागद छूयो नहीं, कलम गही नहीं हाथ,
चारो जुग का महातम, कबिरा मुखहिं जनाई बात।

मानव जीवन ही उनकी किताब थी जिसका उन्होंने गहन अध्ययन किया और उसके अनुरूप अपना दर्शन बनाया। अपने आप को बहुत ज्ञानी समझने वालों को वह बहुत महत्व नहीं देते थे। पोथी पढ़ने वालों को वह कहते थे, 'तू कहता कागद की लेखी, मैं कहता आंखों की देखी।' पुस्तक ज्ञान की अपेक्षा वह शुद्ध आचरण और मन में प्रेम बसाने को अधिक महत्व देते थे। थोथा पुस्तक ज्ञान रखने वालों को वह विद्वान ही नहीं मानते थे :

पोथी पढ़ि-पढ़ि जग मुआ, पंडित भया न कोय,
ढाई आखर प्रेम का पढ़े सो पंडित होय।

संत कबीर दास के जन्म और जन्म तिथि के बारे में भी कई तरह के विवरण मिलते हैं। उनकी जन्म तिथि के बारे में इतिहासकारों में मतभेद है। कदाचित सबसे

अधिक मान्य जन्मतिथि 1440 ई. ही है। उनके जन्म के बारे में कई तरह के प्रसंग हैं। कहा जाता है कि वह एक विधवा ब्राह्मणी की संतान थे जो लोकलाज के कारण उनको काशी के निकट लहरतारा में तालाब के किनारे छोड़ कर चली गई थी। किंवदंती के अनुसार यह ब्राह्मणी बहुत धर्मपरायण थी। उसे साधु संतों पर बहुत श्रद्धा थी। वह अपने पिता के साथ स्वामी रामानंदजी के दर्शन करने गई तो उन्होंने अनजाने में उसे पुत्रवती होने का आशीर्वाद दे दिया। इतने बड़े महात्मा का आशीर्वाद तो मिथ्या हो नहीं सकता था, अत: कालांतर में उस ब्राह्मणी को एक पुत्र प्राप्त हुआ। वह किसी को कैसे समझाती कि यह स्वामीजी के आशीर्वाद का फल है और इस बालक का जन्म सांसारिक विधि से नहीं हुआ है। यह भी कहा गया है कि स्वामीजी ने उसके धर्मभाव को देखकर चाहा कि वह एक महान संत की माता बने, अत: ऐसा आशीर्वाद दे दिया। बहरहाल जो हो, उसका साहस नहीं हुआ कि बालक का लालन पालन करे। उसने उसे तालाब के किनारे रख आने का विचार बना लिया। एक अन्य विवरण के अनुसार इस ब्राह्मणी ने बालक को तालाब के किनारे रखा नहीं था बल्कि तलाब में फेंक दिया था। लेकिन वह डूबने के बजाय कमल के पुष्प पर हंसता हुआ लेटा पाया गया।

नीरू नाम का एक जुलाहा अपनी पत्नी नीमा के साथ कहीं जा रहा था। तभी नीमा को प्यास लगी तो वे लोग पानी पीने के लिए तालाब पर आए। वहां उन्होंने कमल के फूल पर एक नन्हे से शिशु को लेटे हुए पाया। वह हंस रहा था। यह अद्‌भुत दृश्य देखकर नीमा हैरान रह गई। उसे लगा कि यह अलौकिक चमत्कार उसकी प्रार्थनाओं का फल है। जुलाहा दंपती के कोई संतान न थी और नीमा रात-दिन संतान के लिए प्रार्थना किया करती थी। उसे पूरा विश्वास हो गया कि उसके खुदा ने उसकी पुकार सुन ली और उसी के लिए कमल के पुष्प पर रखकर यह शिशु आकाश से भेजा है। उसने खुशी-खुशी उसे उठा लिया ओर बड़े प्रेम से उसका लालन-पालन करने के लिए काशी में अपने घर ले आई। इस प्रकार ब्राह्मण ी के पुत्र होकर मुसलमान जुलाहों के घर में पले कबीर के रक्त में ही हिंदू और मुस्लिम दोनों धर्मों के गुणों का समावेश हुआ और साथ ही दोनों धर्मों से संबंधित कुरीतियों के प्रति आक्रोश भी।

जब बालक के नामकरण का समय आया तो माता-पिता ने काजी को बुलाकर उसे कोई उचित नाम देने का अनुरोध किया। उन्होंने पवित्र कुरान शरीफ खोलकर नाम निकालने का प्रयास किया तो कबीर निकला। एक साधारण जुलाहे के पुत्र को, जिसके लक्षण भी काजी जी को अच्छे नहीं लग रहे थे, कबीर नाम देना उनको उचित प्रतीत न हुआ। उन्होंने दोबारा कुरान शरीफ खोलकर देखा तो इस बार अकबर शब्द निकला। फिर ऐसा ही किया तो कुबरा निकला। एक ही धातु से

निकले अरबी के लगभग पर्यायवाची शब्द देखकर काजी हैरान रह गए। उन्होंने इसे खुदा की इच्छा जानकर जुलाहा दंपती से कहा कि इसका नाम कबीर ही रखना। इस तरह नाम रखने वालों के ना चाहने पर भी बालक को कबीर नाम ही मिला, जिसका अर्थ महान होता है। काजी चाहते या न चाहते, आखिर उसे महान होना था। एक अन्य विवरण के अनुसार काजी को जब लगभग वही नाम मिले, जो उनको गवारा न थे तो उन्होंने उसे कोई भी नाम देने से इनकार कर दिया। माता-पिता ने मजबूर होकर दूसरे काजी को बुलाया। उन्होंने भी जब कुरान शरीफ से नाम निकाला तो कबीर निकला। इसपर नीरू और नीमा ने पहले काजी के नाम खोजने का सारा किस्सा काजी को सुनाया तो वह बोले कि फिर तो इसका यही नाम रखना उचित होगा। अगर हमने खुदा की इच्छा में हस्तक्षेप किया तो यह बहुत बड़ा गुनाह होगा।

कबीर दास के आरंभिक जीवन के बारे में अधिक विवरण नहीं मिलता। लेकिन किंवदंतियों के अनुसार बचपन से ही उनकी रुचि आध्यात्मिक बातों में बहुत थी। वह साधुओं की सेवा करते और उनके पास बैठ कर उनके विचार और उपदेश बड़े चाव से सुनते थे। इसके साथ ही उनको अपने पैतृक काम कपड़ा बुनने का भी शौक था। उन्होंने बड़े चाव से अपने माता-पिता से यह हुनर सीखा और प्रसिद्ध संत होने पर भी इसे अपनाए रखा। यह बात कबीरदास जी के मन में बैठ गई थी कि सच्चे गुरु के बिना ज्ञान नहीं हो सकता। पुस्तक ज्ञान उनको न तो अपने परिवार से मिला था और न ही उनकी इसमें कोई दिलचस्पी ही थी। ग्रंथों का ज्ञान तो दूर की बात वह साक्षर भी न थे। उनके माता-पिता ने उनको कपड़ा बुनने की शिक्षा दी थी। इसके अतिरिक्त किसी शिक्षा की आवश्यकता उन्होंने न समझी होगी। अध्ययन में उनकी रुचि भले ही न रही हो, ज्ञान की पिपासा कम न थी। उन दिनों प्रसिद्ध रामानुजाचार्य जी के शिष्य स्वामी रामानंद अपनी विद्वता के लिए दूर-दूर तक विख्यात थे। कहा जाता था कि वाराणसी में उनके समान कोई आचार्य न था। कबीर उनका शिष्य बनना चाहते थे। एक गरीब मुसलमान जुलाहे का बेटा और प्रसिद्ध वैष्णव विद्वान का शिष्य बने, यह कैसे संभव हो। आचार्य उसे कभी शिष्य स्वीकार न करेंगे। इसी उधेड़बुन में कई दिन बीत गए। तभी कबीरदास को एक विचार सूझा। वह जानते थे कि स्वामी रामानंद रोज सुबह झुटपुटे में ही गंगास्नान के लिए जाते हैं। जिस घाट पर वह स्नान के लिए जाया करते थे, कबीर उसकी सीढ़ियों पर लेट गए। उनकी योजना सफल हुई। सुबह के झुटपुटे में और अपने ध्यान में आगे कदम बढ़ाते हुए रामानंदजी को दिखाई नहीं दिया कि नीचे सीढ़ियों पर कोई लेटा है। उनका पैर कबीर के शरीर पर पड़ा तो उनके मुंह से अचानक निकला," राम, राम।" फिर वह वहां से बचकर आगे निकल गए।

कबीर की मन की मुराद पूरी हो गई। वह खुशी-खुशी वापस आए और ऐलान कर दिया कि रामानंदजी उनके गुरु हैं। इस पर काशी में बसने वाले बहुत से वैष्णव भक्तों को बहुत आश्चर्य हुआ कि एक मुसलमान जुलाहे बालक को रामानंदजी ने अपना शिष्य कैसे स्वीकार कर लिया? वह सच्चाई जानने के लिए रामानंदजी के पास पहुंचे। रामानंदजी को भी याद नहीं आया कि उन्होंने किसी ऐसे बालक को कभी दीक्षा देकर अपना शिष्य बनाया था। जहां तक उनके मुसलमान या जुलाहे को छोटी जाति का समझा जाने की बात थी, रामानंदजी को इसमें कोई आपत्ति नहीं हो सकती थी। उनके गुरु रामानुजाचार्य कभी जाति-पाति या धर्म के भेदभाव को नहीं मानते थे और यही बात उन्होंने अपने गुरु से सीखी थी। लेकिन परंपराप्रेमी वैष्णवों के लिए यह उचित नहीं था। उनमें से कुछ जाकर कबीर को ले आए और आचार्य के सामने पेश किया। आचार्य ने प्रेम से पूछा कि बालक, बताओ मैंने तुमको कब अपना शिष्य बनाया। मुझे तो ऐसा याद नहीं आता। इसपर कबीर दोनों हाथ जोड़ नतमस्तक होकर बोले कि गुरुजी, कुछ ही दिनों पहले तो आपने प्रातः ब्रह्ममुहूर्त में मेरे शरीर पर अपने श्रीचरण रख कर मुझे अनुग्रहीत किया था और उसके साथ ही राम नाम का गुरुमंत्र भी दिया था। इसपर उनको सारी बात याद आ गई और साथ ही यह भी समझ गए कि वह अनायास घटी घटना न थी। कबीर जानबूझ कर उस घाट की सीढ़ियों पर लेटे थे जहां से उतर कर वह रोज गंगास्नान को जाते थे। वह बालक की इस श्रद्धा को देखकर गद्‌गद् हो गए। आचार्य ने बालक को गले लगा लिया और बोले कि हां, तुम मेरे शिष्य हो। उस दिन तो केवल गुरु मंत्र दिया था, अब मैं तुमको विधि वत दीक्षा दूंगा। इस तरह कबीरदास को रामानंदजी से वैष्णव संप्रदाय में दीक्षा मिली।

लेकिन दीक्षा का अर्थ यह न था कि कबीर वैष्णव संप्रदाय के संत हो जाते। उन्होंने आध्यात्म की बुनियादी बातें अपने गुरुजी से सीखीं, उन पर चिंतन किया और फिर अपने निष्कर्ष निकालने के बाद अपना निर्गुण पंथ प्रचलित किया। हालांकि उन दिनों निर्गुण पंथ के अन्य संत भी हुए, लेकिन संत कबीर का अपना अलग स्थान था। उनका अपना मौलिक चिंतन था जिसकी छाप उनकी कविता में सर्वत्र मिलती है। उन्होंने अपनी हर बात बड़ी दृढ़ता से कही और कभी किसी वैर-विरोध की चिंता नहीं की। भले ही वह पूरी तरह अपने गुरु के मार्ग पर नहीं चले, पर सदा उनका आभार माना और गुरु के महत्व को स्वीकार किया :

गुरु गोविंद दोऊ खड़े काके लागूं पाय।
बलिहारी गुरु आपने जिन गोविंद दियो मिलाए।

गुरु कुम्हार शिष कुंभ है, गढ़ि गढ़ि काढ़ै खोट।
अंतर हाथ सहार दे, बाहर बाहै चोट।

कबीरजी के लिए संत होने का अर्थ यह न था कि घरबार छोड़ कर सन्यासी हो जाएं। उन्होंने अपना कपड़े बुनने का काम हमेशा बड़े शौक से किया जो उनकी जीविका का साधन था। विवाह भी किया और उनकी दो संतानें भी हुईं। बेटे का नाम उन्होंने कमाल रखा, बेटी का कमाली। लेकिन वह अपनी पत्नी और पुत्र से कभी खुश नहीं रहे। अपनी बीवी से इतने नाराज हुए कि सारी नारी जाति को ही कोस डाला।

नारी की झाईं पड़े अंधा होत भुजंग।
कबिरा तिनकी कौन गति नित नारी के संग।

पत्नी से दुखी होकर आखिरकार उन्होंने उसे त्याग दिया था। वह खुद कहते हैं :

हमने भी नारी करी, जाना नहीं विचार।
जब जाना तब परिहरी, नारी बड़ा विकार।

गीत संगीत और कविता से उनको बहुत लगाव था। अपने आध्यात्मिक चिंतन को उन्होंने दोहों में और पदों में व्यक्त किया। उनके कई पद और दोहे ऐसे भी हैं जिनमें रहस्यवादी उक्तियों को बहुत गूढ़ता से व्यक्त किया गया है, जिनको समझना सरल नहीं। इनको कबीर की उलट़बासियां कहते हैं :

कद्दू काट मृदंग बनाया, नींबू काट मंजीरा।
पांच तरोई मंगल गावैं, नाचत बालम खीरा।

लेकिन उनके बाकी दोहे और पद आम आदमी की सहज सरल भाषा में हैं जिनके अर्थ सीधे हैं, जिनको कोई भी आसानी से समझ सकता है। वह किसी भी तरह की हिंसा, पशुवध या मांस भक्षण के विरोधी थे।

बकरी पाती खात है, ताकी काढ़ी खाल।
जो नर बकरी खात हैं तिनको कौन हवाल।

दिन भर रोज रहत हैं, रात हनत हैं गाय।
यह तो खून की बंदगी, कैसे खुसी खुदाय।

कबीरदास अपने विवाहित जीवन से कभी खुश नहीं रहे। पत्नी से तो उनकी अनबन रही ही, बेटे कमाल से भी परेशान ही रहते थे। कहते हैं, ''डूबा बंस कबीर का उपजा पूत कमाल।''वह था भी ऐसा ही। कभी अपने पिता के प्रति उसके मन में श्रद्धा नहीं हुई। जिसके इतने अनुयायी और भक्त थे उसे वह इतना भी मान नहीं देता था जितना किसी पुत्र को पिता को देना चाहिए। बल्कि उनकी हर बात को काटने या गलत सिद्ध करने में गर्व का अनुभव करता था। एक उदाहरण देखिए :

सद्‌गुरु कबीर साहब फरमाते हैं :

चलती चाकी देख के दिया कबीरा रोय।
दो पाटन के बीच में बाकी रहा न कोय।

कमाल को यह भी हजम नहीं हुआ। उसने उनकी बात का जवाब अपने तरीके से दिया। पिता के साथ रहकर उसे भी दोहा रचना तो आ ही गया था :

चलती चाकी देख के हंसा कमाल ठठाय।
जो कीली के पास है उसपर आंच न आय।

कबीर किसी भी तरह के कर्मकांड और धार्मिक विधिविधान को व्यर्थ का आडंबर मानते थे। इस मामले में उन्होंने हिंदू और मुसलमान दोनों को नहीं बख्शा। वह मूर्तिपूजा के कट्टर विरोधी थे :

पाहन पूजे हरि मिलें तो मैं पूजूं पहार।
यातें तो चाकी भली पीस खाय संसार।

कांकर पाथर जोरि कै मसजिद लई बनाय।
ता चढ़ि मुल्ला बांग दै, बहरा भया खुदाय।

निर्गुण, निराकार, घट-घट वासी ब्रह्म की उपासना को ही उन्होंने सर्वोपरि माना।

तेरा सांईं तुज्झ में ज्यों पहुपन में बास।
कस्तूरी का मिरग ज्यों फिर-फिर ढूंढ़े घास।

जैसा सरल और निष्कपट जीवन उन्होंने जिया, उसी के अनुरूप आचरण करने का उपदेश उन्होंने अपने अनुयायियों को दिया। उनके भक्तों और अनुयायियों की संख्या उनके जीवनकाल में ही बहुत हो गई थी जिनमें हिंदू और मुसलमान दोनों थे। उनका आराधना करने और जीवन में व्यवहार करने के उपदेश अत्यंत सरल और सबके लिए आचरण करने में सहज थे। जो बात कहते थे, वह इतनी स्पष्ट और सहज होती थी कि किसी को समझने या उस पर आचरण करने में कठिनाई नहीं होती थी। सभी महान संतों की तरह उन्होंने प्रेम को बहुत महत्व दिया। साथ ही यह भी कहा कि प्रेम का मार्ग सरल नहीं :

प्रेम न बाड़ी ऊपजै, प्रेम न हाट बिकाय।
राजा परजा जेहि रुचै सीस देइ ले जाय।
यह तो घर है प्रेम का खाला का घर नाहिं।
सीस उतारे भुइं धरे तब पैठे घर माहिं।

प्रभु के स्मरण में किसी तरह के दिखावे या आडंबर के बजाय सच्ची एकाग्रता के महत्व को उन्होंने इस तरह समझाया :

माला फेरत जुग गया गया न मन का फेर।
कर का मनका डार के मन का मनका फेर।

माला तो कर में फिरे जीभ फिरे मुंह माहिं।
मनुआ तो चहुं दिसि फिरै यह तो सुमिरन नाहिं।

मानव जीवन की नश्वरता को समझाते हुए उन्होंने शुद्ध आचरण करने का उपदेश अपने भक्तों को दिया।

पानी केरा बुदबुदा अस मानस की जात।
देखत ही छुप जाएगा ज्यों तारा परभात।

जल में कुंभ कुंभ में जल है, बाहर भीतर पानी।
फूटा कुंभ जल जलहिं समाना यह तत कहो गियानी।

माली आवत देखकर कलियां करी पुकार।
फूले फूले चुन लिए काल हमारी बार।

कबिरा गर्व न कीजिए काल गहे कर केस।
ना जाने कित मारिहै क्या घर क्या परदेस।

जीवन में सहजता, सरलता, स्वभाव में विनम्रता और मिठास जैसे गुणों का समावेश करना और सबसे मृदु व्यवहार करने की सीख उन्होंने दी।

ऐसी वाणी बोलिए मन का आपा खोय।
औरन को सीतल करै, आपहुं सीतल होय।

निर्बल को न सताइए जाकी मोटी हाय।
मुई खाल की स्वास सों लौह भस्म हो जाय।

निंदक नियरे राखिए आंगन कुटी छंवाय।
बिन पानी साबुन बिना निर्मल करै सुभाय।

साधु ऐसा चाहिए जैसा सूप सुभाय।
सार सार को गहि रहै थोथा देय उड़ाय।

जाति पाति व धर्म के भेदभाव तथा धार्मिक रूढ़ियों और आडंबरों को नकारते हुए जहां उन्होंने निर्गुण निराकार ब्रह्म की उपासना का उपदेश दिया और उनके सीधे सच्चे मार्ग पर चलने वाले कबीरपंथी अनुयायियों की संख्या उनके जीवनकाल में ही बहुत बड़ी हो गई थी, वहीं उन्होंने कट्टर हिंदुओं और मुसलमानों, दोनों को बहुत नाराज कर लिया था। कट्टर मुसलमानों ने उनको काफिर करार दिया और तत्कालीन बादशाह सिकंदर लोधी के उनके खिलाफ कान भरे। कबीर साहब को बादशाह के सामने पेश किया गया। कबीर चुपचाप आकर सिंकंदर लोधी के सामने खड़े हो गए। उनसे कहा गया कि बादशाह को झुककर सलाम करें। इसपर कबीर साहब ने फरमाया कि मुझे शाही दरबार के अदब कायदे नहीं आते। मेरा कभी किसी शहंशाह से वास्ता नहीं पड़ा। मैं नहीं जानता कि कैसे ताजीम देते हैं। मैं तो एक ही शहंशाहों के शहनशाह को जानता हूं। उसी को मानता हूं और उसी की आराधना करता हूं। उसके सिवा किसी के सामने नहीं झुकता। कबीर को बादशाह के सामने पेश करने वाले इस जवाब से बहुत खुश हुए। उन्हें पक्का यकीन हो गया कि इस गुस्ताखी के लिए इसे जरूर मौत की सजा मिलेगी। लेकिन सिकंदर लोधी साधु-संतों का आदर करने वाला और बहुत सहिष्णु बादशाह था। उसने किसी बात का बुरा नहीं माना। लेकिन सजा के तौर पर आदेश दिया कि कबीर बनारस छोड़ कर कहीं और चले जाएं। कबीर ने इसके बाद देश के विभिन्न भागों का भ्रमण किया और उसके बाद गोरखपुर के निकट मगहर में आकर बस गए। अपने जीवन के अंतिम दिन तक वह मगहर में ही रहे।

उनकी मृत्यु के बारे में भी एक कथा प्रचलित है। सन 1518 में जब मगहर में कबीर की मृत्यु हुई, तब उनके हिंदू और मुसलमान अनुयायियों में विवाद हुआ कि उनका अंतिम संस्कार कैसे किया जाए। हिंदू उनका दाह संस्कार करना चाहते थे, मुस्लिम उनको दफनाना चाहते थे। तभी उनको कबीर साहब की वाणी सुनाई दी कि न तो मैं हिंदू था न मुसलमान। तुम लोग झगड़ो नहीं, चादर उठाकर देखो। उन्होंने चादर उठाई तो वहां कबीर के मृत शरीर के स्थान पर फूलों का ढेर रखा था। हिंदू और मुसलमान दोनों ने वे फूल आधे-आधे बांट लिए। हिंदुओं ने उनका विधिवत दाह संस्कार किया और मुसलमानों ने उन फूलों को दफनाकर उनपर समाधि बनवाई।

卐卐卐

अध्याय-8

गुरु नानकदेव

सतगुरु नानक प्रगटया,
मिटी धुंध जग चानन होया।

गुरु नानकदेवजी के प्रकटोत्सव पर आपको जगह-जगह इस आशय के पोस्टर, बैनर लगे हुए मिल जाएंगे। उपरोक्त कथन वास्तव में बहुत सार्थक और सटीक है। उन्होंने अपने आध्यात्म ज्ञान के प्रकाश से अशिक्षा, अज्ञान और पापकर्मों के अंधकार से त्रस्त मानवमात्र की आत्मा को प्रकाशमय करके उसे सांसारिक पीड़ा से मुक्ति दिलाई। मानव जीवन के चरम सत्य को कोई भी उनके स्तर का महान संत ही प्रत्यक्ष देख सकता था और अनुभव कर सकता था। तथागत बुद्ध ने जिसे अत्यंत कठोर तपस्या करके प्राप्त किया, उस सच्चाई को गुरु नानकदेव ने भी अपनी सहज आत्मशक्ति से पहचाना। गौतम बुद्ध ने अपनी तपश्चर्या के उपरांत उसके निष्कर्ष स्वरूप कहा कि 'संसार दुखमय है, यह प्रथम आदि सत्य है।' उन्होंने इन दुखों के निवारण के लिए आकांक्षाओं के त्याग की बात कही। गुरु नानकदेव ने भी इसी सत्य को पहचानकर कहा, 'नानक दुखिया सब संसार।' लेकिन उन्होंने दुखों के निवारण का सहज मार्ग दिखाया, 'सो सुखिया जो नाम अधार।' अगर पहला सत्य महात्मा बुद्ध के निष्कर्ष के निकट था तो दूसरा चैतन्य महाप्रभु के कष्ट निवारण के उपाय प्रभु-कीर्तन के निकट था। नाम जपने के महत्व का प्रतिपादन करने के अतिरिक्त गुरु नानकदेव की रचनाओं और उपदेशों में जो आध्यात्मिकता और सूफियों वाले रहस्यवाद का पुट मिलता है, वह उसे दर्शन के उच्चस्तर की सहज अभिव्यक्ति पर ले जाता है। उन्होंने निर्गुण निराकार ब्रह्म से संबंधित गूढ़ रहस्यों को अपनी सहज-सरल भाषा शैली में आम जनता के लिए सुबोध

बना दिया। इससे भारतीय आध्यात्म का प्रकाश जन-जन तक पहुंचा और उसने उनके पीड़ा से दग्ध हृदयों का सिंचन करके कष्टों से राहत पहुंचाई। केवल भारतीय जनसाधारण ही नहीं, समस्त मानवता को यह उनकी और उनकी परंपरा के अन्य गुरुओं की महान देन थी। भारतीय दर्शन व साहित्य में उनके इस अमूल्य योगदान के लिए उनको सदा बड़ी श्रद्धा के साथ स्मरण किया जाएगा।

सिखों के पहले गुरु और भारत के इस महान संत का जन्म 1469 ई. में कार्तिक पूर्णिमा के दिन लाहौर के तलवंडी नामक ग्राम में हुआ था, जो अब पाकिस्तान में है। इसे अब ननकाना साहब के नाम से जाना जाता है और हर साल उनके जन्मदिन पर दुनिया के कोने-कोने से श्रद्धालु तीर्थयात्री वहां पहुंचते हैं। इनके पिता का नाम कालूचंद और माता का नाम तृप्ता था। जब ज्योतिषी हरदयाल को बच्चे को दिखाया गया तो वह उसे देखकर दंग रह गए। उन्होंने कहा कि इसका तो सारे संसार पर राज होगा। इसके तो सिर पर छत्र होगा। मैं इसके दर्शन करके धन्य हो गया। इतना कहकर वह हाथ जोड़ कर उस शिशु के सामने नतमस्तक हो गए। ब्राह्मण ज्योतिषी की उन गूढ़ बातों का शायद माता-पिता ने शाब्दिक अर्थ ही समझा हो, लेकिन उसने जो कुछ प्रतीकात्मक भाषा में कहा था, आगे चलकर वह सच साबित हुआ।

पिता ने बालक नानक को पढ़ने के लिए गांव के स्कूल में भेजा। लेकिन स्कूल के शिक्षक उनको बहुत पढ़ा नहीं सके। बात यह थी कि उनके प्रश्नों के उत्तर देना उनके वश से बाहर था। उदाहरण के लिए स्कूल मास्टर ने उनको अक्षर ज्ञान देते हुए एक दिन 'ऊं' लिखना सिखाया। इसपर बालक ने पूछा कि इस शब्द का अर्थ क्या होता है? यह एक ऐसा सवाल था जिसका ठीक-ठीक जवाब देना स्कूल के एक मामूली शिक्षक के लिए सहज न था। उन्होंने सवाल को टालते हुए कहा कि इस बात को छोड़ो। पहले लिखना सीखो। बालक ने कहा कि गुरुजी, जिस शब्द का मुझे अर्थ ही न आता हो, उसे सीख कर क्या करूंगा? इसके बाद उन्होंने स्वयं ऊं शब्द की व्याख्या की जिसे सुनकर उनके शिक्षक हक्के बक्के रह गए। आखिर इस उम्र के बालक से इस तरह की उच्च स्तर की आध्यात्मिक व्याख्या की अपेक्षा कौन कर सकता था! बहरहाल उन्होंने स्कूल के स्तर पर हिंदी और अपनी मातृभाषा पंजाबी का प्रारंभिक ज्ञान प्राप्त किया।

गुरु नानकदेव के पिता अपने गांव के पटवारी थे और उनकी कुछ कृषि भूमि भी थी। उस जमाने में जमीन जायदाद के दस्तावेज और अन्य कानूनी कागजात फारसी में लिखे जाते थे। गांव के मुखिया और बड़े जमींदार ने एक दिन कालूचंदजी से कहा कि अपने बेटे को फारसी पढ़ाओ तो मैं तुम्हारे बाद उसे पटवारी बना दूंगा। अत: बालक को फारसी पढ़ने के लिए मकतब में भेजा गया लेकिन वहां भी वही हाल हुआ, जो हिंदी की प्राथमिक पाठशाला में हुआ था। उनको पढ़ाने वाले मौलवी उनके सवालों का

जवाब नहीं दे सकते थे। गुरु नानक देव जी की रचनाओं में फारसी शब्दों का जो प्रयोग मिलता है, उसका कारण संभवत: उनका यह आरंभिक फारसी ज्ञान ही है। अपनी स्कूली पढ़ाई के साथ-साथ बालक नानक घर के कामकाज भी बड़ी तत्परता से करते थे। जब वह नौ साल के थे तो पिता ने उनको घर के मवेशी चराने का काम सौंपा। कहा जाता है कि जब वह मवेशियों को चरने के लिए छोड़ कर किसी पेड़ के साए में सो जाते तो सूर्य की दिशा बदलने पर भी उस पेड़ की छाया नहीं बदलती थी, वह उनपर निरंतर साया बनाए रखता था। यह चमत्कार गांव के कई लोगों ने देखा था। एक दिन जब गांव के जमींदार कहीं जा रहे थे तो उन्होंने बालक नानक को पेड़ के नीचे सोए हुए देखा। एक भयंकर नाग उनके सिर पर फन फैलाए मानो उनकी सेवा में वहां कुंडली मारे बैठा था। उस दिन से जमींदार को उनकी आध्यात्मिक शक्तियों का आभास हो गया और उसे उन पर गहरी श्रद्धा हो गई।

नानकदेव में आध्यात्मिक ज्ञान और गूढ़ ईश्वरी तत्वों की जानकरी जन्मजात थी। अन्य महान संतों की तरह संभवत: यह भी उनके पूर्वजन्म के संस्कारों का परिणाम ही था। इसीलिए उनको इस जन्म में न तो अधिक शिक्षा की आवश्यकता हुई, न अधिक सीखने की। जिससे वह कुछ शिक्षा पाने जाते थे, वही उनसे कुछ सीखता था और एक बालक के पास ऐसा दिव्य ज्ञान होने से आश्चर्य में डूब जाता था।

जब नानकदेव कुछ और बड़े हुए तो पिता ने चाहा कि वह व्यापार करें। उन्होंने नानकदेव को कुछ धन देकर कहा कि जाकर कोई खरा सौदा करना। वह धन लेकर निकले तो उनको एक स्थान पर साधुओं का एक दल मिल गया। वे साधु भूखे थे। नानकदेव ने उनको भरपेट भोजन कराके तृप्त करने में वे सारे पैसे खर्च कर दिए। एक अन्य विवरण के अनुसार उन्होंने अपने पास के सारे रुपए उन जरूरतमंद साधुओं में बांट दिए। बहरहाल जो कुछ भी हुआ, उसका सारा हाल उन्होंने जब घर आकर सुनाया तो पिता के गुस्से का ठिकाना न रहा। उन्होंने डांट कर कहा कि तुम्हें करने को क्या कहा था और क्या करके आए हो? इसपर बालक ने सहज भाव से उत्तर दिया कि पिताजी साधु सेवा से बढ़कर खरा सौदा और क्या हो सकता है। यह बात दुनियादार पिता को हजम न हुई और वह कई दिनों तक पुत्र की नासमझी पर नाराज रहे। जिस स्थान पर उन्होंने यह सत्कार्य किया था, वहां उस घटना की याद में एक गुरुद्वारा बनाया गया है, जिसे गुरुद्वारा खरा सौदा कहते हैं।

उनकी इस प्रवृत्ति का अंत कैसे हो सकता था। यह तो उनकी आत्मा का अंग था। एक दिन जब वह गांव के तालाब से स्नान करके लौट रहे थे तो एक भिखारी की विपन्न अवस्था पर रहम खाकर उन्होंने उसे अपनी स्नान करने की पीतल की गगरी और सोने की अंगूठी दे दी। पिता कालूचंद के लिए यह असह्य था। उन्होंने पुत्र को बुरा भला कहने के बाद घर से निकाल दिया। नानकदेव अपनी बहन नानकी के यहां चले गए, जिसका विवाह अच्छे समृद्ध घर में हुआ था। उसके पति लाला जयराम दौलतखां लोदी के दीवान थे।

सन 1488 में नानकदेवजी का विवाह सुलक्षिणी नाम की कन्या से हुआ जिससे इनके दो पुत्र हुए, श्रीचंद और लक्ष्मीचंद। लेकिन गृहस्थ जीवन के बावजूद उनकी साधना में कोई अंतर नहीं आया। वास्तव में जीवन की प्रत्येक घटना को अत्यंत सहज भाव से लेना और अपने लक्ष्य पर निरंतर ध्यान केंद्रित रखना उनके स्वभाव में था। नानकी के पति दीवान जयराम नानकदेव की साधना से बहुत प्रभावित थे। उन्होंने सूबेदार से उनके लिए नौकरी की बात की तो वह नानकदेव को स्टोरकीपर की नौकरी देने को राजी हो गया। जीविका का कोई साधन तो चाहिए था। नानकजी ने इसे स्वीकार कर लिया लेकिन अपनी लगन भी बरकरार रखी। वह सारा दिन पूरी निष्ठा से काम करते और शाम को अपने साथियों को लेकर किसी शांत एकांत स्थान पर चले जाते। वहां वे भजन कीर्तन में मस्त हो जाते। उनके इन साथियों में मरदाना प्रमुख था जो सदा उनके प्रमुख शिष्य के रूप में उनके साथ रहा। वह तलवंडी का ही था और सारंगी बजाने में माहिर था। नानकदेवजी को तनख्वाह नकद रुपयों की बजाय राशन वगैरा के रूप में मिला करती थी। वह अपनी जरूरत भर का रख लेते और बाकी सब हाथ के हाथ गरीबों में बांट देते।

लेकिन यह सब अधिक दिन चलने वाला थोड़ा ही था। इस तरह की महान विभूतियां सांसारिक क्रियाकलापों में अधिक दिन व्यस्त नहीं रह सकतीं। नानकदेवजी ने अपनी लगी लगाई सरकारी नौकरी और जमी जमाई गृहस्थी एक दिन त्याग दी, साधु संतों का वेश धारण किया और सत्य की खोज में जंगल की राह ली। उन्होंने हिंदू धर्म और मुस्लिम धर्म दोनों के सारे प्रमुख सिद्धांतों का अध्ययन किया लेकिन मन को वह संतोष नहीं हुआ, जिसकी उनको तलाश थी। अतः उन्होंने एकांतवास करके ध्यान लगाने और चिंतन-मनन करने का निश्चय कर लिया। अपनी कठिन साधना और एकाग्रमन से चिंतन के बाद वह कुछ ठोस निष्कर्षों पर पहुंचे और उन्होंने अपने मतानुसार धार्मिक विधिनिषेध का निर्धारण किया। इसी का आगे विकास करके उन्होंने सिख धर्म का प्रवर्तन किया। यह उनके मौलिक चिंतन का परिणाम था। वह किसी भी धर्म के विरुद्ध न थे। इस्लाम की और हिंदू धर्म की सभी अच्छी बातों का वह आदर करते थे और मूल भारतीय दर्शन में प्रतिपादित निर्गुण निरंकार ब्रह्म के घट-घट में निवास करने की धारणा के साथ-साथ सभी धर्मों में मान्य धारणा कि सभी मनुष्य एक उसी ईश्वर की संतान हैं और सबसे बिना किसी जातिपांति, छोटे-बड़े के भेदभाव के प्रेम करना चाहिए, को उन्होंने बहुत महत्व दिया। नाम जपने, कर्म करने और बांट कर खाने को उन्होंने मानवता का सबसे अधिक आवश्यक गुण बताया। इसका उदाहरण वह स्वयं थे। उन्होंने सांसारिकता का त्याग करते समय अपने स्वभाव के अनुसार अपनी सभी चीजें जरूरतमंदों में बांट दी थीं।

इसके बाद शुरू हुआ उनका अपने मत के प्रचार के लिए भ्रमण का सिलसिला। वह देश के सुदूर कोनों तक गए और जनकल्याण के लिए उपदेश दिए। लोग बड़ी श्रद्धा से उनके प्रवचनों को सुनने के लिए आते और उनके प्रभावशाली व्यक्तित्व और ओजस्वी वाणी को सुनकर उनके सिख (शिष्य) बन जाते। वह आशु कवि थे। अपनी मान्यताओं और विचारों को वह बहुत सुंदर पदों में गाया करते। मरदाना उनके साथ सारंगी बजाता और ऐसा समा बांधता कि उस अमृत वर्षा में सभी मग्न हो जाते। उन्होंने पंजाब में गुजरांवाला जिले के भ्रमण से अपना अभियान आरंभ किया और वहां से कुरुक्षेत्र गए। उनका लोगों को उपदेश देने का तरीका भी विलक्षण था। कहते हैं कुरुक्षेत्र के बाद गुरुजी जब हरिद्वार आए तो उन दिनों पितृपक्ष था। उन्होंने देखा कि बहुत से लोग गंगा में खड़े, पूर्व की ओर मुंह किए दोनों हाथों से पानी उलीच रहे हैं। पूछने पर उन्होंने बताया कि हम अपने पितरों को पानी दे रहे हैं। उन्होंने पूछा कि आप लोगों के पितर यहां से कितनी दूरी पर हैं? इसके जवाब में बताया गया कि बहुत ही दूर। शायद लाखों या करोड़ों मील की दूरी पर। नानकदेव जी तुरंत नदी में उतर आए और उन्होंने पश्चिम की तरफ मुंह करके दोनों हाथों से पानी उलीचना आरंभ कर दिया। यह देखकर सब लोग बहुत हैरान हुए कि यह संत कर क्या रहे हैं? पानी तो पूर्व दिशा में उलीचा जाता है। उन्होंने जब नानकदेवजी से पूछा कि आप ऐसा क्यों कर रहे हैं तो बोले कि मैं तो अपने खेतों को पानी दे रहा हूं। वे पश्चिम में हैं इसलिए, उधर पानी उलीच रहा हूं। सब हैरान हो गए। तब गुरुजीने कहा कि अगर आपके पूर्व में पानी उलीचने से वह करोड़ों मील दूर पितरों तक पहुंच सकता है तो मेरे उलीचने से सिंचाई के अभाव में सूख रहे मेरे खेतों तक क्यों नहीं पहुंच सकता? धार्मिक कर्मकांड की व्यर्थता को समझाने का इससे बढ़कर और क्या तरीका हो सकता था। लोग बात के मर्म को समझ उनके सामने नतमस्तक हो गए।

हरिद्वार से चलकर गुरु नानकदेव जी अपना भ्रमण जारी रखते हुए, रास्ते में उपदेश देते, शिष्यों को अच्छा जीवन बिताने का निर्देश देते हुए पड़ाव डालते, पटना की ओर चल पड़े। कहा जाता है कि एक बार जब वह किसी जंगल से गुजर रहे थे तो कुछ डाकुओं ने उनके मुख का तेज देखकर सोचा कि जो बहुत तेजस्वी मुख वाले और प्रसन्नचित्त दिख रहे हैं, अवश्य ही धन की अधिकता के कारण ही ऐसे होंगे। इनको लूटना चाहिए। उन्होंने उनको घेर लिया तो नानकदेवजी तनिक भी विचलित नहीं हुए। उन्होंने उन हिंसक डाकुओं से कुछ देर बात की और उनको इस तरह के बुरे काम त्याग कर मेहनत की कमाई खाने का उपदेश दिया। यह उनके आत्मबल और आध्यात्मिकता का चमत्कार ही था कि डाकू भी उनके सामने नतमस्तक हो गए और उन्होंने वचन दिया कि हम आज से ही यह काम छोड़ कर प्रभु का स्मरण करेंगे और अपने परिश्रम की कमाई ही खाएंगे।

अपने पटना प्रवास के दौरान उन्होंने बहुत से शिष्य बनाए और सच्चे मार्ग का उपदेश देते हुए वहां से असम के लिए रवाना हो गए। कामरूप के निकट आकर उन्होंने शहर से बाहर अपना आसन जमाया। मरदाना उनकी आज्ञा लेकर शहर में कुछ भोजन का प्रबंध करने गया लेकिन काफी देर तक लौट कर नहीं आया। गुरु नानकदेवजी को चिंता हुई तो उन्होंने स्वयं जाकर देखना चाहा कि आखिर बात क्या है। पता चला कि वहां कामाक्षा देवी का मंदिर है और तंत्रमंत्र एवं जादूटोने का बोलबाला है। वहां की रानी काले जादू में माहिर है और उसके पास सुंदर स्त्रियों की एक बड़ी टोली है जो हर आगंतुक को अपने वश में कर लेती हैं। मरदाने पर उन्होंने कुछ ऐसा ही किया था और वह पूरी तरह वशीभूत न होकर भी भ्रमजाल में फंसे के समान हो गया था। रानी ने नानकदेवजी की महत्ता को न जानकर उनपर भी अपना जादू चलाने की कोशिश की। वह चुपचाप यह सब होते देखते रहे। आखिर उन पर किसी तंत्र या जादू का क्या प्रभाव होने वाला था। अंत में उन्होंने अपने उपदेश के तौर पर अपना एक पद गाकर सुनाया। उसका कुछ ऐसा प्रभाव पड़ा कि दूसरों को मोहजाल में फंसाने वाली रानी सहित उन सभी स्त्रियों का मोहभंग हो गया। उनको सत्य का ज्ञान मिला तो गुरुजी के चरणों में नतमस्तक हो गईं। नानकदेवजी ने उनको निर्देश दिया कि अपने दैनिक कर्तव्यों का पालन करें, प्रभु का नाम जपें और काले जादू जैसे बुरे कर्मों को त्याग दें। उन्होंने ऐसा ही किया और सदा के लिए तंत्रमंत्र का अभ्यास छोड़ दिया।

अपने देश भ्रमण के दौरान गुरुजी वृंदावन, पुरी और दक्षिण में होते हुए श्रीलंका तक गए। फिर वहां से लौटते हुए वह अपने पैतृक आवास तक आ गए। इस सारे यात्राक्रम में उनको पूरे 12 वर्ष लग गए थे। घर आकर विश्राम करने और वहां नित्य सत्संग का कार्यक्रम आयोजित करने के कुछ समय बाद उन्होंने मक्का जाने की योजना बना डाली। उनका प्रिय शिष्य मरदाना भी साथ हो लिया। उन्होंने मुसलमान फकीरों जैसा नीला लिबास पहना हुआ था और अपने हाथ में एक सोंटा पकड़ा हुआ था। कहा जाता है कि रेगिस्तान के कठिन सफर में थककर जब एक दिन गुरु नानकदेव सो रहे थे, उनके पांव मक्का की तरफ थे। एक मुसलमान फकीर यह देखकर गुस्से में आ गया। उसने गुरुजी को अपशब्द कहते हुए आदेश दिया कि तुरंत अपने पैर उस दिशा से हटा लें। नानकदेवजी ने कहा कि बाबा मैं बहुत थक गया हूं। जिस तरफ तेरा खुदा या मक्का न हो, मेरे पैर उधर कर दे। उसने तुरंत अवज्ञापूर्वक उनके पैर उठाकर दूसरी दिशा में पटके। लेकिन यह देखकर उसके आश्चर्य का ठिकाना न रहा कि उधर भी मक्का था। उसने पैर फिर एक और दिशा में किए। तब भी उनके पैरों की दिशा में मक्का नजर आया। वह समझ गया कि यह कोई बहुत बड़े पीर हैं जिन्होंने मक्का भी फेर दिया।

वह उनके चरणों में गिर पड़ा और बोला कि आपने यह चमत्कार करके मेरी आंखें खोल दी हैं। इतनी साधना के बाद भी मुझे यह सत्य क्यों नहीं दिखा कि खुदा का निवास तो सब जगह है।

अपनी यात्राएं समाप्त करने के बाद नानकदेवजी करतारपुर आ गए। उन्होंने अपने जीवन के अंतिम वर्ष वहीं अपने परिजनों के साथ व्यतीत किए। यहां भी उनकी दिनचर्या, सत्संग भजन कीर्तन करने और लोगों को सदमार्ग पर चलने का उपदेश देने की रहती थी। उनका शिष्य मरदाना भी उनके साथ आया था लेकिन वह अधिक दिनों तक जीवित न रहा। स्वयं गुरु नानक भी 1538 ई. में 69 वर्ष की अवस्था में इस धराधाम से विदा होकर परम ज्योति में विलीन हो गए।

उन्होंने सादा जीवन बिताया। कभी किसी तरह के चमत्कार करने का दावा न किया और हर धर्म के अनुयायी को बिना किसी भेदभाव के समान दृष्टि से देखा। वह निर्गुण निराकार ब्रह्म की उपासना को महत्व देते थे और नाम जपने तथा कीर्तन करने को उसके निकट आने का साधन मानते थे। उनका कहना था कि ईश्वर घट-घट में निवास करते हैं और मनुष्य मात्र उसकी संतान हैं। उनमें धर्म के आधार पर भेदभाव करना उचित नहीं। उन्होंने गुरु के होने को बहुत महत्व दिया क्योंकि उनके अनुसार गुरु ही साधक को सही मार्ग दिखा कर प्रभु के निकट लाता है। अहंकार न तो उनमें था न किसी अच्छे कर्म के बाद भी अहंकार में आने को वह उचित समझत थे।

तीरथ व्रत और दान कर, मन में धरे गुमान,
नानक निष्फल जात हैं ज्यों कुंजर असनान।

उनकी परंपरा को बाद के सिख गुरुओं ने आगे बढ़ाया और यह दशम गुरु गोबिंद सिंह जी तक चली। तत्पश्चात उनके उपदेशों, वाणी और पदों के संकलन श्री गुरु ग्रंथसाहिब को ही गुरु मानने का आदेश सिखों को हुआ। गुरु नानकदेव जी और उनके बाद के गुरुओं की रचनाओं में भी जनसाधारण की भाषा की प्रमुखता है। इसमें अनेक स्थानों की भाषा और बोलियों के शब्द मिलते हैं। इसका एक कारण तो यह कि अपने भ्रमण के दौरान वे जहां जाते जाने-अनजाने वहां के बहुत से शब्द उनकी वाणी का हिस्सा बन जाते थे। दूसरे वे चाहते भी थे कि उनकी वाणी में अनेक जनपदों के शब्द सम्मिलित हों ताकि दूर-दूर तक फैले उनके शिष्य इसे आसानी से समझ सकें। निर्गुण संतों की परंपरा में गुरु नानकदेव जी और उनके बाद के गुरु साहिबान की रचनाओं का आध्यात्मिक और धार्मिक ही नही; साहित्यिक महत्व भी बहुत है। उन्होंने हिंदी और पंजाबी साहित्य, दोनों को अपनी मधुर रचनाओं से समृद्ध किया। उनके अधिकांश पद

ब्रजभाषा में अथवा उसके बहुत निकट हैं। एक बानगी देखिए जो उनके धर्म के मूल सिद्धांत का प्रतिपादन भी करती है और उनकी काव्य की मधुरता का परिचय भी देती है :

काहे रे बन खोजन जाई।
सर्वव्यापी सदा अलेपा, तोही संग समाई।
पुहुप मांहि जस बास बसत है, मुकुर मांहि जस छाई,
तैसे ही हर बसे निरंतर घट ही खोजो भाई।
जन नानक बिन आपा चीन्हे, मिटे न भरम की काई।

卐卐卐

अध्याय-9

चैतन्य महाप्रभु

ईश्वी सन 1485 में फाल्गुन पूर्णिमा को चंद्रग्रहण के दिन बंगाल के नादिया जिले के नवद्वीप ग्राम में जगन्नाथ मिश्र की धर्मपरायण पत्नी शची ने एक पुत्र को जन्म दिया। दंपति की खुशियों का ठिकाना न रहा। उनके सूने घर में उजाला जो आ गया था। ऐसा नहीं कि इससे पहले उनके कोई संतान न हुई थी। संतानें हुईं पर संतान सुख उनके भाग्य में नहीं था। एक के बाद एक आठ कन्याओं ने जन्म लिया लेकिन उनमें से एक भी जीवित नहीं रही। इसके बाद एक बालक ने जन्म लिया, जिसका नाम विश्वरूप रखा। पंडित जगन्नाथ ने बड़े चाव से उसे अच्छी से अच्छी शिक्षा दी। उन दिनों नवद्वीप दूर-दूर तक संस्कृत और शास्त्रों के अध्ययन-अध्यापन के लिए प्रसिद्ध था। माता-पिता को आशा थी कि उनका पुत्र इतनी अच्छी शिक्षा पाकर बहुत बड़ा पंडित बनेगा। शची के पिता अपने समय के प्रसिद्ध विद्वान थे अत: उसकी कामना थी कि उनका पुत्र भी नाना की तरह यशस्वी बने। लेकिन परिणाम कुछ और ही निकला। सोलह वर्ष की उम्र आने तक अपने शास्त्रों के गहन अध्ययन के कारण बालक विश्वरूप के मन में ऐसा वैराग्य उत्पन्न हुआ कि वह घर-बार त्याग कर सन्यासी हो गया और अब इसके बाद उनको पुत्र रत्न की प्राप्ति हुई थी। इसलिए वह उस पर विशेष रूप से अनुरक्त थे और बहुत ही सावधानी से उसका पालनपोषण कर रहे थे।

पिता जगन्नाथ मिश्र ने बहुत सोच-विचार कर बच्चे का नाम विशम्भर रखा। लेकिन मां शची उसे निमाई के नाम से पुकारती थीं। इसके पीछे एक अंधविश्वास

था। बंगालियों में जादू-टोने, भूत-भूतनियों पर बहुत यकीन किया जाता है। डाकिनी, शाक्चुनी आदि चुड़ैलें बच्चों के लिए खासतौर पर खतरा होती हैं। जिस मां के आठ बच्चे जीवित न बचे हों और नौवां भी उसे छोड़ कर चला गया हो, वह अपनी दसवीं संतान के कुशल-क्षेम के प्रति चिंतित तो होगी ही। वह उसकी हर आपदा से रक्षा करना चाहती थी। सारे नादिया जिले में यह बात मशहूर थी कि अगर किसी बच्चे का नाम निमाई हो तो कोई भी चुड़ैल उसका कुछ नहीं बिगाड़ सकती। लिहाजा मां अपने इस बच्चे को निमाई के नाम से ही पुकारती थी। वह पति की आज्ञा का भी उल्लंघन नहीं कर सकती थी। अत: विशम्भर नाम भी साथ-साथ चला। आखिर यह नाम भी उसके जन्मलग्न पर विचार करके ही रखा गया था। शिशु का एक और नाम भी प्रचलित हो गया, गौरांग, क्योंकि वह अत्यंत गौरवर्ण और सुंदर था। वैसे तो सभी छोटे बच्चे बहुत रोते हैं। लेकिन कुछ ज्यादा ही रोने वाले होते हैं। शिशु निमाई भी ऐसा ही था। वह रोता था तो चुप होने का नाम ही न लेता था। लेकिन जल्दी ही माता-पिता को यह पता चल गया कि उसके रोने पर अगर कोई भगवत भजन गाया जाए तो वह एकाएक रोना बंद करके बड़े चाव से उसे सुनने लगता है। यह तरकीब कई बार आजमाई गई और हर बार सफल हुई। इस पर सबने एक राय से कहा कि यह पूर्वजन्म में अवश्य ही कोई बहुत बड़ा प्रभुभक्त रहा होगा।

नवद्वीप उन दिनों सारे बंगाल में संस्कृत अध्ययन का प्रमुख केंद्र माना जाता था। यहां संस्कृत भाषा के एक से एक विद्वान पंडित थे, जिनकी पाठशालाओं में पढ़ने के लिए दूर-दूर से विद्यार्थी आते थे। इन छात्रों के धनी माता-पिता पाठशाला को दिल खोल कर दान देते थे। इसलिए नवद्वीप के पंडित बहुत धनी हो गए थे। धन के साथ विलासिता का निकट संबंध है। नवद्वीप के पंडितों के साथ भी ऐसा ही हुआ। बंगाली शक्ति के उपासक तो होते ही हैं। ये पंडित भी देवी की उपासना के नाम पर आए दिन बलि चढ़ाते और फिर देवी के प्रसाद के नाम पर उस पशु के मांस के साथ मदिरा का सेवन करते। कुछ इतिहासकारों का कहना है कि मांसमदिरा के साथ-साथ अन्य व्यसन भी कुछ पंडितों में थे लेकिन उनकी विद्वता असंदिग्ध थी। पूजापाठ और साधना को भी ये लोग महत्व नहीं देते थे और ज्ञान के अर्जन पर ही जोर देते थे। बालक विशम्भर, जिसे आगे चलकर महान संत चैतन्य महाप्रभु बनना था, की शिक्षादीक्षा भी ऐसे ही वातावरण में हुई। पिता ने उसे नवद्वीप की एक प्रसिद्ध पाठशाला में पंडित गोवर्धन के पास पढ़ने के लिए भेजा। विशम्भर बहुत कुशाग्रबुद्धि था। उसने संस्कृत भाषा, व्याकरण तथा शास्त्रों का अध्ययन बड़े मनोयोग से किया। आरंभिक शिक्षा पूरी हो जाने के बाद विशम्भर को न्यायशास्त्र का गहन अध्ययन करने की इच्छा हुई। अत: वह नवद्वीप के न्यायशास्त्र के प्रसिद्ध पंडित वासुदेव सार्वभौम की चतुष्पाठी में न्याय का अध्ययन करने के लिए भर्ती हो

गए। आरंभिक शिक्षा तो आवश्यक थी लेकिन उसके आगे पढ़ना और भारतीय दर्शन की गहराइयों में उतरना विशम्भर के पिता जगन्नाथ मिश्र को पसंद नहीं आया। वह उच्च शिक्षा देकर एक पुत्र खो चुके थे। उन्होंने विशम्भर को यह कह कर चतुष्पाठी से हटा लिया कि तुमने पर्याप्त अध्ययन कर लिया है। लेकिन स्वभाव से हठी और क्रोधी बालक विशम्भर ने विरोध स्वरूप घर में ऐसा उत्पात मचाया कि परेशान होकर मातापिता को उसे आगे पढ़ने की अनुमति देनी ही पड़ी। गहरी लगन और कठिन परिश्रम से विशम्भर ने कम समय में ही यह अध्ययन भी पूरा कर लिया। अब वह स्वतंत्र रूप से अपने अध्ययन मनन में लग गए। कहा जाता है कि नवद्वीप के अन्य पंडितों की तरह विशम्भर को भी अपने ज्ञान का बहुत गर्व हो गया था और वह भी पूजापाठ या प्रभुभक्ति से विरक्त रहकर अपने ज्ञान में ही मग्न रहते थे। लेकिन माता-पिता के दिए संस्कारों और अपने स्वाभाविक सदाचार के कारण उनमें नवद्वीप के पंडितों के अन्य दुर्गुण नहीं आए।

इस बीच विशम्भर के पिता का निधन हो गया। घर का कमाने वाला चला गया और परिवार आर्थिक संकट में आ गया। पहले तो विशंभर इस स्थिति के प्रति उदासीन रहे। लेकिन माता के बार-बार इस ओर ध्यान दिलाने पर उन्होंने कुछ काम करने का मन बनाया। उन्होंने चंडीमंडप में अपनी एक चतुष्पाठी खोली और छात्रों को संस्कृत भाषा तथा दर्शनशास्त्र पढ़ाना आरंभ कर दिया। उस समय उनकी अवस्था केवल 16 वर्ष की थी लेकिन उनके ज्ञान के चर्चे दूर-दूर तक थे। इसलिए शीघ्र ही बहुत से विद्यार्थी उनकी चतुष्पाठी में आने लगे और उनकी अच्छी आमदनी हो गई, जिससे घर के अर्थाभाव की समस्या हल हो गई। मां शची ने एक विख्यात ब्राह्मण की सुन्दर कन्या लक्ष्मी से उनका विवाह कर दिया। एक अन्य विवरण के अनुसार विशम्भर, जो अब निमाई पंडित के नाम से प्रसिद्ध हो गए थे, इस कन्या को देखते ही इस पर मुग्ध हो गए थे। उन्होंने सारी बात अपनी माता को बताई और शीघ्र ही उनका विवाह उससे हो गया।

इसी दौरान एक और घटना घटी जिसने सारे नवद्वीप में उनकी विद्वता की धाक जमा दी। केशव भारती नाम के एक कश्मीरी पंडित अपनी दिग्विजय यात्रा पर निकले थे। नवद्वीप की ख्याति सुनकर वह वहां के पंडितों को शास्त्रार्थ में परास्त करने की इच्छा से वहां आए और एक-एक करके सब को हरा दिया। इसपर सब ने एक राय से निमाई पंडित से अनुरोध किया कि वह केशव भारती की चुनौती स्वीकार करें। निमाई सहर्ष इसके लिए राजी हो गए। शास्त्रार्थ अधिक लंबा नहीं चला। आरंभ में ही निमाई ने केशव पंडित के एक श्लोक में आलंकारिक दोष सिद्ध करते हुए कहा कि जब आप का यह हाल है तो किसी गूढ़ विषय पर क्या चर्चा करेंगे। केशव भारती अपनी गलती पर बहुत लज्जित हुए। उन्होंने अपनी हार मान

ली। निमाई के शिष्य तो अपने गुरु की इस विजय पर प्रसन्न हुए। समस्त नवद्वीप में इसे लेकर खुशियां मनाई गईं। आखिर निमाई पंडित ने बाहर से आए एक पंडित को हरा कर नवद्वीप की विद्वता की लाज रख ली थी। निमाई पंडित ने सोचा कि अब समय आ गया है कि वह भी अपने शास्त्र ज्ञान के प्रसार के लिए बंगाल की यात्रा पर निकलें। उन्होंने अपनी यात्रा आरंभ की और सारे बंगाल में जहां कहीं भी गए, उनकी विद्वता की धाक जम गई। उनके बहुत से प्रशंसक और भक्त बन गए जिन्होंने दक्षिणा में बहुत कुछ देकर उनका आदर-सत्कार किया। वह प्रचुर धनधान्य लेकर अपने घर लौटे लेकिन वहां एक दुखद समाचार उनकी प्रतीक्ष में था। उनकी प्रिय पत्नी लक्ष्मी की उनकी अनुपस्थिति में सर्पदंश से मृत्यु हो गई थी। कुछ समय तक वह लक्ष्मी के वियोग में दुखी रहे। फिर मन शांत हो जाने पर उन्होंने विष्णुप्रिया नाम की एक ब्राह्मण कन्या से विवाह कर लिया। विद्वता, समृद्धि और सुखी गृहस्थ जीवन - निमाई पंडित को अब किसी तरह की कमी न थी। वह गर्व से सिर ऊंचा करके चलते थे।

अपनी मृत्यु के समय निमाई के पिता जगन्नाथ मिश्र ने पुत्र से अंतिम इच्छा प्रकट करते हुए कहा था कि मेरे मरने के बाद तुम गया जाकर मेरा पिंडदान अवश्य करना और वहां भगवान विष्णु के चरणों में नमन करके मेरी आत्मा की शांति के लिए प्रार्थना करना। निमाई ने पिता को वचन दिया था कि वह उनकी इस इच्छा को अवश्य पूरा करेंगे और वह अपने वचन को भूले न थे। पर परिस्थितियों वश वह अब तक गया की यात्रा पर नहीं जा सके थे। अब, जब जीवन व्यवस्थित हो गया तो उन्होंने गया जा कर पिंडदान करने का इरादा किया। उन्होंने अपने कुछ शिष्यों को साथ लिया और गया की यात्रा पर निकल पड़े। वहां जाकर उन्होंने विधिवत पिता के निमित्त पिंडदान किया और फिर भगवान विष्णु के दर्शनों के लिए चल पड़े। विष्णु भगवान के दर्शन करते ही निमाई ऐसे भावविह्वल हो गए कि उनको तन-मन की सुधि न रही। उनका अपने शरीर पर नियंत्रण न रहा। वह उन्मत्त होकर नृत्य करने लगे। उनके शिष्यों ने उनको संभालने की कोशिश की लेकिन सफल नहीं हुए। तभी उस समय के प्रसिद्ध विद्वान और कृष्ण भक्त ईश्वर पुरी जी वहां आए। उन्होंने आते ही निमाई पंडित को संभाला। निमाई को उनके स्पर्श से ही एक विचित्र अनुभव हुआ। उनको लगा कि कोई दिव्य ज्ञान उनको मिल गया है। पहले का विद्वता का गर्व एकाएक समाप्त हो गया और उसका स्थान विनम्रता ने ले लिया। उसी समय उन्होंने पंडित ईश्वर पुरी को अपना गुरु मान लिया। ईश्वर पुरी ने उनको दक्षाक्षरी मंत्र की दीक्षा देकर वैष्णव संप्रदाय में शामिल कर लिया। इससे निमाई पंडित के जीवन में बहुत बड़ा परिवर्तन आया। उनके ज्ञान का स्थान भक्ति ने ले लिया था। अब तक वह जिस भावना से अपरिचित से थे, अब पूरी तरह उसमें निमग्न हो गए।

भगवान के कृष्ण रूप की भक्ति के सामने उनको अपना शास्त्रज्ञान तुच्छ लगा और वह कृष्ण के प्रेम सागर में आकंठ डूब गए।

ज्ञान का स्थान भक्ति ने लिया तो निमाई पंडित को उसका महत्व समझ में आया। यह तर्क पर आधारित चीज न थी, जिसका उनको अभ्यास था। यह अनुभव करने की चीज थी, जिसका वर्णन करना या उसे किसी तर्क से सिद्ध करना दुष्कर था। इस अभूतपूर्व अनुभव ने ऐसा चमत्कार दिखाया कि न्याय और तर्कशास्त्र का पंडित सब कुछ भूल कर "कृष्ण कृष्ण हरि हरि " का जाप करने लगा। उनको दिन का पता रहता था न रात का। खाने की सुध रहती थी न पीने की। कई-कई दिन यही हाल रहता। कृष्ण प्रेम मे उन्मत्त होकर नाचते, कभी धरती पर लोटने लगते, कभी-कभी किसी वृक्ष पर चढ़कर दोनों हाथ आकाश की ओर उठाकर अपने प्रभु को पुकारने लगते। प्रेम के उन्माद में उनकी आंखों से अश्रुधारा प्रवाहित होती रहती। जब उनके प्रेम का उन्माद कुछ कम हुआ, जैसा कि बीच-बीच में होता था, तो शिष्यों ने उनसे विनती कि यहां काफी दिन हो गए, अब नवद्वीप लौट चलना चाहिए। वह राजी हो गए लेकिन बोले कि अपने गुरु ईश्वर पुरी जी की जन्मभूमि कुमारहट्ट से होकर चलेंगे। जब वह वहां पहुंचे तो सबसे पहले उन्होंने वहां की माटी से अपने मस्तक पर तिलक लगाया। फिर कुछ माटी अपनी धोती के छोर में बांध कर बोले कि यह मेरे लिए अनमोल निधि है। वह अपने गुरु के प्रति अत्यंत कृतज्ञ थे, जिन्होंने उनको भक्ति का मार्ग दिखाया था।

नवद्वीप लौटने पर वह अपनी स्थापित की हुई पाठशाला और अध्ययन अध्यापन सबकुछ भूलकर कृष्ण भक्ति में लीन रहने लगे। उनकी माता शची उनकी यह दशा देखकर बहुत चिंतित रहने लगीं। पुत्र की ऐसी सफलता पाने के बाद इस तरह भक्ति के नाम पर उन्मत्त हो जाने से वह उसके भविष्य के प्रति तो चिंतित थीं ही परिवार की आर्थिक अवस्था के लिए भी उनका चिंतित होना स्वाभाविक ही था। उन्होंने अपने परिचित कई लोगों से निमाई को समझाने के लिए कहा क्योंकि वह स्वयं जब भी उनसे कुछ कहती उत्तर में 'हे कृष्ण हे हरि' ही सुनने को मिलता था। उनके कहने पर एकदिन गंगादास पंडित ने कहा,"निमाई, मैं तुम्हारे कृष्ण प्रेम से बहुत प्रसन्न हूं। किंतु तुमको इसके साथ-साथ अपनी सांसारिक जिम्मेदारियों की तरफ भी ध्यान देना चाहिए।" निमाई पंडित उनका बहुत आदर करते थे। उनकी बात को उन्होंने बहुत ध्यान से सुना और फिर बोले," मैं खुद भी यही चाहता हूं। पर क्या करूं, कोई शक्ति है जो मुझे बरबस इस ओर खींच रही है। मेरा अपने ऊपर कोई वश नहीं। आप देखते ही होंगे कि मैं कैसा उन्मत्त-सा हो जाता हूं। मैं परवश हूं, विवश हूं।"

आश्चर्य की बात यह थी कि जिस नवद्वीप में कोई भक्ति को महत्व नहीं देता था, निमाई पंडित ने वहीं से अपने भक्ति मार्ग का प्रचार प्रसार आरंभ किया। उनके बहुत से शिष्य और अन्य लोग तो उनके साथ आए ही, वहां के कई नामी पंडित

भी उनकी मंडली में शामिल हो गए। निमाई ने यह कीर्तन मंडली बनाई थी और वे हरिनाम का कीर्तन करते घूमते रहते थे। कभी कृष्ण लीला करते। उसमें स्वयं राधा बनते और कृष्ण प्रेम मे विभोर हो जाते। उनका कहना था कि ईष्ट के प्रति प्रेम भक्ति की पराकाष्ठा है। ऐसी स्थिति में भक्त हर तरह के रागद्वेष से मुक्त हो जाता है। वह परम आनंद का अनुभव करता है, क्योंकि केवल प्रेम ही परम आनंद का स्रोत है। प्रेम की ऐसी स्थिति में मन में न तो किसी तरह की दुर्भावना उत्पन्न हो सकती है और न ही सांसारिक वस्तुओं या भोगविलास के प्रति आसक्ति जाग सकती है। प्रेम की इस स्थिति में पहुंच जाने पर गर्व का तो प्रश्न ही नहीं उठता। भक्त तो अत्यंत विनम्र भाव से अपने ईष्ट की अनुकंपा की प्रतीक्षा करता है। वह अपना तन-मन अपना सर्वस्व अपने ईष्ट को समर्पित कर देता है। इस पूर्ण समर्पण के बाद किसी तरह के सांसारिक कष्ट या दुख का तो प्रश्न ही नहीं उठता। यह सब दुखों, चिंताओं और संतापों से मुक्त होने का अमोघ उपाय है। अतः इस मार्ग पर चलकर ही परम आनंद का अनुभव किया जा सकता है जिसे आस्था, श्रद्धा, भक्ति के चरणों से गुजर कर उसकी पराकाष्ठा प्रेम तक पहुंच कर पाया जा सकता है।

शीघ्र ही निमाई पंडित का कीर्तन और कृष्ण का सामूहिक गुणगान करना बहुत लोकप्रिय हो गया। इसके कई कारण थे। एक तो इसमें किसी तरह का विधिविधान या कर्मकांड नहीं था। दूसरा यह अपने ईष्ट की आराधना करने का अनूठा तरीका था जिसमें सभी मिलकर सामूहिक रूप से नाम जपते थे। एकल आराधना करने की नीरसता इसमें नहीं थी। फिर यह संगीतमय होने के कारण और भी आनंदमय था। इसमें शामिल होने के लिए सबको खुली छूट थी। यहां किसी तरह का जातिपाति या, धर्म तक का भेद न था। इस आराधना के लिए किसी तरह के गूढ़ ज्ञान या लंबे अध्ययन की भी आवश्यकता नहीं थी। नवद्वीप वालों के सामने तो यह निमाई पंडित का उदाहरण भी था जिन्होंने गूढ़ ज्ञान अर्जित करने के बाद उसे त्याग कर यह मार्ग अपनाया था। मंडली में शामिल होकर 'हरे कृष्ण हरे कृष्ण' जपने की सब को छूट थी। किसी से यह नहीं पूछा जाता था कि तुम कौन हो, कहां से आए हो, क्या करते हो। आखिर सभी उस ईश्वर की संतान थे और सबको उनका गुणगान करने का अधिकार था। कृष्ण के प्रेम में मग्न होकर कीर्तन करते हुए भक्तगण अपना सारा दुखदर्द, सांसारिक चिंताएं भूल जाते थे। हरिनाम जपते हुए कीर्तन करने में एक अद्‌भुत वातावरण पैदा हो जाता था। साधारण करताल और ढोलक के अलावा इसके लिए कोई खास वाद्ययंत्र भी नहीं चाहिए थे। इस तरह इसमें कोई खर्च भी नहीं था ओर साधारण से साधारण हैसियत का आदमी भी इसमें आसानी से शरीक हो सकता था।

एक किंवदंती के अनुसार एक दिन निमाई पंडित को स्वप्न में एक महापुरुष दिखाई दिए। उन्होंने कहा कि जिस काम के लिए तुम्हारा जन्म हुआ है, उसे कैसे

भूल सकते हो। सन्यास ग्रहण करो और दूर-दूर तक श्रीकृष्ण के प्रति प्रेम का संदेश देने के लिए जाओ। सुबह उठते ही उनके मन में सन्यास लेने का निश्चय तो दृढ़ हो गया लेकिन उसके साथ ही यह विचार भी आया कि अपनी माता और पत्नी से इसके लिए अनुमति भी लेनी चाहिए। पहले उन्होंने माता से अनुमति मांगी। उन्हें डर था कि वह मना करेंगी और बहुत वाद-विवाद होगा। लेकिन भगवद्प्रेरणा कुछ ऐसी हुई कि मां शची देवी ने प्रेम से कहा,''पुत्र जब तुम इतने ऊंचे उद्देश्य के लिए गृहत्याग कर रहे हो तो मैं मना नहीं करूंगी।'' इसके बाद पत्नी की बारी आई। उसने रो रो कर कहा कि आपके बिना मैं कैसे रहूंगी। आप मुझे किसके हवाले करके जा रहे हैं? इस पर निमाई पंडित ने कहा कि मैंने स्वयं को श्रीकृष्ण के हवाले कर दिया है। तुम्हें भी उनके ही हवाले कर रहा हूं। वह तुम्हारी सब प्रकार से रक्षा करेंगे। तुम अपना शेष जीवन उनकी आराधना और उनके प्रति प्रेम में लगाओ। पत्नी विष्णुप्रिया ने पति की आज्ञा को शिरोधार्य करते हुए उनको सन्यास लेने के लिए अपनी सहमति दे दी। उसी दिन निमाई के द्वार पर एक महात्मा भिक्षा मांगने के लिए पधारे। निमाई ने तुरंत पहचान लिया कि यह वही महात्मा हैं जिन्होंने स्वप्न में सन्यास ग्रहण करने का आदेश दिया था। वह उनको सादर अपने घर में ले आए और सारी बात बताई। महात्मा केशव पंडित यह सुनकर मुस्करा दिए। फिर उन्होंने विधिवत दीक्षा देकर और गेरुए वस्त्र पहना कर निमाई पंडित को सन्यास आश्रम में प्रवेश कराया। उन्होंने उनका नाम निमाई पंडित से श्रीकृष्ण चैतन्य रखा और तबसे ही वह चैतन्य महाप्रभु के नाम से प्रसिद्ध हुए। यह 1509 ई. की घटना है, जब निमाई पंडित की आयु मात्र 24 वर्ष की थी।

सन्यास ग्रहण करने के बाद चैतन्य महाप्रभु ने अपने शिष्यों को निर्देश दिया कि वे नवद्वीप में घर-घर जाकर हरि नाम के जाप की महिमा लोगों को समझाएं। उनको समझाएं कि ब्रह्मानंद की अनुभूति के लिए किसी तरह के कर्मकांड या विधि विधान की आवश्यकता नहीं। हरि नाम का जाप और संकीर्तन प्रभु के निकट जाने का सरलतम साधन है। उन्होंने यह भी निर्देश दिया कि इसके लिए किसी तरह का भेदभाव न बरता जाए। अपने शिष्यों को उन्होंने समझाया कि जिस तरह वे कुलीन ब्राह्मण के घर जाएंगे उसी प्रेम के साथ किसी शूद्र, यहां तक कि चांडाल के घर पर भी जाएं और उसे प्रेम का पाठ पढ़ाने की चेष्टा करें। वह स्वयं भी कुछ अरसे तक नादिया के गलीकूचों में अपनी कीर्तन मंडली लेकर मृदंग व करताल की गूंज के साथ कृष्ण हरि का गुणगान और कीर्तन करते हुए घूमते रहे। जहां भी जाते वहां अद्भुत वातावरण बन जाता। सारा माहौल कृष्णमय हो जाता और कीर्तन की ध्वनि से आकाश गुंजायमान हो जाता। इसके बाद उनको प्रेरणा हुई कि वृंदावन जाकर श्रीकृष्ण के दर्शन किए जाएं। बस फिर क्या था, उन्होंने तुरंत वहां जाने का मन बना लिया। 'हे कृष्ण मैं आ रहा हूं, मैं तुम्हारे पास आ रहा हूं' पुकारते हुए

वह एकाएक पश्चिम की ओर दौड़ पड़े। उनके शिष्य और परिजन उनके पीछे दौड़े लेकिन पिछड़ गए और चैतन्य देखते-देखते सामने वाले जंगल में गायब हो गए। जाते-जाते वह इतना कह गए कि आप लोग वापस लौट जाएं। घरवालों से उन्होंने कहा कि आप नाहक परेशान हो रहे हैं। मेरा तो जन्म ही अपने परिजनों को दुख देने के लिए हुआ है, अतः इस बारे में परेशान न हों और अपनी व्यवस्था स्वयं कर लें। लेकिन वैराग्य धारण करने के बावजूद उनको अपनी माता और पत्नी का ख्याल जरूर था। प्रत्यक्ष तो उन्होंने यह कहा परंतु चुपचान अपने एक विश्वस्त शिष्य से कहा कि मेरी माता और पत्नी का ध्यान रखना। उनको सांत्वना देना और किसी तरह का कष्ट होने पर उनकी सहायता करना।

किसी तरह रात बीती। सुबह होते ही भक्तों और चैतन्य के शिष्यों ने उनको फिर से जंगल में खोजना शुरू किया। खोजते-खोजते वे एक स्थान पर पहुंचे जहां चैतन्य महाप्रभु हरे कृष्ण जपते हुए एक वृक्ष के नीचे बैठे थे। उनकी आंखों से लगातार आंसू बह रहे थे और वह बेहाल हो रहे थे। सब ने उनको घेर लिया ओर उनके साथ मिलकर कृष्ण नाम का जाप करने लगे। तीन दिन इसी तरह बीत गए। किसी ने न अन्न ग्रहण किया न जल। कहते हैं तभी एक सुबह ग्वालों का एक झुंड गाएं चराता हुआ वहां पहुंचा। चैतन्य महाप्रभु को देखते ही वे सब भी उनके साथ हरिनाम जपते हुए नाचने लगे। चैतन्य ने उनसे वृंदावन का मार्ग पूछा तो उन्होंने पश्चिम दिशा में बता दिया। इस तरह रास्ता भटक कर चैतन्य दैवयोग से वृंदावन न पहुंच कर उड़ीसा पहुंच गए। कमलपुर जाकर उन्होंने कपोतेश्वर के दर्शन किए और फिर वहां से भगवान जगन्नाथ के दर्शन करने के लिए रवाना हो गए। पुरी पहुंचने पर उन्होंने अपना समय भगवान जगन्नाथ की आराधना में भजन-कीर्तन करते हुए बिताया। शीघ्र ही वह वहां भी बहुत लोकप्रिय हो गए। उन दिनों पुरी की प्रसिद्ध रथयात्रा निकल रही थी। दूरदूर से भक्तगण वहां आए हुए थे। ऐसे में चैतन्य महाप्रभु के कीर्तन का आनंद उन्होंने भी उठाया और बहुत से उनके वैष्णव भक्ति मत में दीक्षित हो गए। एक विवरण के अनुसार जब भगवान की रथयात्रा निकल रही थी तो एक स्थान पर आकर रथ अटक गया। उसे खींचने वाले भक्तों ने बहुत जोर लगाया लेकिन रथ टस से मस नहीं हुआ। इसके बाद राजा के हाथियों को लाकर रथ को खींचने का प्रयास किया गया लेकिन उसमें भी सफलता नहीं मिली। जब चैतन्य महाप्रभु को पता चला तो वह हरिनाम का जाप करते हुए आगे आए और अकेले ही धकेल कर रथ को चला दिया।

पुरी से वह अपने भक्तिमार्ग का प्रचार करते हुए दक्षिण की पदयात्रा पर निकल पड़े। चैतन्य महाप्रभु अत्यंत सुदर्शन और गौरवर्ण थे। उनके मुख पर आनंद की किरणें बिखरती थीं और उनके अनन्य भक्तिभाव का तेज झलकता था। जब वह हरे

कृष्ण का जाप करते हुए नाचने लगते थे तो आसपास के लोग इस अद्‌भुत दृश्य को देखने के लिए भारी संख्या में जमा हो जाते। दक्षिण में वह जहां भी जाते, बड़ी संख्या में नर नारी वहां एकत्र हो जाते और उनके कृष्णप्रेम के सागर में गोते लगाते हुए वे भी आनंदमग्न हो जाते। घर-घर उनके भक्तिमार्ग और संकीर्तन की चर्चा होती थी। इस यात्रा के दौरान वह उन सभी स्थानों पर गए जहां से होकर वाल्मीकि रामायण के अनुसार श्रीराम लंका की तरफ गए थे। वह रास्ते में हरे कृष्ण के साथ-साथ कोई ऐसा स्थान आने पर वाल्मीकि रामायण के श्लोक भी गाने लगते। इस तरह वह रामेश्वरम तक चले गए और फिर उसी मार्ग से लौटना आरंभ किया। वापस आकर वह पुरी में ठहरे। यहां महाप्रभु ने दो वर्षों तक प्रवास किया। दूर-दूर से लोग उनके दर्शन करने या उनसे दीक्षा लेने के लिए आते थे।

चैतन्य महाप्रभु भूले नहीं थे कि वह वृंदावन जाने के लिए निकले थे लेकिन दक्षिण की ओर चले गए थे। अतः पुरी में प्रवास के बाद वह फिर से निकले और इस बार सही रास्ते की पुष्टि करते हुए वृंदावन की तीर्थयात्रा के लिए चल पड़े। उनकी शिष्य मंडली उनके साथ थी ओर वे कीर्तन करते हुए मार्ग में जहां उचित प्रतीत होता वहां ठहरते हुए अपने गंतव्य की ओर बढ़ते रहे। वृदावन पहुंचने के बाद उन्होंने जी भर के वहां के उन सभी स्थानों का पर्यटन किया जो श्रीकृष्ण से संबंधित थे। वहां उनका समय स्थान-स्थान पर कीर्तन करने और नृत्य में व्यतीत होता था। वहां का वातावरण पहले ही कृष्णभक्ति से ओतप्रोत था, जिसमें चैतन्य के आने से चार चांद लग गए। जब उनको लगा कि अब उनका मन और आत्मा यहां रह कर तृप्त हो गई है तो वह वापस लौट चले। अपनी वापसी यात्रा में चैतन्य महाप्रभु वाराणसी होते हुए पुरी के लिए चले।

रास्ते में जब वे एक घने जंगल से गुजर रहे थे, उनकी मुलाकात कुछ पठानों से हुई। उनमें से एक बहुत धार्मिक प्रवृत्ति का था। चैतन्य महाप्रभु के भक्तिभाव को देखकर उसके मन में जिज्ञासा हुई तो उसने उनसे उनकी कृष्ण आराधना के बारे में पूछा। इसके बाद दोनों में काफी समय तक धार्मिक चर्चा हुई। बाकी पठान भी उनके इस विचार-विमर्श को बड़ी लगन से सुन रहे थे। श्री चैतन्य के तर्कों को सुनकर वे सब इतने प्रभावित हुए कि उन्होंने उनको अपना गुरु मान लिया और उनके मत में दीक्षित होने की इच्छा प्रकट की। श्री चैतन्य तो किसी तरह का भेदभाव मानते ही न थे। उन्होंने सहर्ष उनको शिष्य बनाना स्वीकार कर लिया। जिस पठान से उनकी चर्चा हुई थी, उसके भक्तिभाव से चैतन्य महाप्रभु विशेष रूप से प्रभावित हुए थे। उसे दीक्षित करके उन्होंने उसका नाम हरिदास रखा। इसके बाद से वह मुस्लिम संत इसी नाम से विख्यात हुए और उनकी कृष्णभक्ति देखकर बहुत से हिंदू भक्त भी आश्चर्यचकित रह जाते थे।

अपनी यात्रा पूर्ण करने के बाद चैतन्य महाप्रभु पुरी पहुंच गए और उन्होंने 18 वर्ष अपने प्रभु के नाम का कीर्तन करते हुए और अपने वैष्णव मत का प्रचार करते हुए वहां बिताए। उन्होंने अपने शिष्यों को बंगाल तथा अन्य स्थानों पर अपने मत का प्रचार करने तथा लोगों के कल्याण के लिए उनको कृष्ण नाम जपने का महत्व समझाने के लिए भेजा। पुरी में भगवान जगन्नाथ की रथयात्रा के दौरान वहां भारी मेला लगता था। इस अवसर पर चैतन्य महाप्रभु अपने शिष्यों के साथ बहुत बड़ा आयोजन करते, जिसकी ख्याति दूर-दूर तक फैल चुकी थी। अतः इस कीर्तन और आयोजन का आनंद लेने के लिए लोग विशेष रूप से वहां आते।

1531 ई. में चैतन्य महाप्रभु के अन्यतम शिष्य और श्रीकृष्ण के परम भक्त मुस्लिम संत हरिदास की मृत्यु हो गई। समस्त वैष्णव मंडली में इससे शोक की लहर दौड़ गई। इसके साथ ही यह सवाल भी उठा कि हरिदास का अंतिम संस्कार कैसे किया जाए। हिंदू विधिविधान से उनका दाह संस्कार किया जाए या फिर मुस्लिम विधि से उनको दफनाया जाए। इस पर चैतन्य महाप्रभु ने आदेश दिया कि हरिदास को मुस्लिम विधि से दफनाया जाएगा और उन्होंने स्वयं अपने निर्देशन में उनको दफनाने का काम पूरा करवाया। इसके बाद चैतन्य महाप्रभु ने उनकी कब्र के ऊपर एक समाधि बनवा कर उनकी स्मृति को अमर किया।

चैतन्य महाप्रभु के जीवन के अंतिम दिनों के बारे में अधिक विवरण उपलब्ध नहीं। उनके जीवनीकारों ने भी इसपर विशेष प्रकाश नहीं डाला है। कहा जाता है कि वह अंतिम दिनों में नगर के शोर से दूर एकांत में जाना पसंद किया करते थे। ऐसे ही एक अवसर पर जब वह समुद्र के किनारे पर थे, महाप्रभु समुद्र को यमुना समझ कर उसमें कूद पड़े और शीघ्र ही उसकी लहरों में खो गए। उनके शिष्य जो कभी भी उनको अकेला नहीं छोड़ते थे, उनके साथ थे। वे सभी व्याकुल होकर उनकी खोज में निकल पड़े। इधर एक मछुआरे ने समुद्र में मछलियां पकड़ने के लिए जाल बिछा रखा था। श्री चैतन्य का मृत शरीर उसी जाल में आकर अटक गया। उसने जाल खींचा तो उसमें किसी मनुष्य की मृत देह को देखकर घबरा गया। वह चिल्लाता हुआ समुद्र तट पर भाग रहा था कि उसकी मुलाकात चैतन्य महाप्रभु के शिष्यों से हो गई, जो अपने गुरु को खोजते हुए उधर ही आ रहे थे। मछुआरे से सारा विवरण सुनकर वे उसी तरफ भागे। वहां जाल में से उन्होंने अपने गुरु के शरीर को पहचान कर निकाला। इस तरह एक महान कृष्ण भक्त ने सारा जीवन अपने ईष्ट की ऐसी आराधना में बिताया, जिसकी कोई दूसरी मिसाल नहीं मिल सकती और जिसने अपने शरीर का त्याग भी उसी प्रेम और भक्ति के आवेश में किया।

卐卐卐

अध्याय-10

वल्लभाचार्य

वल्लभाचार्य का नाम वैष्णव मत के आचार्यों में अग्रगण्य है। इनका जन्म 1479 ई. में चंपारण्य नामक निर्जन स्थान में हुआ था। इनके पिता का नाम लक्ष्मण भट्ट और माता का नाम इलामंगरा था। कहते हैं, जब इनके माता-पिता वाराणसी की तीर्थयात्रा के बाद लौट रहे थे तो रास्ते में चंपारण्य में विश्राम के लिए रुके और वहीं इलामंगरा ने एक पुत्र को जन्म दिया। जैसे कि हर महान आत्मा के लिए किंवदंतियां बन जाती हैं इनके बारे में भी कहा जाता है कि इनके जन्म लेने पर देवताओं ने आकाश से पुष्प वर्षा की और गंधर्व एवं किन्नरों ने इनका गुणगान किया। एक अन्य कथा के अनुसार वल्लभाचार्य के पिता लक्ष्मण भट्ट ने पुत्र प्राप्ति के लिए अपने इष्टदेव की बड़ी आराधना की थी। इससे उनके इष्ट इतने प्रसन्न हुए कि उन्होंने स्वयं लक्ष्मण भट्ट के मझले बेटे के रूप में उनके घर में जन्म लेने का विचार बना लिया। वल्लभाचार्य पर अगाध श्रद्धा रखने वाले इस कथा पर विश्वास करके उनको सामान्य मनुष्य नहीं बल्कि किसी अलौकिक शक्ति का अवतार मानते हैं। लक्ष्मण भट्ट को वाराणसी का पवित्र वातावरण इतना अच्छा लगा था कि वह वहीं बसना चाहते थे। लेकिन वहां सांप्रदायिक दंगे होने के कारण वह दक्षिण भारत में अपने घर लौटने के लिए निकल पड़े थे। ये लोग चंपारण्य से कुछ दूर पहुंचे थे, तभी समाचार मिला कि वाराणसी में अब दंगा शांत हो चुका है। वे फिर वापस वाराणसी की ओर चल पड़े। वहां पहुंच कर उन्होंने अपने पुत्र का लालन-पालन बड़े चाव से किया।

वल्लभाचार्य की आयु जब शिक्षा के योग्य हुई तो उनके पिता ने एक गुरु की तलाश शुरू की। वह अपने पुत्र को बहुत विद्वान बनाना चाहते थे। नारायण भट्ट

उन दिनों के प्रसिद्ध विद्वानों में थे। लक्ष्मण भट्ट ने उनसे अनुरोध किया कि उनके पुत्र को शिक्षा देने का उत्तरदायित्व स्वीकार करें। नारायण भट्ट इसके लिए बहुत उत्साहित न थे। लेकिन जब उन्होंने बालक वल्लभ को देखा और उससे कुछ प्रश्न पूछे तो उसकी कुशाग्र बुद्धि और इतनी छोटी उम्र में उसके ज्ञान को देखकर बहुत प्रभावित हुए। उन्होंने उसे शिक्षा देना स्वीकार कर लिया। कहते हैं गुरु के पास रहकर बहुत कम समय में ही वल्लभाचार्य ने चारो वेदों, छः शास्त्रों और अठारह पुराणों का अध्ययन कर लिया। संस्कृत भाषा पर उनका अधिकार अद्‌भुत था, जिसे देखकर उनके गुरु भी आश्चर्यचकित थे। एक किंवदंती के अनुसार उन्होंने यह सारा ज्ञान कुल चार माह के समय में ही अर्जित कर लिया। इसके पीछे तर्क यह दिया जाता है कि उनको यह ज्ञान पूर्वजन्म से ही था। चार माह उनको इसे दोबारा याद करने में लगे। इसके बाद उन्होंने विभिन्न दर्शनों और मीमांसा का भी गहन अध्ययन किया।

वल्लभाचार्य के पिता लक्ष्मण भट्ट वाराणसी से आकर मथुरा के निकट गोकुल में बस गए थे। यहीं जब वल्लभ केवल ग्यारह वर्ष के थे, उनके पिता का देहांत हो गया। वल्लभाचार्य की उत्कट इच्छा अपने पैत्रिक निवास को देखने की थी। उन्होंने अपनी माता से अनुमति ली और दक्षिण में विजयनगर की लंबी यात्रा पर निकल पड़े। वल्लभाचार्य अपनी इस छोटी सी उम्र में ही ज्ञान और चिंतन में इतने परिपक्व हो गए थे और उनको अपनी वैष्णव विचारधारा पर ऐसा दृढ़ विश्वास हो गया था कि वह मार्ग में जगह-जगह प्रवचन तो देते ही थे, शास्त्रार्थ भी करते थे। विजयनगर तक की अपनी यात्रा संपूर्ण करने तक वल्ल्भाचार्य के कुछ अनुयायी भी बन गए थे। इनमें से उनके एक पट्ट शिष्य दामोदर तो अपना सब कुछ त्याग कर इनके साथ हो लिए। आचार्य वल्लभ जब विजयनगर पहुंचे तब तक उनकी विद्वता की ख्याति उनसे पहले वहां पहुंच चुकी थी। राजा कृष्णदेवराय ने उनको आदरपूर्वक अपने दरबार में आने का आमंत्रण भेजा। उन दिनों शैव और वैष्णव संप्रदायों में मतभेद बहुत तीव्र थे। कृष्णदेवराय विद्वानों का बहुत आदर करते थे। उन्होंने शैवमत के कुछ विद्वानों को भी आमंत्रित किया था ताकि दोनों के मतों को सुन सकें और शास्त्रार्थ का आनंद लें। इस शास्त्रार्थ में वल्लभाचार्य ने अपनी विद्वता का ऐसा प्रदर्शन किया कि राजा कृष्णदेव राय भाव विभोर हो उठे। उन्होंने प्रचुर धनराशि उनको पुरस्कार में दी। जैसा कि इस स्तर के विद्वानों के लिए स्वाभाविक है, वल्लभाचार्य को धन से कुछ विशेष लगाव न था। उन्होंने सबसे पहला काम तो यह किया कि एक स्थानीय मंदिर में अपने इष्ट की प्रतिमा के अलंकरण के लिए सोने की करधनी बनवा कर चढ़ाई। उनके पिता के अंतिम समय में अच्छे दिन नहीं बीते थे। उनपर काफी कर्ज था। पिता का कर्ज चुकाना पुत्र का नैतिक कर्तव्य होता है। अतः उन्होंने उनके कर्ज चुकाने के लिए और अपनी माता के गुजारे के लिए धन गोकुल भेजा। इन कर्तव्यों से मुक्त होने के बाद शेष थोड़ा ही बचा था जिसे उन्होंने अपने और अपने साथ चलने वाले शिष्यों के खर्च के लिए रख लिया।

विजयनगर में आचार्य वल्लभ के शास्त्रार्थ और ज्ञान के चर्चे घर-घर हो रहे थे। उनकी विद्वता की सर्वत्र धूम मची हुई थी। स्थानीय वैष्णव पंडितों और उनके अनुयायियों को शैवमतावलंबी विद्वानों के विरुद्ध दिए गए उनके तर्कों ने बहुत प्रभावित किया था। उन्होंने वैष्णव विद्वान वल्लभ को बुलाकर उनका विशेष सम्मान किया और उनको आचार्य की उपाधि से विभूषित किया। दरअसल तभी से वह वल्लभाचार्य कहलाए। इसके बाद अपने ज्ञान का डंका बजाते हुए, शास्त्रार्थ करते हुए एवं वैष्णव संप्रदाय की ध्वजा लहराते हुए वह देश के विभिन्न भागों के भ्रमण पर निकल पड़े। आज भी अनेक स्थानों पर उनके बनवाए मंदिर, उनके पीठ, और बैठकें हैं, जिन्हें उनके अनुयायी तीर्थ मानकर जाते हैं और नमन करते हैं। ये स्थान इस बात के साक्षी हैं कि उन्होंने कहां-कहां भ्रमण किया और उपदेश दिए। मथुरा और वाराणसी के अतिरिक्त उज्जैन और चुनार में, जहां उन्होंने लंबे समय तक निवास किया, उनकी स्मृति में आज भी वे स्थान सुरक्षित रखे गए हैं और वैष्णवमतावलंबियो में उनकी विशेष मान्यता है।

दक्षिण में अपनी विजययात्रा संपूर्ण करने के बाद आचार्य वल्लभ फिर उत्तर भारत की ओर चल दिए। पर इस बार उन्होंने दूसरा मार्ग अपनाया ताकि अन्य क्षेत्रों में भी अपने मत का प्रचार कर सकें। वह महाराष्ट्र और राजस्थान होते हुए लौटे। वह जहां भी गए उनका भव्य स्वागत हुआ और वैष्णव मत का उनके प्रयासों से एक प्रकार से पुनरुद्धार हुआ। राजस्थान में उनका विशेष आदरमान हुआ और सामान्यजन से लेकर वहां के राजघराने के सदस्यों ने भी उनका आदर किया और उनके अनुयायी हो गए। अपनी इस यात्रा से आचार्य वल्लभ लौटकर वाराणसी आए। वहां आवास करने के बाद वह हरिद्वार और बद्रीकेदारनाथ की तीर्थ यात्रा के लिए निकल पड़े। वह सदा पैदल चलते थे और रास्ते में अपने मत का प्रचार करते हुए, टिकते हुए, आगे बढ़ते थे। बद्रीकेदार की अपनी तीर्थयात्रा और वहां से लौटने में उनको नौ-दस वर्ष का समय लग गया। उसके बाद वह फिर से आकर वृंदावन में बस गए। उनके जीवनवृत्त पर एक नजर डालें तो हम देखेंगे कि उनको वाराणसी और वृंदावन, ये दो स्थान बहुत प्रिय थे। अतः वे बारी-बारी यहां रहा करते थे। वाराणसी भगवान शिव की नगरी होने के कारण वहां शैवमतावलंबियों का सदा ही बाहुल्य रहा है। फिर भी वैष्णव मत के आर्चाय वल्लभ को यह स्थान बहुत प्रिय थ। यहां निवास करते हुए उन्होंने अनेक बार स्वानीय शैव आचार्यों को चुनौती दी और उनको शास्त्रार्थ में पराजित किया। कई तो उनके तर्कों से इतने प्रभावित हुए कि उनके अनुयांयी बन गए। इस प्रकार धीरे-धीरे उनके 84 विशिष्ट अनुयायी हो गए जो 84 वैष्णवों के नाम से प्रसिद्ध हैं। ये सब पहले आदि शंकराचार्य के अद्वैत मत के अनुयायी थे। इनको वल्लभाचार्य का वैष्णव मत अधिक तर्कसंगत प्रतीत हुआ और उन्होंने अपना शेष जीवन उसके प्रचार में लगाया। वल्लभाचार्यजी

ने अपने जीवन के अंतिम वर्ष वाराणसी में ही व्यतीत किए, जहां वैष्णव होने के बावजूद उनका बहुत आदर-मान था।

1520 ई. में वल्लभाचार्य ने गोवर्धन पर्वत के निकट श्रीनाथजी के मंदिर की स्थापना की, जिसका आज भी बहुत महात्म्य है। कहा जाता है कि वल्लभाचार्य को स्वप्न में उनके इष्टदेव ने बताया था कि उनकी एक प्रतिमा गोवर्धन पर्वत के निकटवर्ती स्थान पर है और उनको आकर इसके दर्शन करने चाहिए। अगले ही दिन उन्होंने अपने बहुत से शिष्यों को एकत्र किया। उनको स्वप्न का सारा हाल सुनाया और तत्काल वृंदावन से गोवर्धन के लिए निकल पड़े। उनको दृढ़ विश्वास था कि सपना सच्चा है और स्वयं भगवान ने उनको ऐसा करने के आदेश दिए हैं कि वह मूर्ति की खोज करें। उनकी बात सच निकली। खोजने पर उनको वहां श्रीनाथजी की एक प्राचीन प्रतिमा मिल गई। इसके बाद उन्होंने उस स्थान पर एक मंदिर की स्थापना की। इस चमत्कारी घटना और फिर मंदिर की स्थापना स्वयं वल्लभाचार्यजी के हाथों होने के कारण तत्काल इसकी बहुत मान्यता होने लगी। स्वप्न में प्रभु के या देवी मां के दर्शन होने और उनके द्वारा अपने किसी विग्रह के बारे में बताने की और भी कई कथाएं प्रचलित हैं। ऐसा उस मंदिर का महात्म्य बढ़ाने के लिए भक्तों द्वारा उनके विश्वास के अनुरूप कथा प्रचारित करने के कारण भी हो सकता है या फिर वास्तव में ऐसा चमत्कार हो सकता है। यह पूरी तरह से नहीं कहा जा सकता। बहरहाल जो हो, उन्होंने वहां मंदिर की स्थापना की जो उनके नाम के साथ आज भी जुड़ा हुआ है तथा जिसके कारण उनकी स्मृति भी वहां अमर हो गई है।

पुनीत धार्मिक जीवन व्यतीत करने के लिए अविवाहित रह कर संन्यासियों सा जीवन बिताना आवश्यक नहीं। गृहस्थ आश्रम का उत्तरदायित्व भी निभाना चाहिए। ऐसी वल्लभाचार्य की मान्यता थी। संसार त्याग के लिए उन्होंने कभी अपने अनुयायियों पर जोर नहीं दिया। वह केवल प्रभु भक्ति की बात करते थे। उन्होंने स्वयं भी सन 1510 में ब्राह्मण परिवार की एक सुंदर कन्या से विवाह किया। उनकी पत्नी का नाम महालक्ष्मी था। कालांतर में इससे वल्लभाचार्यजी को दो पुत्र हुए, जिनके नाम क्रमशः गोपीनाथ और विट्ठलनाथ थे। अपने दोनों पुत्रों को उन्होंने स्वयं संस्कृत भाषा, वेद शास्त्रों और अपने वैष्णव मत की संपूर्ण शिक्षा दी ताकि उनके सच्चे उत्तराधिकारी बन सकें। आगे चलकर वे वल्लभाचार्य के समान महान आचार्य भले ही न बन सके, लेकिन उनके दोनों ही पुत्र वैष्णव मत के महान विद्वान सिद्ध हुए और उन्होंने अपने अनुयायियों को अपने यशस्वी पिता के मत की शिक्षा दी।

सारे देश का पैदल भ्रमण कर के अपने मत का प्रचार करने के अतिरिक्त वल्लभाचार्य ने अनेक ग्रंथों की रचना भी की। इनके लिखे ग्रंथों में भगवत टीका सुबोधिनी, जैमिनी सूत्र भाष्य, व्यास सूत्र भाष्य, पुष्टि प्रवाह मर्यादा और सिद्धांत रहस्य संस्कृत में हैं। सामान्य भक्तों के कल्याण के लिए उन्होंने जन भाषा में भी

कृष्ण आश्रय भक्ति वर्धिनी आदि कुछ ग्रंथों की रचना की, जिनमें जनसाधारण को सरल सुबोध भाषाशैली में उन्होंने अपने मत के बारे में ज्ञान दिया। वह भगवान कृष्ण के अनन्य भक्त थे और उनको ही परमब्रह्म मानते थे।

भारतीय दर्शन के शोधकर्ता विद्वानों का कथन है कि वल्लभाचार्य का वैष्णव मत उनसे पहले के एक दार्शनिक विद्वान विष्णुस्वामी के सिद्धांत का प्रतिपादन-संवर्धन है। इसके अनुसार परमब्रह्म अकेलेपन के कारण प्रसन्न न थे। उन्होंने कामना की : मैं एक हूं, बहुत हो जाता हूं – सोकाम्यत् एकोऽहं बहुस्याम। वह स्वयं जड़चेतन संसार, जीवात्मा और उसका नियंता बन गया। यह सब उसके शरीर से ऐसे प्रस्फुटित हुए जैसे अग्नि से स्फुलिंग निकलते हैं। अतः ये सब उसके अंग हैं। सारा संसार ब्रह्ममय है। उनके जो विभिन्न स्वरूप दिखाई देते हैं, वे माया या मिथ्या प्रतीति के कारण हैं। आत्मा ब्रह्म के समान ही सत् चित् आनंदमय है। जिसमें से उसका सत् और चित् स्वरूप प्रत्यक्ष है लेकिन माया के आवरण के कारण आनंद प्रच्छन्न है। जीव भी दो प्रकार के हैं। एक वे जो जन्म-मरण के चक्र से बंधे हुए हैं और दूसरे वे जो इस बंधन से मुक्त हैं। यही मोक्ष की स्थिति है। इसी आधारभूत दर्शन का आर्चाय वल्लभ ने संवर्धन किया और सामान्यजन के समझने के लिए उसकी व्याख्या की। आगे चल कर उनके ग्रंथों पर लिखी गई टीकाओं और भाष्य से यह और भी संवर्धित हुआ। वह विष्णु के अनन्य उपासक थे और उनके अवतार भगवान कृष्ण के रूप में ही उनकी उपासना करते थे। ऐसी ही उन्होंने अपने अनुयायियों को भी शिक्षा दी कि वे भी विष्णु भगवान के सगुण अवतार रूप श्री कृष्ण की ही आराधना करें। उनका कहना था कि श्रीकृष्ण ही परमब्रह्म हैं। उनके समस्त अंग दिव्य पदार्थ से निर्मित हैं। उनका समस्त स्वरूप सत्, चित्, आनंदमय है। वह परमानंद स्वरूप पुरुषोत्तम हैं। वह परमकारण हैं। यहां परमकारण की थोड़ी सी व्याख्या अपेक्षित है। कार्य-कारण सिद्धांत के अनुसार प्रत्येक वस्तु का कोई कारण अर्थात निर्माता होता है। जैसे कुंभ है तो उसका कारण कुंभकार यानी कुम्हार है। ईश्वर पर विश्वास रखने वाले आस्तिकजन यही तर्क देते हैं कि कई बार हम कुंभ तो देखते हैं, लेकिन कुंभकार को नहीं। लेकिन हम जानते हैं कि कुंभ है तो उसका निर्माता या कारण कुंभकार भी है। इसी प्रकार जब चराचर जगत है तो उसका रचयिता भगवान भी है, जिसे हम देख नहीं पाते। इस पर तर्क दिया जा सकता है कि फिर तो उस रचयिता का भी कोई कारण (निर्माता) होगा! इसका जवाब यह है कि यह कार्यकारण श्रृंखला उस पर जाकर समाप्त हो जाती है। उसका कारण कोई नहीं। अतः उसे परमकारण कहते हैं। उनके मतानुसार सृष्टि के नियंता त्रिदेव उन्हीं में समाहित हैं। श्रीकृष्ण के सत्, रज और तम स्वरूप में से सत् स्वरूप विष्णु भगवान हैं जो सृष्टि के पालनहार हैं। इसी प्रकार उनके रजस स्वरूप से सृष्टि का निर्माण करने वाले ब्रह्मा और तमस स्वरूप से संहारकर्ता भगवान शिव का स्वरूप प्रकट हुआ है।

उनका साधनामार्ग भी बहुत सरल और सामान्यजन के लिए अनुकरणीय है। उनका कहना था कि प्रभुभक्ति से सब कुछ प्राप्त किया जा सकता है। शुद्ध आचरण, पापकर्मो से दूर रहना और प्रभु की अनन्य भक्ति ही मोक्षदायिनी है। इसके लिए किसी प्रकार का सन्यास लेने की आवश्यकता नहीं। गृहस्थ आश्रम में रहकर अपने सभी कर्तव्यों का निर्वाह करते हुए प्रभु के अनन्य भक्त हो जाओ। जब यह विश्वास दृढ़ हो जाएगा कि सब आत्माओं में उस परमपुरुषोत्तम का वास है, तो फिर स्व-पर की भावना अपने आप समाप्त हो जाएगी। फिर इसके लिए मन में बिना किसी भेदभाव के प्रेम उमड़ेगा। फिर आचरण में किसी तरह के छल-कपट की गुंजाइश नहीं होगी। इस तरह हम देखते हैं कि सभी महान आत्माओं की तरह आचार्य वल्लभ ने ही जनसाधारण को शुद्ध आचरण, प्रेम और साधनामय जीवन व्यतीत करने का संदेश दिया। सिद्धांत चाहे कोई हो, हम देखते हैं कि सभी ने मानवता, भेदभाव से रहित जीवन अपनाने और पापकर्मों से दूर रहने की शिक्षा ही आमजन को दी है।

स्वामी वल्लभाचार्य ने बहुत लंबी उम्र नहीं पाई। 52 वर्ष की अवस्था में ही उन्होंने अपने नश्वर शरीर को त्याग दिया था। कहते हैं कि वल्लभाचार्य ने संसार में अपना मिशन पूरा हो जाने के बाद यहां और ठहरना व्यर्थ समझा और इसे त्यागने का फैसला कर डाला। जब उन्होंने काशी के हनुमान घाट पर जाकर शरीर त्यागने का निश्चय कर लिया तो भारी संख्या में उनके अनुयायी और भक्त वहां एकत्र हो गए। वह अपने प्रभु की स्तुति करके गंगा में प्रविष्ट हुए। उसके बाद सबने देखा कि आचार्य अदृश्य हो गए हैं और गंगा के पावन जल से एक दिव्य ज्योति निकल कर आकाश की ओर चली गई है। प्रत्येक जीव को ब्रह्म का अंश मानने वाले आचार्य ने अपने अंश को उस परमब्रह्म में विलीन कर लिया था।

卐卐卐

अध्याय-11

दयानंद सरस्वती

कहा जाता है कि जब-जब धर्म की हानि होती है और धरती पर अधर्म बढ़ जाता है, तब-तब प्रभु धर्म के उत्थान के लिए अवतार लेते हैं। इसी प्रकार समाज में जब कभी किसी गलत आचरण की अति हो जाती है तो कोई न कोई वैर-विरोध की चिंता न करने वाला क्रांतिकारी जन्म लेता है और अपना समस्त जीवन समाज सुधार में तथा जनसाधारण को सही मार्ग का अनुसरण करने के लिए प्रेरित करने में लगा देता है। दयानंद सरस्वती इसी कोटि के महामानवों में से एक थे। उस समय हिंदू समाज अविद्या, अंधविश्वास और आडंबरों के अंधकार में घिरा हुआ था। ऐसे अवसर पर महर्षि दयानंद एक प्रकाशस्तंभ की तरह अवतीर्ण हुए जिन्होंने जन साधारण को नवजीवन का आलोक देकर हिंदू धर्म का पुनरुत्थान किया।

दयानंद सरस्वती का जन्म सन 1824 में गुजरात, काठियावाड़ के टंकारा ग्राम में एक धनी ब्राह्मण परिवार में हुआ। इनके पिता का नाम करसनजी त्रिवेदी और मां का नाम यशोदा बाई था। माता-पिता ने इनका नाम मूलशंकर रखा और अपने बच्चे को प्राथमिक शिक्षा देने के साथ-साथ सनातन धर्म के विधिविधान के संस्कार देने आरंभ कर दिए। करसनजी ने मूलशंकर को पढ़ाने के लिए एक विद्वान पंडित नियुक्त किया था, जिन्होंने इनको अक्षर ज्ञान के साथ-साथ ही संस्कृत की शिक्षा भी देनी आरंभ कर दी थी। घर में पूजापाठ का वातावरण था। पिता करसनजी शिवभक्त थे। शिवरात्रि के दिन उपवास रखना और मंदिर में जाकर शिवजी की विशेष पूजाअर्चना करना उनका नियम था। जब मूलशंकर 14 वर्ष के हुए तो उन्होंने भी पिता के साथ व्रत रखा और शिवालय में जाकर शिवजी की मूर्ति की विधिवत पूजा की। उनके

पिता, परिवार के अन्य सदस्य और मंदिर के पुजारी आदि तो सो गए पर मूलशंकर तब भी जाग रहे थे। शिवरात्रि थी और उन्होंने मन ही मन संकल्प कर लिया था कि सारी रात जागकर भगवान शिव की आराधना करके उनको प्रसन्न करेंगे। शिवरात्रि होने के कारण उस दिन भक्तों ने शिवमूर्ति पर ढेर सारा प्रसाद चढ़ाया था। उसमें फलफूल के अतिरिक्त बहुत-सी मिठाई थी। आधी रात को मूलशंकर यह देख कर चौंक पड़े कि अचानक एक चूहा कहीं से आ निकला था और वह भगवान के आगे रखी मिठाई का भोग लगा रहा था। उसके बाद उस शैतान चूहे ने इधर-उधर घूमना आरंभ कर दिया। कभी वह मूर्ति के आसपास मंडराता, कभी उसपर चढ़ जाता। मूलशंकर के किशोर मन को यह सब देख कर बहुत ठेस लगी। यह कैसे भगवान हैं जो एक साधारण चूहे को भी हटा नहीं सकते। उनसे रहा नहीं गया तो पिता को जगा कर यही सवाल उनसे पूछ लिया। विद्वान ब्राह्मण होने के बावजूद पिता कोई ठोस उत्तर नहीं दे सके। उन्होंने केवल यह समझाने की कोशिश की कि मूर्ति तो पत्थर की है ना, भले ही उसमें शिवजी का वास है। निर्जीव पत्थर किसी चूहे को भला कैसे हटा सकता है। तुम परेशान न होओ, जाकर सो जाओ। इतना कहकर वह फिर सो गए।

मूलशंकर यह सब देखकर बहुत खिन्न हो गए थे। उनका विश्वास मूर्तिपूजा से पूरी तरह उठ चुका था। वह चुपके से घर गए और ढेर सारी मिठाई खाकर अपना व्रत तोड़ लिया। जिसे वह भगवान माने हुए थे अगर वह पत्थर की मूर्ति मात्र है तो उसके लिए निराहार रहकर अपने शरीर को कष्ट देने से क्या लाभ? तब से उनके मन में ज्ञान का उदय हुआ और उन्होंने ईश्वर के सच्चे स्वरूप का पता लगाने का संकल्प कर लिया। उन्होंने निश्चय कर लिया कि इसके लिए किसी योग्य गुरु के पास जाएंगे जो उनको ईश्वर का रहस्य बता सके। आज भी स्वामी दयानंद के अनुयायी आर्यसमाजी शिवरात्रि के दिन को दयानंद के ज्ञान प्राप्ति के दिन के रुप में मनाते हैं।

इसके बाद मूलशंकर के परिवार में दो दुखद घटनाएं हो गईं। जब वह सोलह वर्ष के थे तब उनकी छोटी बहन का देहांत हो गया। उन्होंने पहली बार मृत्यु का दुख बहुत निकट से महसूस किया। उसके दो साल बाद उनके चाचा का भी निधन हो गया। यह मूलशंकर के लिए दूसरा बहुत बड़ा आघात था। मूर्तिपूजा का विरोध करने के बाद से ही उनकी अपने पिता से अनबन रहने लगी थी। कट्टर ब्राह्मण और शिवजी के परम भक्त होने के कारण करसनजी पुत्र के ऐसे विचारों से बहुत खिन्न रहने लगे थे। वह उसे नास्तिक समझ रहे थे। अक्सर इस बात को लेकर पिता पुत्र में विवाद हो जाता था। पिता चाहते थे कि 'पथभ्रष्ट' हो चुका बेटा किसी तरह सही रास्ते पर आ जाए। उधर पुत्र को विश्वास हो गया था कि जिस

भक्तिमार्ग पर पिता चल रहे हैं, वह सही नहीं है। उसे सही रास्ते की तलाश थी, जिसे दिखाने वाला आसपास कोई नहीं था। ऐसे में अगर किसी से स्नेह मिला और लगा कि वह उससे सहमत नहीं तो कम से कम उतनी कटुता के साथ असहमत भी नहीं, वह उनके चाचा थे जो मूलशंकर को पुत्र के समान ही प्यार करते थे। उनके निधन से मूलशंकर के जीवन में बहुत बड़ा शून्य उत्पन्न हो गया। साथ ही उनको मनुष्य जीवन की नश्वरता का ज्ञान हो गया, जिससे उनके मन में पहले से ही उत्पन्न वैराग्य का भाव और दृढ़ हो गया।

जीवन और मृत्यु का रहस्य क्या है? ईश्वर का सच्चा स्वरूप क्या है? उसकी आराधना का सही मार्ग क्या है? क्या मृत्यु पर विजय पाया जा सकता है? ये बहुत बड़े और महत्वपूर्ण प्रश्न थे जो मूलशंकर को दिन-रात परेशान करते रहते थे। जब भी उनको कोई विद्वान पंडित मिलता उससे अपने इन प्रश्नों का उत्तर पाने की चेष्टा करते। पिता को इसकी भनक लगी तो वह पुत्र के इन विचारों से बहुत परेशान हो गए। उन्होंने सोचा कि इसका विवाह कर दें तो गृहस्थी के बंधन में बंध कर सुधर जाएगा। कुलीन ब्राह्मण होने के अतिरिक्त पिता बहुत बड़े जमींदार थे। ऐसे धनी परिवार के गुणी पुत्र के साथ संबंध जोड़ने के लिए उनकी जाति के बहुत से लोग तैयार बैठे थे। थोड़ी-सी चर्चा चलाते ही मूलशंकर के लिए कई अच्छे घरों के रिश्ते आने लगे। मूलशंकर ने माता-पिता से बहुत कहा कि उनकी विवाह करने की तनिक भी इच्छा नहीं है, पर वे नहीं माने। उन्होंने एक अच्छे घर की सुंदर कन्या देखकर उनका रिश्ता पक्का कर दिया। अब मूलशंकर के पास घर से भागने के अलावा और कोई रास्ता न था। वह मौका देखकर घर से निकल पड़े और जल्दी ही काफी दूर पहुंच गए। वह शीघ्र से शीघ्र अपने परिवार से दूर जाकर किसी योग्य गुरु से ज्ञान पाना चाहते थे। इधर उनके घर से निकल जाने के बाद से परेशान पिता ने चारों ओर उनकी खोज करनी आरंभ कर दी थी। किसी ने सिद्धपुर के मेले में उनको देखकर पहचान लिया और उनके घर खबर कर दी। पिता ने तुरंत आदमी दौड़ाए और मूलशंकर को पकड़ कर वापस घर ले आया गया। पिता ने बहुत डांटा फटकारा और फिर कभी घर से न भागने की हिदायत दी। पिता के निर्देश के अनुसार अब मूलशंकर पर कड़ी नजर रखी जाने लगी। उनका विवाह होने तक इस तरह की निगरानी बहुत जरूरी थी। इधर मूलशंकर के मन में यह धारणा प्रबल हो चुकी थी कि विवाह होने से पहले ही घर से भागना जरूरी है। एक रात फिर मौका मिलने पर वह दबे पांव घर से निकले और सुबह होने तक काफी दूर चले गए। पर पैदल चल कर इतनी दूर भी नहीं पहुंचे थे कि पकड़े न जा सकें। उन्हें मालूम था कि सुबह होते ही उनकी खोज शुरू हो जाएगी। इसलिए एक घने पेड़ पर चढ़ कर उसकी डालियों मे छिप कर बैठ गए। उनका अनुमान सही था। थोड़ी देर बाद

ही पिता के भेजे आदमी वहां आए और चारो तरफ उनकी खोज करने लगे। वृक्ष की ओर उनका ध्यान नहीं गया। जब वे निराश होकर लौट गए तो मूलशंकर पेड़ से नीचे उतरे और सीधे अहमदाबाद का रास्ता पकड़ा।

अहमदाबाद में मूलशंकर की किसी ऐसे सन्यासी से भेंट नहीं हुई जिससे कुछ शिक्षा ग्रहण करते। उनको पता चला कि बड़ौदा में एक मठ है जहां बहुत से वेदांती विद्वान संत निवास करते हैं। वह तुरंत बड़ौदा के लिए रवाना हो गए। वहां मठ में कुछ योग्य गुरुओं के चरणों में बैठ कर उन्होंने बड़ी श्रद्धा से वेदांत का अध्ययन किया। वहां की शिक्षा पूर्ण करने के बाद वह कर्णाली पहुंचे। कर्णाली में ही उनको स्वामी शुद्धचैतन्यजी मिले, जिनसे मूलशंकर ने प्रार्थना की कि उनको सन्यास की दीक्षा दें। स्वामीजी ने योग्य शिष्य देखकर सहर्ष स्वीकार कर लिया और मूलशंकर को विधिवत सन्यास की दीक्षा दी। उन्होंने मूलशंकर का नाम दयानंद सरस्वती रखा। उस समय मूलशंकर की आयु 24 वर्ष की थी। कुछ समय कर्णाली में व्यतीत करने के बाद सन्यासी दयानंद सत्य की खोज मे फिर से निकल पड़े। उन्होंने सुन रखा था कि उत्तराखंड में बहुत से सन्यासी वास करते हैं। इस आशा में कि वहां कोई योग्य गुरु मिल जाएगा, वह उत्तराखंड की ओर रवाना हो गए। वहां गंगा-यमुना के तट पर तथा अन्यत्र भ्रमण करने पर भी उनको संतुष्टि न हुई तो फिर नर्मदा के किनारे और विंध्याचल के क्षेत्र में गुरु की तलाश में जगह-जगह भटकते रहे। स्वामी दयानंद सन् 1845 से 1860 तक ज्ञान की प्यास लिए किसी गुरु की खोज में देश के विभिन्न भागों में घूमे। इस बीच उनको जो भी साधुसंत मिले, उनके साथ शास्त्र चर्चा के दौरान जो कुछ नया मिला, उस ज्ञान को उन्होंने गांठ में बांध लिया। लेकिन जिस सत्य की खोज उनको थी उसका समाधान अभी तक नहीं हो पाया था। उनको इतना निश्चित रूप से पता चल चुका था कि समाज में धर्म और ईश्वर आराधना के नाम पर जो कुछ कर्मकांड और विधिविधान प्रचलित है वह ईश्वर को पाने या मोक्ष का सही मार्ग नहीं है। तो फिर उपयुक्त मार्ग क्या है? पौराणिक कथाओं में भी उनको सार दिखाई नहीं देता था। तो फिर सच्चा शास्त्रज्ञान क्या है? यही सवाल उनको परेशान कर रहे थे। उनको इस ज्ञान की खोज केवल अपने लिए ही नहीं, समस्त देशवासियों के लिए भी चाहिए थी जो रूढ़ियों, अंधविश्वासों और आडंबरों में जकड़े हुए थे। वह सत्य का ज्ञान प्राप्त करने के बाद समस्त भारत में उसका प्रचार करने के लिए व्यग्र थे। भटकते-भटकते इतना समय हो गया था लेकिन अभी तक उनको जिसकी खोज थी, वह नहीं मिला था। कहते हैं निराशा की स्थिति यहां तक हो गई कि एक बार उन्होंने अपने जीवन का अंत करने का ही विचार बना लिया। लेकिन फिर याद आया कि आत्महत्या तो पाप है। वह नए उत्साह के साथ फिर से ज्ञान की खोज में निकल पड़े।

स्वामी दयानंद अपने भ्रमण के दौरान जब काशी में थे, तब उनको पता चला कि मथुरा में एक महान संत स्वामी विरजानंद का आश्रम है। वह वहां योग्य शिष्यों को वैदिक दर्शन का ज्ञान देते हैं। वह तुरंत मथुरा के लिए रवाना हो गए। वहां पहुंच कर उन्हें इस बात का एहसास हो गया कि जिस गुरु की उनको वर्षों से तलाश थी, वह मिल गए हैं। स्वामी विरजानंद ने पांच वर्ष की छोटी उम्र में ही चेचक के कारण अपनी नेत्र ज्योति खो दी थी। कई बार विधाता जब दुर्भाग्य देता है तो अति कर देता है। बालक बिरजू (विरजानंदजी का बचपन का नाम) के साथ भी ऐसा ही हुआ। वह अभी 12 वर्ष का भी नहीं हुआ था कि माता-पिता दोनों का देहांत हो गया। अब उसका भरण-पोषण कौन करता। नेत्रहीन होने के कारण कोई काम भी नहीं कर सकता था। इसी परेशानी में वह घर से निकल पड़ा। ब्राह्मण का बेटा होने के कारण मन में ज्ञान अर्जित करने की प्रबल इच्छा थी। इसी के बलबूते पर पंजाब के छोटे से गांव में जन्मा बिरजू हरिद्वार के लिए निकल पड़ा कि वहां कोई गुरु अवश्य मिल जाएगा। वहां पहुंच कर उसने प्रयास किया लेकिन हर किसी का यही उत्तर होता था कि तुम नेत्रहीन हो, पढ़ोगे कैसे? वेद शास्त्र आदि तो इतने गूढ़ हैं कि नेत्रवालों को भी इनका ज्ञान पाना कठिन हो जाता है। फिर उसको पता चला कि कनखल में स्वामी संपूर्णानंद जी हैं। वे वेदों के ज्ञाता और बहुत दयालु स्वभाव के हैं। वह तुरंत उनके पास पहुंचा और उनसे वैदिक साहित्य का ज्ञान देने की प्रार्थना की। स्वामीजी ने पूछा कि बिना नेत्रों के तुम कैसे पढ़ोगे? इसपर उसने पूरे आत्मविश्वास से कहा कि कंठस्थ करके। एक नेत्रहीन बालक की यह लगन देखकर स्वामीजी बहुत प्रभावित हुए। उन्होंने उसे अपने आश्रय में ले लिया और शिक्षा देने के साथ-साथ उसके रहने और भोजन आदि की भी सारी व्यवस्था कर दी।

बिरजू का यह नियम था कि जो कुछ भी गुरुजी से पढ़ता, उसे कंठस्थ कर लेता। स्वामी संपूर्णानंद इससे बहुत प्रसन्न हुए। आखिरकार उसकी शिक्षा संपूर्ण हुई तो स्वामी संपूर्णानंदजी ने वैदिक साहित्य का ज्ञान दूसरों को देने का आदेश देकर और विरजानंद नाम देकर अपने प्रिय शिष्य बिरजू को विदा किया। वेद वेदांत के ज्ञान की संपदा को लेकर विरजानंद निकल पड़े। नेत्रों की कमी के बावजूद उन्होंने ऐसा ज्ञान अर्जित किया था जो बड़े-बड़े दिग्गज विद्वानों के पास नहीं था। वह वैदिक साहित्य के प्रकांड विद्वान थे। मथुरा आकर उन्होंने अपनी पाठशाला खोली और उसके बाद अपना सारा जीवन वैदिक साहित्य की शिक्षा देने के लिए अर्पित कर दिया।

पहली मुलाकात में जिस बात ने स्वामी दयानंद को सबसे अधिक आकर्षित किया वह कदाचित यह थी कि विरजानंद मूर्तिपूजा के विरोधी थे। उन्होंने दयानंद से कहा कि हमारा धार्मिक साहित्य दो भागों में बंटा हुआ है। एक महाभारत से

पहले का और दूसरा महाभारत काल के बाद का। महाभारत काल से पहले का संस्कृत साहित्य प्राचीन ऋषियों का रचा हुआ है। वह असली वैदिक साहित्य है जिसमें आर्य धर्म का सार तत्व निहित है। बाद का पौराणिक साहित्य गल्प साहित्य है जो मनघडंत कथाओं पर आधारित है। आज आवश्यकता इस बात की है कि मूर्तिपूजा और दूसरे आडंबरों से जनसाधारण को मुक्त कराया जाए। इसके लिए वैदिक साहित्य का प्रचार-प्रसार किया जाना आवश्यक है। स्वामी दयानंद ने कहा कि उनके जीवन का उद्देश्य ही सच्चे ज्ञान की प्राप्ति करना और फिर जनकल्याण के लिए उसका प्रचार करना है। उन्होंने कहा कि आप मुझे अपने चरणों में स्थान देकर कृतार्थ करें और वेदों का ज्ञान दें। विरजानंद उनकी बात सुनकर बहुत प्रभावित हुए। उनको बहुत दिनों से ऐसे ही किसी शिष्य की तलाश थी जो उनके वेदों के ज्ञान को घर-घर फैलाने के उनके मिशन को पूरा कर सके। वह अभिभूत होकर बोले,''वत्स, तुम्हारा स्थान मेरे चरणों में नहीं हृदय में है।'' इतना कह कर उन्होंने दयानंद को अपने गले लगा लिया।

अगले दिन से जब पढ़ने का सिलसिला शुरू हुआ तो स्वामी दयानंद किसी पेड़ की टहनी काट कर उसका डंडा बनाकर ले आए। स्वामी विरजानंद ने पूछा कि यह क्या है? इस पर दयानंद ने उत्तर दिया कि गुरुजी, जब मुझ से कोई भूल हो जाए तो इस डंडे से मेरी पिटाई करना। शिष्य का गुरु के प्रति यह भाव देखकर नेत्रहीन विरजानंद की आंखों में आंसू आ गए। गुरु की सेवा करना दयानंद अपना परम कर्तव्य समझते थे। वह स्वयं गुरु विरजानंद की कुटिया में झाड़ू लगाया करते थे। एक दिन सुबह दयानंद ने झाड़ू लगाने के बाद कूड़ा एक ओर रखा ही था कि विरजानंद का पैर उस पर पड़ गया। गुस्से में उन्होंने दयानंद को लात मारी। दयानंद ने गुरुजी का पैर पकड़ लिया। उनसे क्षमा मांगी कि भविष्य में कूड़ा तत्काल बाहर फेंक आया करेंगे ताकि ऐसी घटना न घटे। साथ ही बोले की चलकर लेट जाइए आपके पैर दबा दूं। इतने जोर से लात मारने से दुख गए होंगे।

दयानंद कुशाग्र बुद्धि थे। संस्कृत का ज्ञान तो उनको बचपन से ही मिला था। वेदांत का अध्ययन भी उन्होंने योग्य गुरुजनों के पास बैठ कर प्राप्त किया था। पढ़ने की अटूट लगन थी। फिर भी वेदों का पूर्ण ज्ञान प्राप्त करने में उनको पूरे ढाई साल लग गए। जब बिछुड़ने का समय आया तो स्वामी विरजानंद ने गुरु दक्षिणा के तौर पर उनसे यही मांगा कि वह देशभर में भ्रमण करके अंधविश्वासों को दूर करने और लुप्त हो रहे वैदिक ज्ञान का पुनरुद्धार करने का कार्य करेंगे। दयानंद का तो उद्देश्य ही यही था। उन्होंने गुरु को वचन दिया कि वह आज से ही इस काम में लग जाएंगे और आजीवन इसमें ही लगे रहेंगे। इस प्रकार दृढ़प्रतिज्ञ हो कर वह निकल पड़े। जुलाई 1869 में वह कानपुर पहुंचे और वहां से उत्तर भारत

में वैदिक ज्ञान के प्रचार का श्रीगणेश किया। उन्होंने वहां पहुंचते ही घोषणा की कि वेद मूर्तिपूजा की अनुमति नहीं देते। उन्होंने कहा कि वास्तविक आर्य साहित्य वेद और वेदांत ही हैं। पुराण आधिकारिक कृतियां नहीं। उनमें हमारे ऋषियों का चितन नहीं। वे कपोलकल्पित हैं औरे उनकी रचना जनसाधारण को गुमराह करने के लिए की गई है।

कानपुर से चलकर स्वामीजी नवंबर 1861 में वाराणसी पहुंचे। वहां काशी नरेश ने उनकी बात सुनकर निर्णय लिया कि काशी के अन्य पंडितों को बुलाकर शास्त्रार्थ कराया जाए और उसका जो निष्कर्ष निकले, उसे ही आराधना का सही मार्ग माना जाए। स्वामी दयानंद शास्त्रार्थ के लिए सदा तत्पर रहते थे। उन्होंने सहर्ष स्वीकार कर लिया। शास्त्रार्थ में काशी के 300 विद्वान पंडित उपस्थित थे जिन्होंने ईश्वर, सृष्टि की रचना और आत्मा आदि से संबंधित अनेक जटिल प्रश्न स्वामीजी से पूछे जिनका वेदसम्मत उत्तर उदाहरणों के साथ स्वामी दयानंद ने दिया। अब पंडितों को शास्त्रार्थ में अपनी हार नजर आ रही थी। मूर्तिपूजा के प्रबल समर्थकों को यह स्वीकार नहीं था। कइयों की तो मोटी कमाई भी इसके साथ जुड़ी हुई थी। एक पंडित ने कहीं से लाकर कुछ बहुत पुराने पृष्ठ दयानंदजी को दिए और कहा कि यह वेद के ही अति प्राचीन पृष्ठ हैं और इनमें मूर्तिपूजा का समर्थन किया गया है। वह किसी पोथी के घिसेपिटे पन्ने थे जिनकी लिखाई बहुत ही अस्पष्ट थी। स्वामी दयानंद बहुत यत्न करके भी उसे पढ़ नहीं पा रहे थे। उन्हें कुछ समय लग गया तो पंडितों ने शोर मचा दिया कि दयानंदजी शास्त्रार्थ में पराजित हो गए। पर काशी नरेश इससे सहमत नहीं हुए। लेकिन उन्होंने विवाद अधिक बढ़ता देखकर शास्त्रार्थ समाप्त होने की घोषणा कर दी, जिसे अनिर्णीत माना गया। इससे किसी तरह सनातनी पंडितों की मान रक्षा हो गई। उन्होंने शोर मचाकर और व्यर्थ के तर्क देकर श्रोताओं को भ्रमित करने का प्रयास भी किया लेकिन वे जान गए थे कि उनका वास्ता वेदों के ज्ञाता परम विद्वान से पड़ा है। उसके साथ शास्त्रार्थ करना हंसी खेल नहीं। जिसने तीन सौ पंडितों की सामूहिक जानकारी का डटकर मुकाबला किया और हर उल्टे सीधे सवाल का यथातथ्य एवं प्रामाणिक विधि से उत्तर दिया, उससे दूर ही रहने में भलाई है। अतः उसके बाद किसी भी पंडित ने काशी में स्वामी दयानंद को शास्त्रार्थ के लिए चुनौती नहीं दी।

पंडितों ने अपने स्वार्थ के कारण चाहे कुछ कहा हो, लेकिन शास्त्रार्थ सुनने आए लगभग 50 हजार श्रोताओं और श्रद्धालु भक्तों पर इसका बहुत प्रभाव पड़ा। अकेले ऋषि दयानंद को उनको परास्त करने की नीयत से आए 300 पंडितों के प्रश्नों का उत्तर देते देख और उनके वेद ज्ञान को देखकर वे चकित रह गए थे। उनमें से अनेक तत्काल उनके अनुयायी हो गए।

हरिद्वार में कुंभ मेले के अवसर पर लाखों की संख्या में श्रद्धालु भक्त वहां गंगास्नान के लिए उमड़ पड़ते हैं। अपने मत के प्रचार के लिए इसे उपयुक्त अवसर समझ कर स्वामीजी हरिद्वार के लिए निकल पड़े। वहां पहुंच कर उन्होंने अपनी पताका गाड़ दी और एक खेमा बनाकर डट गए। उन्होंने कुंभ में आने वाले श्रद्धालुओं को समझाया कि केवल गंगास्नान करने से सब पाप नहीं धुल जाते। इसके लिए अच्छे कर्म करना अनिवार्य है। ऐसे तो कोई भी व्यक्ति हर तरह के कुकर्म करे और फिर गंगा में डुबकी लगाकर पाप से मुक्त हो जाए। क्या यह संभव है? बहुतों को उनकी बात समझ में आई और वे वहीं पर उनके अनुयायी बन गए। उनको स्वामीजी ने यह भी समझाया कि इसी प्रकार केवल मूर्तिपूजा करने से ही पापों से मुक्ति नहीं मिल जाती। इसके लिए वैदिक ज्ञान आवश्यक है और वही हमारा प्राचीन ऋषियों का ज्ञान है और पुराण आदि ग्रंथ बाद की कपोलकल्पित कथाओं पर अधारित है। स्वामीजी का हरिद्वार का यह अभियान अत्यंत सफल रहा और इससे उनके नाम की धूम मच गई। इसके बाद उन्होंने उत्तर भारत के विभिन्न स्थानों का भ्रमण करके वैदिक धर्म का प्रचार किया। उनके अनुयायियों की संख्या दिनों-दिन बढ़ती चली गई और उनके वैदिक धर्म के प्रचार ने एक आंदोलन का रूप ले लिया।

अब समय आ गया था कि उनके अनुयायियों को एक संगठन का रूप देकर वैदिक धर्म के प्रचार को सुव्यवस्थित किया जाए। इसके लिए 1875 में महर्षि दयानंद ने बंबई में आर्यसमाज की स्थापना की। 1877 में लाहौर में जिस आर्यसमाज की स्थापना की गई, उसके विषय में उल्लेखनीय बात यह है कि उसका कार्यालय एक मुसलमान डा. रहीम खान की कोठी में था। उसके बाद अन्य स्थानों पर आर्यसमाज कार्यालय खोलने का सिलसिला चल निकला। स्वामीजी के जीवनकाल में उनके हाथों और बाद में उनके अनुयायियों द्वारा आर्यसमाजों की स्थापना का कार्य निरंतर जारी रहा। आज देशभर में लगभग साढ़े पांच हजार आर्यसमाज हैं। इनके अलावा विदेशों में भी कोई 300 आर्यसमाज हैं। जिन देशों में आर्यसमाज मंदिर नहीं हैं, वहां भी आर्यसमाज की बहुत सी गतिविधियां जारी रहती हैं। आर्यसमाज की स्थापना के साथ ही ऋषि दयानंद ने उसके नियम निर्धारित किए। आरंभ मे केवल तीन नियम बनाए गए। फिर इनका विस्तार करके 28 नियम बनाए गए। इसके उपरांत इनका निचोड़ लेकर दस नियम निर्धारित किए गए जो आज भी प्रचलित हैं। शेष को उपनियमों की कोटि में रखा गया। आर्यसमाज के दस नियम इस प्रकार हैं :

1. सब सत्य विद्याएं और जो पदार्थ विद्या से जाने जाते हैं, उन सब का आदि मूल परमेश्वर है।
2. ईश्वर सच्चिदानंद स्वरूप, निराकार, सर्वशक्तिमान, न्यायकारी, दयालु, अजन्मा, अनन्त, निर्विकार, अनादि, अनुपम, सर्वाधार, सर्वेश्वर, सर्वव्यापक,

सर्वांतरयामी, अजर, अमर, अभय, नित्य, पवित्र और सृष्टिकर्ता है। उसी की उपासना करने योग्य है।

3. वेद सब सत्य विद्याओं की पुस्तक है। वेद का पढ़ना-पढ़ाना, सुनना-सुनाना सब आर्यों का परम धर्म है।
4. सत्य को ग्रहण करने और असत्य को छोड़ने के लिए सदा तत्पर रहना चाहिए।
5. सब काम धर्मानुसार अर्थात सत्य और असत्य का विचार करके करने चाहिए।
6. संसार का उपकार करना इस समाज का मुख्य उद्देश्य है, अर्थात शारीरिक, आत्मिक और सामाजिक उन्नति करना।
7. सबसे प्रीतिपूर्वक, धर्मानुसार, यथायोग्य बर्ताव करना चाहिए।
8. अविद्या का नाश और विद्या की वृद्धि करनी चाहिए।
9. प्रत्येक को अपनी ही उन्नति से संतुष्ट न रहना चाहिए, बल्कि सबकी उन्नति में अपनी उन्नति समझनी चाहिए।
10. सब मनुष्यों को सामाजिक, सर्वहितकारी नियम पालने में परतंत्र रहना चाहिए और प्रत्येक हितकारी नियम में सब स्वतंत्र रहें।

वैदिक धर्म के प्रचार के अतिरिक्त स्वामी दयानंद सरस्वती ने हिंदी भाषा के प्रचार प्रसार के लिए भी बहुत बड़ा योगदान दिया। उन्होंने स्वयं हिंदी के प्रचार प्रसार और उत्थान के लिए काम किया ही अपने समस्त अनुयायियों को भी इसके लिए प्रेरित किया। उनके लिखे *सत्यार्थ प्रकाश* आदि सभी ग्रंथ भी हिंदी में हैं। अपना वैदिक धर्म का प्रचार भी उन्होंने हिंदी में किया और आर्यसमाज के अधिकांश प्रकाशन भी हिदी भाषा में ही होते रहे हैं। आज भी इसी नियम का अनुसरण किया जाता है। उनके बाद उनके मुख्य अनुयायी सभी आर्य विद्वानों ने भी अपने ग्रंथ और भाष्य हिंदी भाषा में ही लिखे। इसके अतिरिक्त आर्य विचारधारा के अनेक समाचार पत्र और पत्रिकाएं हिंदी में प्रकाशित की गई और उनमें से अनेक का प्रकाशन आज भी जारी है। उदयपुर के महाराज स्वामी दयानंद के शिष्य थे। महाराज ने अपने गुरु के आदेश पर विशेष राजाज्ञा जारी की कि रियासत का सारा काम हिंदी में किया जाए। उन्होंने हिंदी को राष्ट्रभाषा बनाने की मांग को लेकर एक स्मरणपत्र तैयार करवाया। उसपर बहुत बड़ी संख्या में भारतीयों के हस्ताक्षर करवा के उसे महारानी विक्टोरिया को भेजा। भारतीय स्कूलों में शिक्षा का माध्यम क्या हो, इसका फैसला करने के लिए अंग्रेज हकूमत ने 1882 में कलकत्ते में हंटर कमीशन बैठाया। स्वामी दयानंद ने तब सभी आर्यसमाजों को निर्देश दिया कि वे हंटर कमीशन को पत्र लिखकर मांग करें कि भारतीय स्कूल में बच्चों को उनकी

ही भाषा में शिक्षा देनी चाहिए अर्थात शिक्षा का माध्यम हिंदी होना चाहिए। उनकी प्रेरणा से आर्यसमाजों ने हिंदी के प्रचार प्रसार के लिए निरंतर प्रयास किया और आज भी इसके लिए कृतसंकल्प हैं।

स्वामी दयानंद भारतीय समाज में फैली कुरीतियों और उसकी दुर्दशा को लेकर बहुत चिंतित रहते थे। उन्होंने उसमें अनेक प्रकार के सुधार करने का प्रयास किया। वह जातिपाति के भेदभाव से खिन्न थे। उनका कहना था कि कोई व्यक्ति जन्म से नहीं कर्म से किसी विशेष वर्ण का होता है। यदि कर्म अच्छे हैं और वह विद्वान है तो शूद्र भी उच्च जाति का माना जाना चाहिए। इसी तरह यदि कर्म निम्न कोटि के हैं तो ब्राह्मण को भी शूद्र समझना चाहिए। वह नीची जाति वालों के साथ होने वाले दुर्व्यवहार से खिन्न थे। उन्होंने अछूतोद्धार का नारा दिया और अपने अनुयायियों को प्रेरित किया कि सब के साथ समान प्रेमपूर्वक व्यवहार करें।

देश में फैली अशिक्षा के प्रति भी वह सचेत थे और उन्होंने न केवल शिक्षा का महत्व प्रतिपादित किया बल्कि शिक्षा संस्थानों की स्थापना करके भारतीय पद्धति की शिक्षा देने को प्रोत्साहित किया। आज आर्यसमाज देशभर में अनेक स्कूल कालेज एवं अन्य शिक्षा संस्थान चला रही है। कहा जाता है कि बजट की दृष्टि से सरकार के बाद शिक्षा पर खर्च करने वाली दूसरी संस्था आर्यसमाज ही है। कन्याओं को शिक्षा देने पर उन्होंने विशेष जोर दिया और इसके लिए विशेष प्रबंध करने के निर्देश दिए।

देश में कानून तो बहुत बाद में बना लेकिन ये स्वामी दयानंद ही थे जिन्होंने बालविवाह को अनुचित ठहराया और कहा कि विवाह के समय लड़की की उम्र 16 से 24 साल के बीच होनी चाहिए। लड़के की उम्र 25 साल की और अधिकतम 48 साल तक की हो सकती है। उनके बाद भी आर्यसमाज के नेताओं ने बालविवाह के विरुद्ध समाज में जागरूकता फैलाने का भरसक प्रयास किया और विधवाओं के पुनर्वास एवं पुनर्विवाह के लिए भी प्रयत्नशील रहे। अनाथ लड़के और लड़कियों के लिए अनेक अनाथालय खोले गए जो आज भी सक्रिय हैं। इसके अतिरिक्त नेत्रहीनों के कल्याण के लिए भी स्वामीजी ने आश्रम खोलने के निर्देश दिए। आज भी आर्यसमाज ऐसे आश्रम चलाता है जिसके चलते कितने ही नेत्रहीनों के जीवन स्तर में सुधार हो रहा है।

पौराणिक मान्यताओं में एक यह भी थी कि किसी भी भारतीय को समुद्रपार नहीं जाना चाहिए। स्वामी दयानंद ने इसका भी विरोध करते हुए कहा कि भारतीयों को अवश्य विदेश जाना चाहिए। स्वदेशवासियों के आपस में व्यापार करने से हमारा देश कभी समृद्ध नहीं होगा। अगर देश की गरीबी दूर करनी है तो इसके लिए विदेशों

के साथ व्यापार करके बाहर से धन अपने देश में लाना चाहिए। विदेश जाने से भारतीयों के बारे में वहां के लोगों की राय बदलेगी। उनको पता चलेगा कि भारत धन की दृष्टि से संपन्न न सही, चिंतन में कितना संपन्न है। इसके अलावा विदेश जाकर देशवासी वहां के तौर तरीके और दूसरी बहुत सी बातें भी देखकर अपनी जानकारी बढ़ा सकते हैं।

स्वदेशी माल के उपयोग और विदेशी के बहिष्कार की बात सबसे पहले स्वामी दयानंद ने की थी। उन्होंने देशवासियों को समझाया कि विदेशी वस्तुओं का प्रयोग करने में गर्व का अनुभव करना देशभक्ति का पर्याय नहीं। देश की आर्थिक दशा सुधरनी है तो स्वदेशी माल का ही उपयोग करना चाहिए ताकि उसके उत्पादनकर्ताओं को उसका लाभ पहुंचे और उनके आर्थिक स्तर में सुधार हो। जबकि विदेशी माल के उपयोग से भारत का धन आयात के कारण विदेशों में जा रहा है, जिससे देश की दशा और खराब हो रही है। उपयोग के सामान की तो बात थी ही स्वामीजी की व्यापक स्वदेशी की परिभाषा में स्वदेशी शासन भी शामिल था। उनका कहना था कि विदेशियों के शासन और हमारे व्यापार के उनके नियंत्रण में रहने से देश का आर्थिक उद्धार संभव नहीं। इससे संबंधित एक किस्सा बहुत मशहूर है। कहा जाता है कि एक बार एक बड़े अंग्रेज लाट ने स्वामीजी से कहा कि वह अपने ईश्वर से प्रार्थना करें कि भारत में ब्रिटिश राज चिरस्थायी हो। निर्भीक और स्पष्टवादी स्वामी दयानंद ने अंग्रेजों के दबदबे के उस जमाने में इतने बड़े लाट को स्पष्ट उत्तर दिया कि क्या चाहते हो, मैं अपने ईश्वर से अपने देश को विदेशी दासता से मुक्त कराने की प्रार्थना करने के बजाय विदेशी दासता को चिरस्थायी बनाने की प्रार्थना करूं? ऐसा मुंहतोड़ जवाब सुनकर वह अवाक रह गया।

स्वामी दयानंद धर्म परिवर्तन के विरुद्ध थे। उनका कहना था कि ईसाई मिशनरी तरह-तरह का प्रलोभन देकर भारतीयों को ईसाई बना रहे हैं। खासतौर पर छोटी जाति के हिंदू इस ओर आकृष्ट हो रहे हैं क्योंकि हमारा अपना व्यवहार उनके प्रति अच्छा नहीं है। सबके साथ अच्छा व्यवहार करके और जातिपाति का भेदभाव हटा कर इस स्थिति में सुधार किया जाना चाहिए। उनका कहना था कि किसी तरह का लालच देकर या बलात धर्म परिवर्तन करना गलत है। ईसाई लालच देते हैं और अपने शासनकाल में अनेक मुस्लिम शासकों ने हिंदुओं को बलात अपने धर्म में परिवर्तित किया। ऐसे लोगों को फिर से हिंदू धर्म की मुख्य धारा में सम्मिलित करने के लिए उन्होंने शुद्धि का मार्ग बताया। इस के द्वारा जो हिंदू किसी कारण से धर्म परिवर्तन करके किसी अन्य धर्म में चला गया हो, उसे शुद्ध करके वापस अपने धर्म में लाया जा सकता है।

उन्होंने देखा कि देशी रियासतों के बहुत से राजा देश तो दूर अपनी रियासत की दुर्दशा से भी उदासीन रहकर भोगविलास में लिप्त हैं। इसके अलावा उनमें परस्पर प्रेम और एकता के बजाय ईर्ष्या, द्वेष और वैमनस्य की भावना ही अधिक है। इसे दूर करने के उद्देश्य से उन्होंने अनेक रियासतों का दौरा करके वहां के राजाओं को उपदेश दिए कि वे अपने आचरण में सुधार करें और परस्पर एकता का मार्ग अपना कर देश को मजबूत बनाएं। भारत भारतीयों का है और उसे एक ना एक दिन स्वाधीन होना है। लेकिन यह तभी संभव होगा जब हम अपने देशवासियों की स्थिति में सुधार करके उनको इतना सशक्त बनाएं कि वे विदेशी दासता से स्वयं को मुक्त करा सकें।

उनके उपदेश का सबसे अधिक प्रभाव जोधपुर नरेश पर पड़ा। असल में राजा ने स्वामी दयानंद की ख्याति सुनकर स्वयं उनको अपने यहां आने का निमंत्रण भेजा था। स्वामीजी के विचारों से वह इतने प्रभावित हुए कि उनके शिष्य बन गए। उनके कथनानुसार उन्होंने अपने राजकाज में सुधार किया और रियासत की हालत संभलने लगी। इसी दौरान स्वामी दयानंद को पता चला कि राजा की एक वेश्या रखैल भी है। उन्होंने राजा को कहा कि तुम शेर हो। शेर को कुतिया का संग शोभा नहीं देता। इस डांट का राजा पर बहुत असर हुआ और वह वेश्या से दूर रहने लगे। वेश्या को यह बहुत अखरा। उसकी राजघराने में अच्छी घुसपैठ तो थी ही। वेश्या नन्ही जान ने महाराज के रसोइए जगन्नाथ को अपने साथ मिला लिया। स्वामीजी के खानपान की जिम्मेदारी भी महाराज ने जगन्नाथ को दे रखी थी।

नन्ही जान ने 500 रु देकर जगन्नाथ से कहा कि वह स्वामीजी के दूध में पिसा हुआ कांच मिला दे। उसने ऐसा ही किया। दूध पीने के बाद स्वामी दयानंद की हालत बिगड़ गई। राजा ने डाक्टर को बुलाया लेकिन इलाज का भी कोई असर नहीं हुआ। अब उनके बचने की कोई उम्मीद नहीं थी। इधर जगन्नाथ ने लालच में आकर स्वामीजी को जहर तो दे दिया था लेकिन बहुत पछता रहा था। वह उनके कमरे में जाकर स्वामीजी के चरणों पर गिर पड़ा और अपना अपराध स्वीकार करके क्षमा मांगने लगा। स्वामी दयानंद बोले कि डाक्टर ने महाराज को बता दिया है कि मुझे विष दिया गया है। शक तुमपर ही है। उन्होंने उसे 500 रु देकर कहा कि तुरंत नेपाल भाग जाओ नहीं तो ये लोग तुम्हें मार डालेंगे। जिसने उनकी जान लेने के लिए उनको जहर दिया, उसकी भी दयानंद ने दया करके भाग जाने में मदद की।

30 अक्तूबर 1883 को दीपावली वाले दिन शाम लगभग 6 बजे स्वामी दयानंद ने वेदमंत्रों का उच्चारण करते हुए अंतिम सांस ली और हिंदू समाज का एक महान पथप्रदर्शक इस धराधाम से विदा हो गया।

卐卐卐

अध्याय–12

रामकृष्ण परमहंस

बंगाल के हुगली ताल्लुका का एक छोटा-सा गांव – कामारपुकुर। एक साधारण ब्राह्मण दंपति खुदीराम चट्टोपाध्याय और चंद्रादेवी को 18 फरवरी 1836 को एक पुत्र रत्न की प्राप्ति हुई। कौन जानता था कि यह साधारण बालक आगे चल कर ऐसा महान संत बनेगा जिसकी जलाई ज्ञान की ज्योति से सारे विश्व में वेदांत का आलोक फैलेगा। माता-पिता ने बालक का नाम गदाधर रखा। धन की कमी के कारण उन्होंने विद्या की कमी नहीं होने दी और उसे बड़े मनोयोग से पढ़ाया लिखाया। पांच साल की अल्पायु में ही गदाधर को रामायण, महाभारत की बहुत-सी कथाएं कँठस्थ हो गई थीं, जिनको वह बड़े चाव से लोगों को सुनाया करते थे। गदाधर सात साल के थे कि उनके पिता का निधन हो गया। उनके बड़े भाई कलकत्ता के एक मंदिर में पुजारी थे। घर का गुजारा उनकी इसी छोटी आमदनी से चलता था। गदाधर को अधिक से अधिक ज्ञान अर्जित करने का शौक था। वह अपना अधिकांश समय अध्ययन में व्यतीत करते। 16 वर्ष की आयु हो जाने पर उन्होंने भी अपने बड़े भाई रामकुमार के पास कलकत्ता जाने का निश्चय किया। वहां रहकर वह मंदिर की सेवा में भाई का हाथ बंटाते थे। उन्हीं दिनों कलकत्ता की एक अत्यंत सम्पन्न महिला रानी रासमणि ने दक्षिणेश्वर में काली माता का भव्य मंदिर बनवाया। उन्होंने गदाधर के भाई से अनुरोध किया कि वह इस मंदिर की पुरोहिताई संभालें। गदाधर भी अपने भ्राता के साथ वहां चले गए। दुर्भाग्य से उनके बड़े भाई भी बहुत दिन नहीं जिए। उनको कलकत्ता आए अभी चार साल ही हुए थे कि रामकुमार चल बसे। अब मंदिर में पूजा अर्चना का काम गदाधर ने संभाला।

गदाधर मंदिर में देवी की पूजा करते और अपना शेष समय देवी की प्रतिमा के सामने बैठ कर उसकी आराधना में बिताते। वह घंटों समाधिस्थ होकर देवी का ध्यान करते। उनके मन मे देवी के दर्शन करने की इच्छा दिनों-दिन बलवती हो रही थी। रानी रासमणि को जब गदाधर की इस आराधना का पता चला तो उन्होंने आदेश दिया कि पुरोहितजी की सुविधाओं का पूरा ध्यान रखा जाए। मंदिर के नित्य के काम भी अगर उनकी आराधना के कारण नहीं हो पाते तो उसकी भी दूसरी व्यवस्था की जाए, पर उनके ध्यानमग्न होने पर किसी तरह का विघ्न न डाला जाए। इस तरह पूरी सुविधाएं मिल जाने पर गदाधर और भी तन्मय होकर अपनी आराधना में लग गए। उनको कई बार अपने ध्यान में डूबे होने के कारण समय का भान ही न रहता। कभी तो कई दिनों तक समाधि में लीन रहते। इस तरह बारह वर्ष का समय बीत गया। वह देवी माता के दर्शन के लिए बहुत व्यग्र थे। कई बार देवी की प्रतिमा के आगे बच्चों की तरह रो पड़ते,''माता इस छोटे से जीवन का एक दिन और बीत गया और आज भी मुझे आपके दर्शन नहीं हुए।'' कहते हैं आखिरकार एक दिन देवी मां ने उनकी पुकार सुन ली। वह अपनी आराधना का फल न मिलने पर अत्यंत व्यग्र थे। उनको लगता था कि आखिर इस जीवन का क्या लाभ, अगर इतनी साधना के बाद भी मां के दर्शन नहीं हुए। तभी उनकी नजर मंदिर में रखे देवी के खांडे पर पड़ी। उन्होंने मन बना लिया कि इसी खांडे से काट कर अपना शीश देवी के चरणों में चढ़ा देता हूं। गदाधर ने लपक कर खांडा उठा लिया और अपना सिर काटने को तत्पर हो गए। तभी उनको तीव्र प्रकाश का अनुभव हुआ। आंखें चौंधिया गईं। उस प्रकाश में उनको देवी मां के साक्षात दर्शन हुए और अचानक वह मूर्छित हो गए। वह कब तक मूर्छित रहे इसका उनको खुद भी अनुमान नहीं हुआ। दो दिनों के बाद जब उनको होश आया तो सब कुछ बदला हुआ लग रहा था। उनके अंतरतम में आनंद का झरना फूट रहा था। आत्मा जैसे एकदम स्वच्छ और पवित्र हो गई थी। यह एक ऐसा अनुभव था, जिसका वर्णन शब्दों में करना असंभव था।

इस घटना के बाद उन्होंने साधना के अन्य मार्गों का भी अनुसरण करने का मन बनाया। एक तांत्रिक स्त्री भैरवी ब्राह्मणी से उनकी भेंट हुई, जिन्होंने गदाधर को तंत्र साधना करने की प्रेरणा दी। उनके मार्गदर्शन मे गदाधर ने लगातार दो वर्ष तंत्रसाधना में बिताए। वह अब अपना पूरा समय साधना में बिताते थे। रानी रासमणि ने उनको पुजारी के कर्तव्य से पूरी तरह मुक्त कर दिया था और उनकी देखरेख का सारा प्रबंध कर दिया था। स्वामीजी ने तंत्र साधना के बाद भगवान राम की आराधना करनी आरंभ की और कहा जाता है कि उनको बालरूप में रामचंद्रजी ने दर्शन दिए। अब उनका दिनरात साधना में ही व्यतीत होता था। वह कई-कई दिनों तक समाधिस्थ हो जाते। तब कोई उनकी साधना में विघ्न नहीं डालता। उनकी इस गहन आराधना की चर्चा सारे कलकत्ता के भक्तजनों में फैल गई।

उन्हीं दिनों दक्षिणेश्वर में अद्वैत के प्रख्यात विद्वान तोतापुरीजी पधारे। उनको जब गदाधर की साधना का पता चला तो लगा कि जिस सुपात्र की उनको खोज थी, वह मिल गया है। उन्होंने गदाधर से पूछा कि क्या अद्वैत दर्शन का ज्ञान प्राप्त करना चाहोगे? गदाधर उन भक्तों में से थे जो भक्ति भावना के साथ-साथ ज्ञान को भी उतना ही महत्व दिया करते हैं। जितनी लगन उनको अपनी आराधना की थी, उतनी ही ज्ञान अर्जित करने की भी थी। वह तुरंत राजी हो गए। तोतापुरीजी ने उनको प्रसन्नतापूर्वक अपना शिष्य बना लिया और वेदांत के गूढ़ रहस्यों का ज्ञान वहां रहकर उनको देने लगे। पूरे ग्यारह महीनों तक उन्होंने गदाधर पंडित को शिक्षा दी। जब तोतापुरीजी को संतोष हो गया कि उनके शिष्य अब पूरी तरह से अपने विषय के अधिकारी विद्वान बन गए हैं तो उन्होंनें उनको सन्यास की दीक्षा दी और गदाधर से रामकृष्ण परमहंस नाम दिया। शिक्षा पूरी हो जाने के बाद परमहंस फिर से समाधि में लीन हो कर इस ज्ञान को पूरी तरह आत्मसात करने में निमग्न हो गए।उनकी यह समाधि लंबी चली और पूरे छः महीनों बाद जब उन्होंने समाधि तोड़ी तो वह तोतापुरीजी से मिले ज्ञान को पूरी तरह आत्मसात कर चुके थे। यह अभूतपूर्व था। भक्ति और ज्ञान का ऐसा अद्‌भुत संगम पहले कहीं देखने को नहीं मिला था।

किंवंदती के अनुसार रामकृष्ण परमहंसजी जब समाधि में थे, तब मां काली ने उनको आदेश दिया कि चैतन्य अवस्था में आ कर मानवता के कल्याण के लिए काम करो। अतः उन्होंने समाधि भंग कर दी और अपने वेदांत दर्शन के प्रचार के लिए शिष्य बनाने का काम शुरू किया। इसके लिए उन्होंने शुरुआत अपनी पत्नी शारदा देवी से की। उन्होंने उनको विधिवत दीक्षा देकर मानवता के कल्याण के लिए आध्यात्म का प्रचार करने का निर्देश दिया। शिष्या ने जब अपने गुरु से पूछा कि आपकी दृष्टि में मुझ जैसी स्त्री का क्या स्थान है, तो उन्होंने उत्तर दिया कि हर स्त्री मुझे तो मां काली की प्रतिनिधि जान पड़ती है। समस्त नारी जाति का सम्मान करने का शायद इससे उत्कृष्ट उदाहरण अन्यत्र न मिलेगा। कहा तो यहां तक जाता है कि एक बार जब उनकी मुलाकात एक वेश्या से हुई तो स्वामी रामकृष्ण परमहंस ने माता कह कर उसका सम्मान किया। एक स्त्री में और दूसरी में किसी भी कारण से भेदभाव करना उनको गवारा न था।

उनका कार्य आगे बढ़ा। उनकी शिष्य मंडली में सबसे प्रमुख और उल्लेखनीय शिष्य नरेंद्रनाथ थे जो आगे चलकर स्वामी विवेकानंद के नाम से विख्यात हुए और जिन्होंने देश विदेश में भारतीय दर्शन का परचम लहराया। उनके तत्कालीन ओजस्वी भाषण आज भी लाखों लोगों के लिए प्रेरणा के स्रोत हैं। नरेंद्रनाथ वर्षों तक किसी योग्य गुरु की तलाश में भटक चुके थे। उनकी जिज्ञासाओं और शंकाओं का समाधान करने वाला गुरु उनको नहीं मिला था। उन्होंने रामकृष्ण परमहंस के बारे में सुना

तो उनसे मिलने के लिए चले आए। पहली नजर में उनको रामकृष्ण स्वामी किसी सामान्य साधु से अधिक नहीं लगे। उनका उपदेश भी साधारण भाषा में साधारण लोगों के लिए था। अवसर मिलने पर नरेंद्रनाथ ने उनसे भी वही सवाल किया जो वह अन्य साधु संतों से कर चुके थे। लेकिन जवाब वह मिला जो आजतक नहीं मिला था। उन्होंने सीधे पूछ लिया कि क्या आपने ईश्वर के दर्शन किए हैं? हर कोई इसका नकारात्मक उत्तर देता था लेकिन रामकृष्ण परमहंस पूरे विश्वास ओर निष्ठा से बोले,''हां, किए हैं।'' उनकी वाणी में कुछ ऐसा था, जो नरेंद्रनाथ के दिल की गहराइयों को छू गया। उनको लगा कि यह सत्य था। वह अवाक रह गए। उसके बाद तो उनका स्वामीजी के पास आना नित्य का नियम हो गया। रामकृष्ण परमहंस ने उनको बताया कि धर्म अध्ययन करने की नहीं, अनुभव करने की चीज है। इसे ग्रहण किया जा सकता है और दूसरे को दिया जा सकता है। उन्होंने एक बार नरेंद्रनाथ को छूकर कुछ अनुभव कराने की चेष्टा की तो नरेंद्र अपने अंदर होते परिवर्तन से विह्वल होकर चीख पड़े, ''यह आप क्या कर रहे हैं।'' नरेंद्रनाथ को इस तरह के अलौकिक अनुभव कराकर और अपने अद्वैत वेदांत में शिक्षित करके स्वामी रामकृष्ण ने उनको अपना पट्ट शिष्य बनाया और उनको अपनी शिष्य मंडली को संगठित करने का काम सौंपा। विवेकानंद का कहना था कि उनके गुरु स्वामी रामकृष्ण ने कोई बहुत मौलिक दर्शन भारतीय समाज को भले ही न दिया हो, उन्होंने जो दिया वह अनमोल था।उनके उपदेश में कोई नया सत्य नहीं होता था। लेकिन उन्होंने पुराने और शाश्वत सत्यों को सब पर उजागर करने का महान काम किया। दूसरे शब्दों में हम कह सकते हैं कि वह भारत के सारे अतीत के चिंतन और विचारणा का मूर्तिमान रूप थे। उन्होंने हिंदू धर्म के विभिन्न संप्रदायों के अतिरिक्त मुस्लिम, सूफी और ईसाई धर्म का भी अध्ययन किया और इस अध्ययन के निष्कर्ष रूप में कहा कि सब धर्म में ईश्वर को पाने के अलग-अलग रास्ते हैं। वह ईश्वर एक ही है। हम उसे अनेक नामों से पुकारते हैं। उसे पाने के लिए हम विभिन्न मार्गों का अनुसरण करते हैं। एक सरोवर के कई घाट हैं। हिंदू एक घाट से कलश भरता है और उसे जल कहता है। मुसलमान दूसरे घाट से चमड़े की मशक भरता है और उसे पानी कहता है। ईसाई तीसरे घाट से अपने किसी पात्र को भरता है और उसे वाटर कहता है। लेकिन ये सब अपने प्रयत्न से जो प्राप्त करते हैं वह है तो एक ही चीज और उसका स्रोत भी एक ही है। इसी तरह आराधना के मार्ग अलग-अलग हैं लेकिन हम जो प्राप्त करते हैं, वह एक ही तत्व है भले ही उसे किसी नाम से पुकारा जाए।

उनके विचार और उनके पास आने वाले भक्तों के प्रश्नों के उत्तर देने का तरीका सरल और व्यावहारिक लेकिन सारगर्भित होता था। आजीवन वह इसी काम में लगे रहे। उनके कथन और उनके बारे में व्याख्यान व विवरण इतने अधिक हैं कि कई पुस्तकें भर जाएं। उनकी व्यावहारिकता का परिचय देने के लिए एक दो

उदाहरण पर्याप्त होंगे। एक बार एक साधु उनसे मिलने आया। स्वामीजी उस बड़े कक्ष में बैठे थे, जहां वह शाम को एकत्र होने वाले भक्तजनों को उपदेश दिया करते थे। उसने कक्ष के सारे दरवाजे बंद कर दिए। जब हाल में वह और स्वामीजी रह गए तो उसने अपनी धोती के छोर को पंख की तरह फड़फड़ाया और हवा में उड़ने लगा। इस तरह उसने सारे हाल का एक चक्कर हवा में लगाया और फिर वापस आसन पर आकर बैठ गया। स्वामी रामकृष्ण चुपचाप यह सब देखते रहे। साधु को बड़ा आश्चर्य हुआ कि इतना बड़ा चमत्कार देखकर भी स्वामी रामकृष्ण प्रभावित क्यों नहीं हुए। आखिर उसने पूछ ही लिया कि आपने जो देखा उससे तनिक भी प्रभावित नहीं हुए, ऐसा क्यो? मैंने तो यह सिद्धि पाने के लिए पूरे चालीस साल तक घोर साधना की है। स्वामी रामकृष्ण सहज भाव से बोले, ''इसमें प्रभावित होने वाली कौन-सी बात थी? मैं रोज इसी कक्ष में कुछ कौओं को इस तरह उड़ते देखता हूं। बाहर भी बहुत से चील कौए उड़ते रहते हैं। मैं हैरान हूं कि तुमने कौआ बनने के लिए चालीस साल तक साधना की। इतना समय मानवता की सेवा में लगाया होता, प्रभु की भक्ति में लगाया होता तो तुम्हारा जीवन सार्थक होता। तुमने व्यर्थ ही मानव जीवन के अनमोल चालीस साल गंवा दिए।'' वह साधु जो बड़े गर्व से अपना चमत्कार दिखाने स्वामी रामकृष्ण के पास आया था, उनके चरणों में गिर पड़ा और उसी समय से उनका शिष्य हो गया।

एक बार एक मां अपने बच्चे को लेकर उनके पास आई और बोली कि स्वामीजी यह बच्चा मिठाई बहुत खाता है। बहुत मना किया लेकिन मानता नहीं। आप इसे मना करें। स्वामी रामकृष्ण बोले,''ठीक है, एक महीने बाद आना।'' वह बेचारी क्या कहती, चुपचाप आदेश का पालन करके चली गई। ठीक एक महीने बाद वह फिर स्वामीजी के पास आई और अपनी बात दोहराई। स्वामी रामकृष्ण ने प्यार से बच्चे के सिर पर हाथ रख कर कहा,''बेटा, अधिक मिठाई मत खाया करो।'' वह बच्चे को लेकर चली गई। मां को बहुत आश्चर्य हुआ कि उस दिन से बच्चे ने अधिक मिठाई खाना या मांगना बंद कर दिया। कुछ दिनों बाद वह स्त्री फिर एक दिन स्वामीजी के दर्शन करने आई तो जिज्ञासावश पूछ ही लिया,''स्वामीजी, जैसी मुझे उम्मीद थी, आपके कहने पर बच्चे ने मिठाई खाना बहुत कम कर दिया है। लेकिन ऐसा कहने के लिए आपने एक महीने बाद आने को कहा, क्या इसका कोई विशेष कारण था?'' स्वामी रामकृष्ण हंस पड़े। बोले,''बात यह है कि तब मैं भी मिठाई कुछ ज्यादा ही पसंद करता था। मैंने एक महीने तक मिठाई बिलकुल नहीं खाई और उसके बाद बच्चे को मना किया। तभी तो उसपर मेरे कहने का असर हुआ।'' आज की बात तो छोड़ दें, उस जमाने में भी ऐसे कितने गुरु होंगे जो कुछ उपदेश देने से पहले स्वयं उस पर आचरण करते हों!

उनके मुख से निकले अनमोल वचन आज भी सूक्तियों की तरह उद्‌धृत किए जाते हैं। उनके एक शिष्य ने इनका संकलन *स्वामी रामकृष्ण कथामृत* के नाम से लिखकर प्रकाशित भी किया है। अपने भक्तों की जिज्ञासाओं का उत्तर भी वह बड़े सहज उदाहरण देकर दिया करते थे। किसी ने पूछा कि आप कहते हैं कि ईश्वर एक ही है। फिर अगल-अलग धर्म या मत के अनुयायी उसे अलग-अलग तरह से क्यों मानते हैं। स्वामीजी ने उसको समझाया कि एक ही व्यक्ति अलग-अलग लोगों के लिए अलग-अलग होता है। इसी तरह ईश्वर भी मानने वालों के लिए अलग-अलग होता है। एक गृहस्वामी अपनी पत्नी के लिए पति, बच्चों के लिए पिता, भाई-बहनों के लिए भाई होता है। वे उसे अलग-अलग नामों से पुकारते हैं। यही स्थिति ईश्वर की भी है।

स्वामीजी अद्वैत मतानुसार हर व्यक्ति में ईश्वर का वास मानते थे। आखिर उस मतानुसार चराचर जगत के कण-कण में ईश्वर का वास है। इसका एक दिलचस्प और व्यावहारिक उदाहरण उन्होंनें दिया। वह बोले कि किसी गुरु ने यही बात अपने शिष्य को समझाई तो वह उसकी भावना को तो समझ नहीं पाया लेकिन उसने अक्षरशः उसे समझने और उसी के अनुरूप आचरण करने की भूल कर डाली। वह रास्ते में जा रहा था तभी एक हाथी सामने से आता दिखाई दिया। महावत ने उसे बीच रास्ते से हट जाने को कहा लेकिन वह हटा नहीं। उसने कहा अगर मुझ में ईश्वर का वास है और हाथी में भी उसी ईश का वास है तो मुझे हटने या इस हाथी से डरने की क्या आवश्यता है। हुआ यह कि पास आने पर भी जब वह नहीं हटा तो हाथी ने अपनी सूंड़ से उठाकर उसे दूर पटक दिया। इस तरह गिरने से उसे काफी चोट आई। उसे लगा कि उसके गुरु का कथन मिथ्या हो गया है। थोड़ा स्वस्थ होने पर वह जब फिर अपने गुरु के पास गया तो उनको सारा वृतांत सुनाया। गुरुजी हंस कर बोले की तुमने ठीक सोचा कि हाथी में भी ईश्वर का वास है। लेकिन उसके ऊपर जो महावत बैठा था उसमें भी तो ईश्वर का वास था। उस ईश्वर ने तुम्हें मार्ग से हट जाने का आदेश दिया था। तुमने उसका पालन नहीं किया, जिसका दंड तुम्हें मिला।

निर्गुण और सगुण ब्रह्म की उपासना को लेकर अक्सर शंकाएं और वाद-विवाद होता रहता है। स्वामीजी से जब इस बारे में पूछा गया तो उन्होंने कहा कि जिस तरह आप जब निशाना साधना सीखते हैं तो पहले बड़े आकार की वस्तुओं पर निशाना साधते हैं। फिर छोटी, उससे छोटी और अंत में एक बिंदुमात्र पर भी निशाना लगाना सीख जाते हैं। यह सब अभ्यास से आता है। इसी तरह जब आराधना करो तो पहले सगुण की करनी चाहिए, जिसकी आकृति और स्वरूप आपके सामने है। जब मन को उस पर एकाग्र करना आ जाए, तब आप निर्गुण निराकार का ध्यान कर सकते हैं।

शैव, वैष्णवों और शाक्तों के विवाद को व्यर्थ बताते हुए स्वामी जी कहा करते थे कि ये सब उसी ईश्वर के विभिन्न रूप हैं। इनमे कोई भेद नहीं। अतः किसी की

भी आराधना की जा सकती है। उनको मां काली का उपासक मानकर एक भक्त ने पूछा कि फिर आपने उसके शक्ति रूप को ही उपासना के लिए क्यों चुना? इसपर स्वामीजी बोले कि बच्चा अपनी मां से अधिक घुलामिला होता है ना। मां भी बच्चे को पिता की अपेक्षा अधिक प्यार करती है,इसलिए। ईश्वर की आराधना का महत्व समझाते हुए उन्होंने कहा कि चुंबकीय सुई सदा उत्तर की ओर संकेत करती है। इससे मार्गदर्शन पाकर जलयान कभी भी अपने रास्ते से भटकता नहीं। इसी तरह अगर साधक का मन सदा ईश्वर की ओर आकृष्ट रहे तो वह कभी भी जीवन में अपने पथ से भ्रष्ट नहीं होता।

अपने संपन्न भक्तों को वह सदा कहा करते थे कि जो अभावग्रस्त हैं उनकी हर संभव सहायता करनी चाहिए। लेकिन यह सहायता सेवाभाव से करनी चाहिए, दयाभाव से नहीं। जब हर प्राणी में ईश्वर का वास है तो तुम किस पर दया कर रहे हो? ईश्वर पर? तुम ईश्वर की सेवा ही तो कर सकते हो, उसपर दया कैसे दिखा सकते हो? दीनहीनों की सेवा करना ईश्वर की सेवा करना है। इसी से तुम्हारा कल्याण होगा। अपने अंदर ज्ञान का दीपक जलाओ, तभी मन का अंधकार दूर होगा। यह ऐसा प्रकाश है जिसे धनी और निर्धन सभी प्रयास करके पा सकते हैं। जिस तरह तेल के बिना दीपक नहीं जल सकता, उसी तरह ईशकृपा के बिना ज्ञान नहीं मिल सकता। अत: इसके लिए ईश की आराधना भी आवश्यक है। इस तरह उन्होंने भक्ति और ज्ञान दोनों को मानव जीवन के लिए आवश्यक बताया और दोनों को महत्व देने का उपदेश दिया। उन्होंने मोक्ष को प्राप्त व्यक्ति, प्रभु भक्त और सांसारिक प्राणी के अंतर को एक बार किसी शिष्य को ऐसे समझाया : तीन गुड़िया थीं। पहली नमक की बनी हुई, दूसरी कपड़े की और तीसरी पत्थर की। तीनों को पानी में डुबो दिया गया। पहली पानी में गल कर उसमें समा गई और उसी का अंग बन गई। दूसरी ने खूब पानी पी लिया और उसमें रम गई। तीसरी पत्थर की थी उस पर पानी का कोई असर नहीं हुआ और वह वैसी की वैसी ही रही। मोक्ष को प्राप्त हो चुका साधक पहली गुड़िया के समान होता है। वह ब्रह्म में लीन होकर उसके साथ एकाकार हो जाता है। दूसरा प्रभु का सच्चा भक्त होता है जो उसे अपने अंदर समाविष्ट करके आनंद का अनुभव करता है। तीसरा सांसारिक प्राणी है जिस पर उसका कोई प्रभाव नहीं पड़ता। प्रभु की भक्ति या ज्ञान का एक अंश भी उसके अंदर नहीं समाता।

एक बार उनसे किसी शिष्य ने पूछा कि लोभ-लालसा से मुक्ति कैसे मिल सकती है? इसपर उन्होंने एक कहानी सुनाई : एक आदमी था। उसने एक कुत्ता पाला हुआ था। उसे अपने कुत्ते से बहुत लगाव था। वह उसे प्यार करता, उसे गोद में उठा लेता और यहां तक कि उसे चूमता भी। किसी समझदार आदमी ने जब यह

देखा तो उसे समझाया कि ऐसा करना उचित नहीं। यह अपावन जीव है। इसके साथ इतनी निकटता उचित नहीं। इसके अलाव इसमें इतनी बुद्धि नहीं। यह कभी काट कर तुमको दुख भी दे सकता है। उस भले आदमी ने विद्वान की बात बहुत ध्यान से सुनी और कुत्ते के साथ लाड़-प्यार करना छोड़ दिया। कुत्ते अपने मालिक के इस व्यवहार से बहुत परेशान हुआ। उसकी समझ में नहीं आ रहा था कि मेरे मालिक में अचानक ऐसा परिवर्तन क्यों आया है। वह बार-बार दुम हिलाता हुआ उसके पास जाता और उससे लिपटने की कोशिश करता। लेकिन मालिक उसे दुत्कारता। फिर भी वह न मानता। इसपर मालिक ने उसे पास आने पर पीटना शुरू कर दिया। बहुत बार मार खाने के बाद कुत्ते को समझ में आया कि मुझे मालिक से दूर रहना है। इस तरह उस आदमी को कुत्ते की संगत से छुटकारा मिल गया। लोभ-लालसा आदि दुर्गुण भी इस कुत्ते के समान हैं। जब तक हम इनसे प्रेम करेंगे, ये हमें नहीं छोड़ सकते। इनको छोड़ देने पर भी ये बार-बार हमारे पास आते हैं। दुत्कारे जाने और दूर हटाने पर ही अंततः हमें इनसे छुटकार मिलता है।

जीव को मुक्ति मिलने का बहुत सरल समाधान उन्होंने बताया। उनका कहना था कि अगर किसी व्यक्ति के अंदर कोई बुरी आत्मा समा जाए और उसे इस बात का पता चल जाए कि बुरी आत्मा उसके अंदर प्रविष्ट हो चुकी है तो वह उससे आसानी से छुटकारा पा सकता है। यह ज्ञान ही उसके लिए पर्याप्त होता है। उसके बाद तो वह दुरात्मा खुद ही उसे छोड़ कर चली जाती है। इसी तरह जब जीव को पता चल जाए कि वह माया के वश में है ओर उसे इससे मुक्त होना चाहिए तो वह उससे सहज ही मुक्त हो सकता है। सच्चा भक्त वही है जो ईश्वर को सर्वव्यापक जानकर आचरण करता है। अगर वह एकांत में या किसी जंगल में भी कोई परम सुंदरी देख ले तो उसके साथ बुरा व्यवहार तो क्या उस पर बुरी नजर भी नहीं डालता। अगर उसे एकांत में ढेर सारा सोना भी मिल जाए और आसपास कोई देखने वाला न हो तो भी वह उसे छूता नहीं। क्योंकि वह समझता है कि प्रभु सब कुछ देख रहे हैं। सच्चे भक्त की यही निशानी है। वह कभी भी किसी तरह का बुरा आचरण नहीं करता। वह सब तरह के पापों से मुक्त रहता है और उसकी आत्मा शुद्ध रहती है।

मानव मन पर संगत का प्रभाव कैसे पड़ता है, इसे समझाने के लिए उन्होंने कहा कि अगर कोई व्यक्ति अंग्रेजी भाषा सीख ले तो वह बातचीत में अनायास ही अंग्रेजी के शब्दों का प्रयोग कर लेता है। इसी तरह कोई पंडित अगर संस्कृत का अच्छा ज्ञान रखता हो तो वह अपनी बातचीत में कहीं न कहीं किसी श्लोक को उद्धृत करता है। इसी तरह अगर आप बुरी संगत में रहते हैं तो उसका प्रभाव आपके विचारों और मन पर पड़ता है और वह कहीं न कहीं आपके व्यवहार में

भी लक्षित होता है। अगर आप प्रभुभक्तों की संगत में रहते हैं तो आपके मन और विचारों पर उसका प्रभाव पड़ता है और आपका मन भी भक्ति में रम जाता है। अतः सदा अच्छी संगत में रहना चाहिए।

16 अगस्त 1886 को भारत के इस महान संत ने अंतिम सांस ली और ब्रह्मलीन हो गए। वह काफी समय से कंठमाला से पीड़ित थे। लेकिन ऐसा नहीं लगता था कि अंत इतना निकट है। उस रात उन्होंने भोजन किया और विश्राम करने चले गए। उनके कुछ शिष्य भजन गा रहे थे। स्वामीजी के कानों में उनकी आवाज पड़ी तो वह भी आकर उनके साथ गाने लगे। पर कुछ देर गाने के बाद एकाएक मौन हो गए। शिष्यों ने समझा कि शायद वह भजन का आनंद लेते-लेते समाधि में चले गए हैं। पर जब काफी समय हो गया तो एक शिष्य ने उनके निष्चल शरीर को छूकर देखा। फिर संदेह होने पर उनकी नाड़ी की परीक्षा ली। तब सब को पता चला कि उन्होंने शरीर त्याग दिया है। उनके निधन का समाचार मिलते ही भारी संख्या में उनके भक्त और अनुयायी प्रातःकाल होते ही आने आरंभ हो गए। संध्या होने तक उनके पार्थिव शरीर को अंत्येष्टि के लिए घाट पर लाया गया और उनके कुछ प्रिय भजन गाने के बाद उनके पार्थिव शरीर को अग्नि के सुपुर्द कर दिया गया।

स्वामी रामकृष्ण परमहंस अब इस संसार में नहीं हैं। लेकिन उनकी कीर्ति, उनके उपदेश और उनके स्थापित किए हुए रामकृष्ण मिशन आज भी मौजूद हैं, जहां न केवल लोगों को आध्यात्म ज्ञान का लाभ मिलता है, बल्कि रोगियों की सेवा भी उसी भक्ति भाव से की जाती है। उनके शिष्य स्वामी विवेकानंद ने भी अपने समस्त अनुयायियों को यही शिक्षा दी थी कि जरूरतमंदों की मदद करना और रोगियों की सेवा करना ही सच्ची ईश्वर भक्ति है क्योंकि हर व्यक्ति में ईश का वास है। स्वामी रामकृष्ण परमहंस की स्मृति आज भी उनके विचारों, उपदेशों और संस्थानों के माध्यम से अमर है और अमर रहेगी।

卐卐卐

अध्याय-13

स्वामी रामतीर्थ

स्वामी रामतीर्थ जिनको स्वामी राम के नाम से भी जाना जाता है, की गणना भारत के महान संतों और दार्शनिकों में की जाती है। उन्होंने आधुनिक विद्या और भारत के पुरातन आध्यात्म दर्शन दोनों का गहन अध्ययन किया। गुजरांवाला (पश्चिम पंजाब में जो अब पाकिस्तान में है) जिले के मुरालीवाला गांव में 22 अक्तूबर सन् 1873 को इनका जन्म एक निर्धन ब्राह्मण परिवार में हुआ। कहते हैं कि इनके दादा ने जब इनकी जन्म कुंडली बनाने के बाद उसे बांचा तो पहले रोए और फिर हंस पड़े। परिवारवाले तथा अन्य परिजनों के पूछने पर उन्होंने कहा कि यह बालक अपनी माता पर भारी है। वह अधिक जिएगी नहीं। इस दुख के कारण मैं रो पड़ा। हंसा इसलिए कि यह बड़ा होकर महान संत बनेगा और अपने ज्ञान का प्रकाश देश-विदेश में फैलाएगा। उन्होंने बालक का नाम तीर्थराम रखा।

दादा की एक भविष्यवाणी तो तत्काल सच निकली। तीर्थराम के जन्म के कुछ दिनों बाद ही उनकी माता स्वर्ग सिधार गई। उनकी बुआ ने बालक के लालनपालन का जिम्मा संभाला और माता के समान प्यार देकर शिशु की परवरिश की। उनकी प्राथमिक शिक्षा गांव में हुई और उसके बाद आगे पढ़ने के लिए वह गुजरांवाला चले गए। वहां उन्होंने अपनी आगे की शिक्षा अत्यंत निर्धनता की स्थिति में पूरी की। कई-कई दिनों तक उनको भूखा रहना पड़ता था या फिर एक वक्त रोटी खा कर दूसरे वक्त निराहार रहना पड़ता था। कई बार ऐसा भी हुआ कि पढ़ने के लिए दिए में तेल की जरूरत पड़ती तो वह भोजन का पैसा तेल पर खर्च कर देते और

भूखे रह जाते। लेकिन इन कठिनाइयों से उनका निश्चय डिगा नहीं। पढ़ने में तो वह अव्वल थे ही, कालेज की पढ़ाई के अलावा वह दर्शन शास्त्र तथा अन्य विविध विषयों का भी गहन अध्ययन किया करते। उनकी पढ़ने की लगन इतनी जबरदस्त थी कि गणित के जिस सवाल पर काम करने लगते उसे हल करके ही दम लेते, भले ही रात से सुबह क्यों न हो जाए। एक बार एक बहुत कठिन समस्या का हल नहीं निकला तो उन्होंने प्रण किया कि अगर सुबह होने तक मैंने इस समस्या को हल नहीं किया तो अपना गला काट कर आत्महत्या कर लूंगा। सुबह की पहली किरण फूटने को थी लेकिन हल अब भी नहीं निकला था। उन्होंने उन्मत्तों की तरह पास रखा चाकू उठा लिया और उससे अपनी गर्दन रेतने को उद्यत हो गए। अभी जरा सा ही मांस कटा था और कुछ ही खून निकला था कि उनको अपने सामने हवा में उस समस्या का हल लिखा हुआ नजर आया। यह उनकी अपनी मौलिक खोज थी। उनके प्रोफेसर भी उनकी इस अभूतपूर्व सफलता पर चकित रह गए।

आखिर उनकी मेहनत रंग लाई और बी.ए. की परीक्षा में प्रथम स्थान पाने पर उनको 60 रुपए महीने की छात्रवृत्ति मिलने लगी। उस जमाने के हिसाब से यह अच्छी रकम थी लेकिन तब तक इनकी जिम्मेदारी भी बढ़ गई थी। इनका विवाह हो गया था और इन्हें अपनी पत्नी को खर्च के लिए पैसे भेजने पड़ते थे। इसके अलावा ये अपने पिता को भी खर्च के लिए नियमित रूप से पैसे भेजते थे। उन्होंने फोरमन क्रिश्चयन कालेज, लाहौर से गणित में एम. ए. की डिग्री हासिल की और उसी कालेज में प्रोफेसर हो गए। कालेज में गणित पढ़ाते थे लेकिन भारतीय दर्शन और आध्यात्म में उनकी रुचि दिनों-दिन बढ़ रही थी। भारतीय दर्शन के गहन अध्ययन के साथ-साथ उनमें कृष्ण भक्ति का अनुराग भी उत्तरोत्तर बढ़ रहा था। वह घंटों तक कृष्ण नाम जपते हुए भगवान कृष्ण की आराधना में लीन रहते। छुट्टियों के दिनों में भगवान कृष्ण की लीलाभूमि मथुरा-वृंदावन जाते और अपना समय श्रीकृष्ण की आराधना और कृष्ण भक्तों की संगति में गुजारते। प्रकृति से उनको बेहद लगाव था। वह प्राकृतिक सुंदरता पर मुग्ध हो जाते और घंटों उसे निहारते रहते, चाहे वह कोई नदी हो, कोई उपवन हो या फिर सूर्योदय या सूर्यास्त का खूबसूरत नजारा हो। प्रकृति की इस सुंदरता और एकांत की खोज में वह अक्सर पहाड़ों पर चले जाते और अपना बहुत सा समय खुले में उनके आसपास गुजारते। लेकिन यह भी आखिर कब तक चलता। वह अब और रुक नहीं पाए और सन 1900 में विधिवत सन्यास लेकर पूरी तरह से प्रभुभक्ति में लीन हो गए। अब तीर्थराम स्वामी रामतीर्थ हो गए।

अपने ईष्ट की आराधना को लेकर वह बहुत अधिक भावुक हो जाते थे। कृष्ण, कृष्ण पुकारते हुए वह रोने लगते और भगवान के दर्शनों के लिए बेचैन हो जाते। उन्होंने एक बार अपने एक मित्र को बताया कि मुझे भगवान कृष्ण के साक्षात दर्शन

हुए। थोड़ी देर उन्होंने दर्शन दिए और फिर अन्तर्ध्यान हो गए। पता नहीं यह सत्य था या केवल मेरी कल्पना का परिणाम था। लेकिन ऐसा हुआ। उसके बाद उनकी साधना अधिक से अधिक गहन होती चली गई। वह पूरी तरह प्रभु भक्ति में लीन रहने लगे और उनको अनेक बार भगवान के दर्शन हुए।

उनकी भावुकता की स्थिति यह थी कि वह कई बार इतने बेचैन हो जाते कि उनके आंसू थमते ही न थे। एक बार एक पंडित रामचरितमानस का पाठ कर रहा था। स्वामीजी ने कुछ देर तल्लीन हो कर पाठ सुना और फिर एक चौपाई पर इतने मुग्ध हुए कि जार-जार रोने लगे। उनका रोना थम ही नहीं रहा था। पंडित यह सब देखकर परेशान हो गया। उसने पाठ रोककर उनको दिलासा देने की कोशिश की लेकिन कोई लाभ न हुआ। हार कर उसने पोथी बंद कर दी। उसके भी थोड़ी देर बाद ही उनका रुदन रुका। स्वामीजी साधना की ऐसी स्थिति में पहुंच चुके थे जहां आत्मा परमआनंद को प्राप्त हो जाती है। उनके चेहरे से विलक्षण तेज और आनंद की किरणें फूटती थीं। उनकी हंसी अत्यंत स्वाभाविक थी, जिसका सुनने वाले पर एक विलक्षण प्रभाव पड़ता था। कहते हैं एक बार जब वह विश्व धर्म परिषद् में शामिल होने के लिए जापान गए थे तो एक जापानी विद्वान से मुलाकात होने पर उसके साथ कुछ आध्यात्मिक चर्चा चली। तभी वह क्षमा मांग कर अपने घर के अंदर गया और अपनी पत्नी और बच्चों को लेकर आया। वह बोला कि स्वामीजी मैं नहीं चाहता था कि आपकी स्वाभविक हंसी और आनंदमय स्वरूप का अकेले ही रसास्वादन करूं। इसलिए अपनी पत्नी और बच्चों को भी बुला लाया। उसकी पत्नी ने पूछा कि आपने अपना परिवार क्यों छोड़ दिया तो स्वामी रामतीर्थ बोले कि उससे भी बड़ा परिवार बनाने के लिए। तब एक सीमित परिवार था। अब सारा संसार ही मेरा परिवार है। स्वामी विवेकानंद के बाद स्वामी रामतीर्थ ही थे जिन्होंने वेदांत का प्रचार भारत के बाहर विदेशों में किया और भारतीय दर्शन की ध्वजा अंतर्राष्ट्रीय स्तर पर फहराई।

स्वामी राम जब जापान में थे, उनको वहां जापानी श्रोताओं को संबोधित करने को कहा गया तो वह अंग्रेजी में बोले। वहां वहुत से श्रोता ऐसे थे जो केवल अपनी मातृभाषा जानते थे। हालांकि उनको अंग्रेजी का एक शब्द भी समझ में नहीं आया पर वह मंत्रमुग्ध होकर सुनते रहे और बाद में उनमें से एक ने अपना अनुभव सुनाते हुए कहा कि गेरुए वस्त्रों वाले उस भारतीय सन्यासी के मुंह से किसी भाषा के शब्द नहीं अग्निस्फुलिंग निकल रहे थे, जो सीधे हमारे हृदयों पर आकर लग रहे थे और हम उनकी ऊर्जा का अनुभव कर रहे थे। यह अद्भुत अनुभव था। जापान में बौद्ध धर्म के अधिकारी विद्वान प्रोफेसर किंजा हिराइ उनसे मिलकर अत्यधिक प्रभावित हुए। उनका कहना था कि शताब्दियों पहले भारत से चीन और जापान आए बौद्ध

धर्म के बाद आज वेदांत का यह संदेश जब उस देश से आया है तो मुझे इतिहास के उन्हीं दिनों की याद दिला रहा है जब भगवान बुद्ध का दर्शन हमारे जीवन को आलोकित करने के लिए आया था।

सन्यासी स्वच्छंद विचरण करता है। सारी धरती ईश्वर की है और वह स्वयं ईश का अंश है। उसे किसी प्रकार की आवश्यकता का अनुभव नहीं होता। यह कहने को भारतीय दर्शन का एक सिद्धांत हो सकता है। लेकिन स्वामी राम उन संन्यासियों में से थे जो इस पर पूर्णतः विश्वास करते थे। जब वह नवंबर 1903 में जापान से चल कर अमेरिका में सैन फ्रांसिस्को पहुंचे तो न तो उनके पास कोई सामान था, न गांठ में एक पैसा। जब उनका जहाज बंदरगाह पर लगा और एक अमेरिकन ने उनको इस दशा में देखा तो हैरान रह गया। उससे रहा नहीं गया तो उसने पूछ ही लिया कि आपका सामान-असबाब कहां है? इस पर स्वामीजी अपनी मस्ती में हंसते हुए बोले कि राम कोई सामन नहीं रखता। उसे इसकी कोई जरूरत महसूस नहीं होती। तो फिर आपके पास पैसा होगा? उसका दूसरा सवाल था।"राम कोई धन भी नहीं रखता। उसे इसकी भी कोई आवश्यकता नही।" दूसरा जवाब मिला। वह आदमी हक्का-बक्का रह गया। इससे पहले उसे ऐसे किसी आदमी से कभी वास्ता नहीं पडा था। मजबूरी और बात होती है, लेकिन स्वेच्छा से सबकुछ त्याग देना और विदेश में भी आगापीछा सोचे बिना साधनहीन स्थिति में आ जाना आश्चर्यजनक ही तो था। उसने सोचविचार कर आखिरी सवाल किया,"तो फिर यहां अमेरिका में आपका कोई मित्र होगा जो आपकी सहायता करेगा।" "हां, तुमने ठीक अंदाजा लगाया। एक दोस्त है।" स्वामी राम बोले। "कौन है वह, कहां है", उस अमेरिकी ने इधर-उधर देखा तो स्वामीजी हंस पड़े और उसके कंधे को प्यार से थपथपाते हुए बोले,"तुम हो।"

इन शब्दों में कुछ ऐसा जादू था कि वह आदमी अभिभूत हो गया। उसी क्षण से वह स्वामीजी का अनुयायी भक्त बन गया। बाद में उनके जाने पर उसने लिखा कि एक भारतीय संत आया था जो मुझे जीवन जीने का पाठ सिखा गया। वह ज्ञान की जलती मशाल है जो अंधेरे मन को आलोकित करती है। उसे आग जला नहीं सकती। शस्त्र उसको काट नहीं सकता। उसकी उपस्थिति ही हमें एक नया जीवन प्रदान करती है।

अमेरिका में उन्होंने जो व्याख्यान दिए, वह वहां के श्रोताओं को नितांत व्यावहारिक लगे। उनमें न तो गूढ़ रहस्यवाद था न आध्यात्म की दुरूहता। एक बात जिसने श्रोताओं को अत्यधिक प्रभावित किया वह यह थी कि स्वामीजी का दर्शन धर्म की सीमाओं में बंधा न था। वह हिंदू, मुस्लिम, ईसाई सब के लिए था, सब उसे आसानी से अपना सकते थे। वह मानवमात्र के लिए था। जो भी एक बार उनका

व्याख्यान सुन लेता उनकी तरफ खिंचा चला आता था, चाहे वह किसी धर्म का अनुयायी हो। आखिर वहां जाति, देश, धर्म या भाषा का भेदभाव तो था ही नहीं। उनका कहना था कि मेरे धर्म का कोई नाम नहीं। वह सर्वमानवता के लिए है। मेरा धर्म प्रकृति के धर्म के समान है। क्या सूर्य अपना प्रकाश किसी विशेष धर्म, जाति या रंग के लोगों के लिए फैलाता है? क्या वह अमीर गरीब का भेद करता है? क्या प्रकृति के अन्य उपादान जैसे वृक्ष, नदियां, पहाड़ किसी तरह का भेदभाव करते हैं? ऐसे ही मेरा धर्म भी कोई भेदभाव नहीं जानता।

सर्वसाधारण के लिए उनकी शिक्षा भी सरल, व्यावहारिक और दैनिक जीवन में उपयोगी थी। वह सिखाते थे कि कैसे आप अपनी ऊर्जा के अपव्यय को कम से कम कर सकते हैं। कैसे आप अपने मन और शरीर को छीज, घिसावट और टूटफूट से बचा कर उसे स्वस्थ रख सकते हैं। कैसे आप ईर्ष्या, घमंड, बदमिजाजी, उदासी से मुक्त हो कर हर तरह के मानसिक क्षय से बच सकते हैं। उन्होंने अपने शिष्यों को सिखाया कि कैसे वे मानसिक कंगाली और आत्मिक दासता से मुक्त होकर प्रेम के माध्यम से ईश्वर को पाने का मार्ग प्रशस्त कर सकते हैं। किस प्रकार वे जीवन में संतुलन व शांति बनाए रख कर सफलता के मार्ग पर अग्रसर हो सकते हैं। उनकी शिक्षाओ और आध्यात्म दर्शन पर टिप्पणी करते हुए एक अमेरिकी विद्वान ने लिखा कि वह तो किसी विशाल आवरण के समान हैं, जिसकी छत्रछाया में हर धर्म, जाति, रंग का व्यक्ति आकर उसकी ऊष्मा का सुखद आनंद ले सकता है। वह किसी भी धर्म, मत या संप्रदाय के विरोधी नहीं। बल्कि सबके हिमायती हैं। उन्होंने यहां आकर अमेरिकियों को एक नया प्रकाश, जीवन के प्रति एक नवीन दृष्टिकोण दिया है। उनके चिंतन में प्राचीन भारतीय दर्शन के साथ-साथ आधुनिक विज्ञान का अद्‌भुत समावेश है। उनका अध्ययन अत्यंत विषद है। वह सभी धर्मों के अतिरिक्त इतिहास, विज्ञान और अन्य आधुनिक विषयों की गहन जानकारी रखते हैं और इस सब का समन्वय करते हुए चलते हैं। इस दृष्टि से उनकी शिक्षा जहां हमें आत्मिक आनंद और मुक्ति के मार्ग पर ले जाती है वहीं दैनिक सांसारिक जीवन के लिए भी अत्यंत सार्थक एवं उपयोगी है।

स्वामी राम लगभग दो वर्षों तक अमेरिका में रहे जहां कई बड़े शहरों में जाकर उन्होंने अपने आध्यात्म दर्शन का प्रचार किया। कई बार उनको व्याख्यान देने के इतने निमंत्रण मिलते कि आमतौर पर उसे निभाना असंभव सा लगता। लेकिन वह किसी को निराश नहीं करते थे। निमंत्रण चाहे बड़ी संस्था का हो या छोटी का, स्वामीजी सबको समभाव से देखते और अधिक निमंत्रण होने पर सुबह, दोपहर, संध्या और रात का समय देकर एक-एक दिन में कई बार प्रवचन देते। कहते हैं एक बार अमेरिकी राष्ट्रपति ने उनसे कहा कि किसी चीज की जरूरत हो तो मुझसे

कहिएगा। इस पर उन्होंने तत्काल उत्तर दिया कि सन्यासी को कभी किसी वस्तु की आवश्यकता नहीं होती। वह हैरान रह गए कि इस तरह का सर्वस्व त्याग करके कोई कैसे रह सकता है! एक अमेरिकन महिला उनसे इतनी प्रभावित हुई कि उनका जन्मस्थान, घर परिवार और जिस स्कूल में वह पढ़े थे, उसे देखने के लिए भारत आई। वह उनकी पत्नी और बच्चों से मिली और उसके बाद अमेरिका जाने के बाद उसने शेष जीवन स्वामी राम के जीवन दर्शन के प्रचार में बिताया। एक बार उन्होंने कैलिफोर्निया विश्वविद्यालय में व्याख्यान देते हुए इस बात पर विस्तार से चर्चा की कि प्राचीन भारतीय चिंतन ने किस तरह अमेरिका और यूरोप के आधुनिक चिंतन को प्रभावित किया है। यह व्याख्यान इतना विद्वतापूर्ण था और उससे इतने नए तथ्य उभर कर सामने आए कि विश्वविद्यालय के बहुत से विद्वान अत्यंत प्रभावित हुए। उन्होंने स्वामीजी को डाक्टर की मानद उपाधि देने की पेशकश की। लेकिन स्वामी राम ने अपने स्वभाव के अनुसार यह कह कर मना कर दिया कि सन्यासी को किसी तरह की उपाधि से कोई सरोकार नहीं होता।

स्वामीजी के अमेरिकी भक्त चाहते थे कि वह सदा के लिए अमेरिका में ही बस जाएं। लेकिन उन्होंने स्वदेश लौटने का निश्चय किया। अपनी स्वदेश वापसी के दौरान रास्ते में वह मिस्र में रुके और वहां की एक बहुत बड़ी मस्जिद में उन्होंने मुस्लिम श्रोताओं को फारसी में संबोधित किया। सारी सभा उनके उदार विचार सुन कर मंत्रमुग्ध रह गई। स्वामीजी 1905 में स्वदेश लौटे और उन्होंने अपने देशवासियों के कल्याण के लिए उपदेश देने आरंभ कर दिए। वह इसमें इतने व्यस्त रहते कि अपने खानेपीने, आराम करने तक की सुध न रहती। इसके साथ-साथ ही उनका अपना अध्ययन भी जारी रहता। वाराणसी में जब स्वामीजी उपदेश देने गए तो वहां के एक पंडित ने उनसे कह दिया कि भारतीय वेदांत का विधिवत अध्ययन तो तभी किया जा सकता है जब संस्कृत भाषा का पूरा ज्ञान हो। उनको यह बात ऐसी जंची कि तुरंत संस्कृत के अध्ययन में जुट गए और बहुत कम समय में ही इस भाषा पर भी अधिकार कर लिया।

इन सब गतिविधियों का प्रभाव उनके शरीर पर पड़ना आरंभ हो गया। वह बीमार रहने लगे। अनेक भक्तों ने इस ओर उनका ध्यान भी आकर्षित किया लेकिन उन्होंने किसी की बात पर कान नहीं धरे। वह कहते,'राम के पास कई शरीर हैं। अगर एक शरीर इस काम में नष्ट भी हो जाता है तो क्या हर्ज है।'

स्वामी राम चाहे कितने महान संत क्यों न थे, उनका शरीर तो हाड़मांस का ही था ना! कठोर परिश्रम और अत्यंत व्यस्त दिनचर्या ने उन्हें पस्त कर दिया। जब शरीर जीर्ण होने लगा और वह बहुत बीमार रहने लगे तो उन्होंने हिमालय की गोद में जाकर विश्राम करने की इच्छा प्रकट की। वह अपने कुछ शिष्यों के साथ चल

पड़े और टिहरी आकर गंगा किनारे रहने लगे। टिहरी नरेश ने उनके रहने का समुचित प्रबंध किया था लेकिन स्वामीजी ने गंगा के किनारे एक छोटी-सी कुटिया बना कर वहीं रहने की इच्छा जताई। तब महाराज ने आदेश दिया कि वहां भी स्वामीजी की सुविधा का ध्यान रखा जाए। यहां रहकर वह साधना करते और रोज प्रातः गंगास्नान करते। एक दिन एक चट्टान से गंगा में नहाने के लिए छलांग लगाने पर किसी पत्थर से टकराकर उनके घुटने में चोट लग गई। तब कुछ दिनों तक उनको गंगाजल लाकर कुटिया में ही नहलाया जाता था। पर अक्तूबर 1906 की दीपावली वाले दिन उन्होंने फिर से स्वयं जाकर गंगा में स्नान करने की इच्छा प्रकट की। अपने हाथ से नाक बंद करके उन्होंने गंगा में डुबकी लगाई। लेकिन जब उठे तो उनके पैर नीचे से उखड़ गए और उनका शरीर गंगा की तीव्र धार में बह चला। घुटने की चोट के कारण वह तैर नहीं सकते थे। शायद उनकी तैरने की इच्छा भी नहीं थी। सहायता के लिए पुकारने के बजाय वह ऊं ऊं का उच्चारण कर रहे थे। देखते-देखते उनका शरीर गंगा की तेज धारा में लुप्त हो गया। दीपावली वाले दिन वह इस धराधाम पर आए थे और दीपावली वाले दिन ही चले गए।

卐卐卐

अध्याय-14

योगी श्री अरविंद

श्री अरविंद का जन्म 15 अगस्त 1872 को कलकत्ता के एक समृद्ध बंगाली परिवार में हुआ था। इनके पिता का नाम डा. कृष्णधन घोष और माता का नाम स्वर्णलता था। अरविंद अपने माता-पिता के तीसरे पुत्र थे। अरविंद चार वर्ष के हुए तो उनके पिता ने उन्हें प्राथमिक शिक्षा के लिए दार्जीलिंग के एक प्रसिद्ध कानंवेंट स्कूल मे भर्ती करा दिया। डा. घोष अपने पुत्र को अच्छी से अच्छी शिक्षा देना चाहते थे। अत: उन्होंने प्राथमिक शिक्षा पूरी होते ही उनको आगे पढ़ने के लिए इंग्लैंड भेज दिया। तब उनकी अवस्था केवल सात वर्ष की ही थी। 14 साल तक अरविंद ने इंग्लैंड में रह कर उच्च शिक्षा प्राप्त की। अपनी इस शिक्षा के दौरान उन्होंनें विभिन्न भाषाओं पर असाधारण अधिकार प्राप्त किया। अंग्रेजी के अलावा वह फ्रांसीसी, ग्रीक, लेटिन, जर्मन और स्पेनिश भाषाओं में भी पारंगत हो गए।

इंग्लैंड में शिक्षा पूरी कर लेने के बाद श्री अरविंद ने अपने पिता की इच्छानुसार आई.सी.एस. की परीक्षा दी और उसमें उत्तीर्ण रहे। लेकिन इन दिनों वहां के समाचार पत्रों में अंग्रेजों द्वारा भारतीयों पर किए जा रहे अत्याचारों तथा विदेशी दासता के कारण भारत की दुर्दशा के बारे में बहुत कुछ छप रहा था, जिसे एक भारतीय होने के नाते अरविंद निरंतर पढ़ते रहते थे। उनका मन अंग्रेंजों की नौकरी करने का नहीं हुआ और परीक्षा पास करने के बाद भी अंतिम टेस्ट देने के लिए नहीं गए और इस तरह भारत में अंग्रेज हकुमत कि आला अफसर बनना नकार दिया। तभी बड़ौदा के महाराजा किसी कार्यवश इंग्लैंड आए हुए थे। वे श्री अरविंद की योग्यता और

व्यक्तित्व से बहुत प्रभावित हुए और अपनी रियासत में कोई उचित उत्तरदायित्व देने का प्रस्ताव उनके सामने रखा, जिसे अरविंद ने स्वीकार कर लिया। फिर दोनों जहाज से भारत के लिए रवाना हो गए। भारत आकर श्री अरविंद बड़ौदा कालेज में अंग्रेजी के प्रोफेसर हो गए। भाषाओं पर असाधारण अधिकार और साहित्य के गहन अध्ययन के कारण वे शीघ्र ही बहुत लोकप्रिय शिक्षक बन गए। विद्यार्थी बड़ी उत्सुकता से उनका पीरियड आने का इंतजार किया करते थे।

देशभक्त अरविंद जब इंग्लैंड में थे तभी से देश की दासता से खिन्न थे। वहां भी वह भारतीय समाज में देश को विदेशी परतंत्रता से मुक्त कराने के बारे में व्याख्यान दिया करते थे। 1893 में उन्होंने अध्यापन के साथ-साथ एक पत्रिका में भारतीयों में स्वाधीनता की भावना जगाने वाले उग्र लेख लिखने आरंभ कर दिए। अंग्रेजों ने पत्रिका के संपादक को धमकाया कि अगर तुमने ऐसे और लेख छापे तो परिणाम बहुत बुरा होगा। उस बेचारे ने श्री अरविंद से अनुरोध किया कि किसी अन्य विषय पर लिखा करें।

उन दिनों भी श्री अरविंद का रहन-सहन बड़ा सादा था। वह साधारण कपड़े पहनते, एक मामूली सी चारपाई पर सोते और अपनी जरूरत भर के पैसे ही खर्च करते। वह अपना सारा वेतन मेज पर रखा करते थे। उसमें से जितना जरूरी हो, उठा कर खर्च करते थे। बाकी का क्या होता था, इसकी उन्होंने कभी चिंता नहीं की। उनके एक मित्र ने एक बार सलाह दी कि अपना वेतन किसी ताले वाले दराज में सुरक्षित रखा करो, इस तरह इसे खुला क्यों छोड़ते हो? इसपर अरविंद ने हंस कर जवाब दिया कि जितनी मुझे आवश्यकता होती है, उतना तो मुझे हमेशा मिला है। शेष पर मेरा अधिकार नहीं। यह सारा धन तो प्रभु का दिया है। इसलिए शेष धन उसका है, मेरा नहीं। यदि वह किसी प्रकार से उसमें से कुछ किसी अन्य को देता है तो मुझे क्या आपत्ति हो सकती है! यह उनके दार्शनिक विचारों की आरंभिक अवस्था थी, जिसने आगे चलकर उनको भारत का महान दार्शनिक और योगी बनाया। उनकी भारतीय आध्यात्म में गहरी रुचि थी और कालेज में पढ़ाने के साथ-साथ अपना अधिकांश समय भारतीय दर्शन के अध्ययन में लगाया करते थे।

बड़ौदा कालेज के बाद श्री अरविंद ने वहां से छोड़कर बंगाल के राष्ट्रीय कालेज में प्राध्यापक की नौकरी कर ली और साथ-साथ सामाजिक व क्रांतिकारी गतिविधियों में बढ़चढ़ कर हिस्सा लेने लगे। इतना ही पर्याप्त न समझ कर उन्होंने एक अंग्रेजी का साप्ताहिक पत्र निकाला जिसमें ब्रिटिश हकूमत के खिलाफ लेख छपा करते थे। उनके साथ उनके समान विचारों वाले अन्य युवक भी शामिल हो गए थे और वे देश को स्वाधीन कराने के लिए योजनाएं बनाते रहते थे। वह कहा करते थे कि देश को विदेशी दासता से मुक्त कराने के लिए हमें निरंतर प्रयत्नशील रहना होगा। भले

ही हमारे जीवन काल में हमें सफलता न मिले, तो भी हमें इसके लिए कोशिश करते रहना चाहिए। कभी न कभी इसका फल अवश्य मिलेगा। यह हमारा अपने देश और अपने देशवासियों के प्रति परम कर्तव्य है और इसके कारण हमें चाहे कितने ही कष्ट क्यों न झेलने पड़ें,हमें इससे विमुख नहीं होना चाहिए।

29 साल की उम्र में श्री अरविंद का विवाह भूपल चंद्र बसु की पुत्री मृणालिनी से हुआ। उनके विचार और जीवन के प्रति उद्देश्य एवं दृष्टिकोण क्या था, इसका अनुमान उस पत्र से सहज ही लगाया जा सकता है जो उन्होंने अपने बारे में अपनी पत्नी को लिखा। वह लिखते हैं :

अब तक तुम्हें अनुमान हो ही गया होगा कि तुम्हारा संबंध एक विचित्र व्यक्ति से जुड़ा है। मैं तीन प्रकार के पागलपन से ग्रस्त हूं। पहला यह कि मुझे पूर्ण विश्वास है कि मेरे पास जो भी गुण, प्रतिभा, उच्च शिक्षा, ज्ञान और धन है, वह सब ईश्वर के दिए हुए, अत: उनके ही हैं। मुझे अपने और अपने परिवार के लिए केवल उतना ही खर्च करने का अधिकार है, जो नितांत आवश्यक हो। जो बाकी बचता है वह ईश्वर को लौटा देना चाहिए। अगर मैं सारे का सारा धन अपने निजी आराम और आमोद-प्रमोद के लिए खर्च कर दूं, तो मैं चोर हूं। ईश्वर को धन देने का अर्थ है इसका भलाई के कामों में सदुपयोग करना। मैंने जो भी धन सरोजिनी या उषा को दिया है, उसका मुझे तनिक भी पछतावा नहीं है। क्योंकि दूसरों की सहायता करना ही धर्म है। जो आप पर आश्रित हैं उनका संरक्षण करना परमधर्म है। लेकिन अगर कोई केवल अपने भाई बहनों को ही देता रहे तो हिसाब चुकता नहीं होता। इस कठिन समय में तो ऐसा लगता है कि सारा देश ही आपके दरवाजे पर आश्रित के समान खड़ा है। इस देश में मेरे तीस करोड़ भाई बहन हैं। इनमें से अनेक भुखमरी के शिकार होकर मर जाते हैं। उनमें से अधिकांश परेशानियों और दुख से संतप्त होकर दुर्बल हो चुके हैं। वे किसी तरह अपनी जिंदगी को घसीट रहे हैं। हमें अवश्य ही उनकी सहायता करनी चाहिए।

दूसरे दोष ने अभी हाल ही में मुझे अपनी गिरफ्त में लिया है। यह है : चाहे किसी भी तरह से संभव हो, मेरा प्रभु से प्रत्यक्ष संपर्क होना चाहिए। अगर ईश्वर है तो उसके अस्तित्व का अनुभव करने का कोई न कोई मार्ग अवश्य होगा। यह मार्ग कितना ही कठिन क्यों न हो, मैंने इसका अनुसरण करने का दृढ़ संकल्प कर लिया है। हिंदू धर्म की मान्यता है कि यह मार्ग हमें अपने अंदर ही खोजना चाहिए – अपने मन में। इस मार्ग पर चलने में सक्षम बनाने के जो नियम हैं वे भी मुझे बता दिए गए हैं। एक महीने के अंदर ही मुझे निश्चय हो गया है कि हिंदू धर्म का कथन असत्य नहीं है। इसमें जिन लक्षणों की चर्चा की गई है, मुझे उन सब की अनुभूति हो चुकी है।

तीसरा दोष यह है : जबकि दूसरे सभी लोग देश को एक जड़ वस्तु समझते हैं, उसे मैदानों, खेतों, जंगलों, पहाड़ों और नदियों के रूप में जानते हैं, मैं अपने देश को अपनी माता के रूप में देखता हूं। मैं उसकी माता की तरह पूजा-अर्चना करता हूं। जब कोई दानव माता की छाती पर बैठ कर उसका रक्त पी रहा हो तो पुत्र को क्या करना चाहिए? क्या उसे चैन से बैठकर भोजन करना चाहिए और अपनी पत्नी और बच्चों के साथ जीवन का आनंद लेना चाहिए? या उसे अपनी माता को बचाने के लिए दौड़ पड़ना चाहिए? मैं जानता हूं कि मेरे पास अधोगति को प्राप्त इस जाति के उद्धार की शक्ति है। यह शारीरिक शक्ति नहीं। मैं तलवार या बंदूक की ताकत से लड़ने नहीं जा रहा हूं। मैं ज्ञान की ताकत से लड़ूंगा। किसी योद्धा की ताकत ही शक्ति का एकमात्र प्रकार नहीं। अन्य प्रकार की शक्ति भी होती है। ब्रह्म की शक्ति भी है जो ज्ञान पर आधारित है। यह मुझमें कोई नई अनुभूति नहीं है। यह हाल का उद्‌गम नहीं। यह जन्मजात है। यह मेरे रक्त में है। ईश्वर ने मुझे इस महान उद्‌देश्य की पूर्ति के लिए ही धरती पर भेजा है। मैं नहीं कहता कि यह कार्य मेरे जीवनकाल में ही सफल हो जाएगा। लेकिन निश्चय ही यह सफल होगा।

और उन्होंने इन तीनों ही उद्‌देश्यों के लिए प्रयास आरंभ कर दिए। परोपकार के काम तो सदा से ही उनका नित्यकर्म था। ईश्वर के साक्षात्कार के लिए उन्होंने साधना आरंभ कर दी और मातृभूमि को विदेशी दासता के चंगुल से मुक्त कराने के लिए रात-दिन प्रयासरत रहने लगे। 1906 में श्री बिपिन चंद्र पाल ने वंदेमातरम् के नाम से एक साप्ताहिक पत्र निकालना आरंभ किया था। उस पत्र के संपादक का उत्तरदायित्व संभालने के लिए श्री अरविंद ने नेशनल कालेज के प्राध्यापक के पद से त्यागपत्र दे दिया। अब वह अपनी ज्वलंत भाषाशैली में देश को स्वाधीन करने का संदेश भारतवासियों को इस पत्र के अग्रलेखों के माध्यम से देने लगे। इसके साथ ही वह स्वाधीनता आंदोलन से संबंधित गतिविधियों में भी सक्रिय भाग लेने लगे। बंगभंग के विरुद्ध आंदोलन में भाग लेने के लिए वह कलकत्ता गए और उन्होंने अपने साथियो के साथ मिलकर आंदोलन को क्रांतिकारी स्वरूप देने का निर्णय लिया। कांग्रेस के नितांत अहिंसक आंदोलन के प्रति उनकी और बिपिनचंद्र पाल की आस्था न थी। दोनों ही क्रांतिकारी विचारों के थे। उनकी मान्यता थी कि कांग्रेस की अपेक्षा अधिक उग्र आंदोलन और संघर्ष करके ही स्वाधीनता पाई जा सकती है। उनकी राष्ट्रवादी पार्टी उग्रदेशभक्तों का दल था। श्री अरविंद ने चार वर्षों तक इस पार्टी के माध्यम से देशवासियों में स्वाधीनता का जज्बा जगाने और विदेशी हुकूमत का विरोध करने का अथक प्रयास किया। उनके विचारों और कार्यकलाप ने देश की राजनीतिक धारा पर अपनी गहरी छाप छोड़ी।

1907 में श्री अरविंद पर राजद्रोह का आरोप लगाया गया लेकिन बाद में आरोप सिद्ध न होने के कारण उनको बरी कर दिया गया। 1908 में उनको अलीपुर षड़यंत्र

केस में आरोपी बनाकर अलीपुर जेल की एक गंदी कोठरी में अभियोगाधीन बंदी के तौर पर रखा गया। जेल में सुविधाओं के अभाव के अतिरिक्त उनको तरह-तरह की यातनाएं भी दी गईं। लेकिन अपने भक्तिभाव और ईश्वर में अडिग आस्था के कारण अरविंद यह सब आसानी से झेल गए। जेल में उनका सारा समय साधना और अध्ययन में व्यतीत होता। यहां उनको ईश्वर के अस्तित्व की प्रत्यक्ष अनुभूति हुई और उनके जीवन की दिशा बदल गई। इसके बाद से उनका शेष जीवन योगसाधना और ईशभक्ति में ही व्यतीत हुआ। इस एक साल की साधना ने उनको क्रांतिकारी अरविंद से योगी अरविंद बना दिया। 4 अप्रैल 1910 को श्री अरविंद अपने थोड़े से साथियों के साथ पांडिचेरी चले गए और वहां एक छोटा-सा आश्रम बनाकर रहने लगे। यह स्थान अंग्रेजी हुकूमत के आतंक और यातनाओं के दायरे से दूर था, अतः यहां रह कर वह शांति के साथ योगाभ्यास कर सकते थे। इस बीच अंग्रेजों ने उन पर एक और अभियोग भी लगाया लेकिन उनके शासन की सीमा से बाहर होने के कारण वे श्री अरविंद के विरुद्ध कोई कार्रवाई नहीं कर सके।

जेल में श्री अरविंद को गीता का गहन अध्ययन करने का अवसर मिला था। श्रीकृष्ण द्वारा अर्जुन को दिए उपदेश का उनपर गहरा प्रभाव पड़ा और वह उनके लिए मार्गदर्शक बन गया। वह गीता को अपना आध्यात्मिक गुरु मानते थे। उनकी आगे की सभी आध्यात्मिक गतिविधियां भगवद्गीता से प्रेरित रहीं। पांडिचेरी में रहकर उन्होंने अपने आध्यात्मिक अनुभवों और विचारों का विस्तार किया और जनकल्याण की भावना से उसका प्रचार भी करते रहे। धीरे-धीरे उनके साथ और लोग जुड़ते चले गए और एक विशाल आश्रम बन गया। 1918 में उनकी पत्नी मृणालिनी देवी का निधन हो गया। 1920 में पोल रिचर्ड की पत्नी भी आकर उनके आश्रम में रहने लगीं। उन्होंने अपना शेष जीवन आध्यात्म को समर्पित करने का निश्चय कर लिया था और श्री अरविंद के विचारों से प्रभावित होने के कारण उन्होंने पांडिचेरी के अरविंद आश्रम में ही रहने का निर्णय लिया। आगे चलकर यही महिला अरविंद आश्रम की संचालिका और आनंदमयी मां के नाम से विख्यात हुईं।

श्री अरविंद के अनुसार यथार्थ की अनुभूति विभिन्न रूपों में हो सकती है। इसका कारण यह है कि स्वयं यथार्थ के कई पहलू होते हैं। इसके अतिरिक्त मानव प्रकृति भी असीम रूप से भिन्न होती है। आध्यात्मिक सत्य के अन्वेषियों में सब में समान क्षमता नहीं होती। उनकी प्रकृति की निर्मिति भिन्न-भिन्न होती है। उनका स्वभाव अलग-अलग होता है। इसके अतिरिक्त मानसिक चेतनता, जोकि योग का मुख्य साधन है, उसके कई स्तर होते हैं। आत्मा किस स्तर पर है, इस पर भी अनुभव निर्भर करता है, अतः उसमें भिन्नता होती है। साधक के लिए साधना-पद्धति का चुनाव भी आवश्यक होता है क्योंकि उसमें समग्र यथार्थ को ग्रहण करने की

शक्ति नहीं होती। कोई साधक अपनी साधना में आगे बढ़ने के बाद यह कह सकता है कि उसकी आत्मा पर पहले से ही आध्यात्मिक नियति की छाप लगी हुई थी जो उसके मार्ग और संपूर्ति का निर्धारण करती है। यद्यपि श्री अरविंद विभिन्न अनुभवों की बात करते हैं लेकिन इसके साथ ही कहते हैं कि वह इन पर आधारित विभिन्न प्रकार के दर्शन के समर्थक नहीं।

1914 में उन्होंने *आर्य* के नाम से एक आध्यात्मिक पत्रिका प्रकाशित करनी आरंभ की जिसमें वेद, उपनिषद, गीता एवं योग के विज्ञान आदि विषयों पर चर्चा होती थी। गीता को वह आध्यात्मिक गुरु कहा करते थे। उनका कहना था कि आधुनिक विचारधारा ने गीता की व्याख्या अपनी सोच के अनुरूप की है। उसमें आध्यात्मिकता के उस उच्च स्तर पर अधिक बल नहीं दिया गया जो गीता का मुख्य संदेश है। उनका कहना था कि आजकल के बुद्धिजीवियों की सोच पश्चिम से प्रभावित है। उनका मन व्यावहारिकता के प्रभाव में अधिक है। सूक्ष्म से उनका साक्षात्कार नहीं हुआ और उसमें रुचि भी कम ही है। गीता को महत्व तो आज भी दिया जाता है लेकिन सबसे अधिक महत्व आरंभ के चार अध्यायों को दिया जाता है। बाद के अध्यायों में जो दर्शन है, उसपर अब अधिक ध्यान नहीं दिया जाता। इस प्रकार गीता का न तो अध्ययन संपूर्ण होता है न उसका संदेश अपनी संपूर्णता में ग्रहण किया जाता है। वेदांत का भी उन्होंने अपने दृष्टिकोण और अनुभूतियों के अनुरूप विवेचन किया और उसके दर्शन पर विस्तार से प्रकाश डाला। असल में उनके हर विवेचन और व्याख्या पर उनकी अपनी अनुभूतियों और चिंतन की छाप रहती थी।

श्री अरविंद का धर्म किसी वर्ग विशेष या जाति विशेष तक सीमित न था। उनका धर्म इन वर्गों से परे समस्त मानवता के लिए था। वह इसे मानवता का बौद्धिक धर्म कहते थे। लेकिन इसके साथ ही उन्होंने स्पष्ट किया कि केवल बौद्धिकता को महत्व नहीं देना चाहिए क्योंकि बौद्धिकता मानव की अंतर्रात्मा का स्पर्श नहीं कर पाती, जबकि धर्म का उद्देय है मानवमात्र की अंतर्रात्मा का रूपांतरण। उनका कहना था कि मानव की महानता इसमें नहीं कि वह मानव है, बल्कि इसमें है कि वह किसे संभाव्य बनाता है। मनुष्य का मन एक जीवंत पिंजरे में बंदी है। वह जागरूकता की परम शक्ति नहीं क्योंकि उसके पास परम सत्य नहीं, वह तो परम सत्य का अण्वेषी है।

नवंबर 1950 के अंतिम दिनों में श्री अरविंद बहुत अस्वस्थ हो गए और लगभग 15 दिनों की बीमारी के बाद 5 दिसंबर को उन्होंने अंतिम सांस ली और संसार से एक महान मनीषी और तत्वदर्शी विदा हो गया।

卐卐卐

अध्याय-15

शिरडी के साईं बाबा

न कोई नाम न पता। न माता-पिता का नाम ना वंश का ठिकाना। न कोई धन संपदा। सिर्फ एक ही पहचान, साईं बाबा। संसार के किसी भी सबंध या संसार की किसी भी वस्तु से पूरी तरह निर्लिप्त। शिरडी वाले साईं बाबा की यह विशेषता ही उनको एक ऐसा व्यक्तित्व प्रदान करती थी कि कोई भी उनसे प्रभावित हुए बिना न रहे। उन्होंने कभी किसी वस्तु की चाह नहीं की। लेना सीखा ही नहीं। सिर्फ देना सीखा। अथाह प्रेम, निष्कपट प्रेम और आशीर्वाद। उनके उपदेश व्यावहारिक जीवन के लिए भी बहुत उपादेय होते थे। इन उपदेशों में कोई गूढ़ आध्यात्मिकता नही होती थी, जिसे समझने में उनके किसी भक्त को कठिनाई हो। अपना परिचय पूछने पर वह सहज भाव से कहते कि मैं तो ईश्वर का दास हूं। कभी यह भी कहते कि मैं ही ब्रह्म हूं। इन दोनों बातों में जो विरोधाभास प्रकट होता है, वह वास्तव में है नहीं। दोनों बातें एक ही हैं। प्रत्येक जीव में ईश्वर का अंश होना भारतीय दर्शन का सार तत्व है। जिसकी आत्मा स्व-पर की भावना से मुक्त है, उसे ब्रह्म के शुद्ध बुद्ध स्वरूप के दर्शन अपनी आत्मा में ही हो जाते हैं। इस सत्य से साक्षात्कार हो जाने पर यह कहना कि मैं ही ब्रह्म हूं, अहं का परिचायक नहीं। वह तो केवल एक वास्तविक अभिव्यक्ति है। एक विशेष स्थिति में साधक इसका प्रत्यक्ष अनुभव करता है और उस स्थिति में उसका ऐसी घोषणा करना नितांत स्वाभाविक ही है। उनकी यह अभिव्यक्ति ही इस बात का प्रमाण है कि इस साधक की आत्मा कितनी शुद्ध और पावन थी।

साईं बाबा के जन्मस्थान, माता-पिता, वंश आदि के बारे में बहुत खोज की गई लेकिन बहुत प्रमाणिक जानकारी कभी नहीं मिली। अत: उनके कई जीवनीकारों ने यही

लिखा कि इस विषय में कुछ भी ज्ञात नहीं हो सका है। जो कुछ सूत्र हाथ लगे उनके आधार पर यह कहा जा सकता है कि उनका जन्म हैदराबाद रियासत में कहीं हुआ था। उनके पिता ब्राह्मण थे। बहुत बचपन में ही उनके माता-पिता का देहांत हो गया और उन्हें एक मुस्लिम संत ने पालपोस कर बड़ा किया। एक अन्य विवरण के अनुसार स्वयं साईं बाबा ने अपने एक अनन्य भक्त को बताया था कि मेरा जन्म पाथरी गांव (हैदराबाद रियासत) के एक ब्राह्मण परिवार में हुआ था और जन्मते ही मेरे पिता ने मुझे एक मुस्लिम फकीर को सौंप दिया। ऐसा क्यों हुआ, किन परिस्थितियों के तहत हुआ, इसका कुछ भी विवरण उन्होंने नहीं दिया और न ही उस भक्त को यह पूछने का साहस हुआ। इस फकीर ने साईं बाबा को इस्लाम के मुख्य सिद्धांतों का ज्ञान दिया और इनका लालन-पालन एक मुस्लिम के रूप में किया। इस तरह उनके शरीर में एक कुलीन हिंदू का रक्त था और इस्लाम की भी सभी अच्छाइयां उनको दीक्षा में मिलीं। उनके इन दोनों ही धर्मों के प्रति अनुराग और आस्था का यही कारण था। उनके व्यक्तित्व की इसी विशेषता ने उनको हिंदू मुस्लिम दोनों का प्रिय और आदरणीय बना दिया। कुछ लोग उनको परम संत मानकर उनके प्रति अनन्य श्रद्धा रखते थे तो कुछ भक्त उनको ईश्वर का अवतार ही मानते थे।

जैसा कि इस स्तर के सभी संतों में पाया जाता है, किसी अंत:प्रेरणा के कारण वह बहुत छोटी उम्र से ही सांसारिकता से विरक्त हो गए थे। उनको एक ही लगन थी, किसी तरह प्रभु को पाने की। वह कुछ समय किसी गुरु के लिए भटके। अंतत: उनको अपने समय के प्रसिद्ध विद्वान और साधक गुरु वेंकटेश मिल गए जिनकी छत्रछाया में उन्होंने प्रभुभक्ति का पाठ सीखा। उसके बाद से हरि नाम का जाप करना और लगभग निरुद्देश्य घूमना, यही उनकी दिनचर्या बन गई। कहा जाता है कि इस तरह की अनन्य भक्ति और साधना के कारण उनको अनायास ही सिद्धि प्राप्त हो गई थी, जिसका प्रयोग उन्होंने सदा परोपकार में ही किया। साईं बाबा के व्यक्तित्व का विकास इसी क्रम में हुआ। ब्राह्मण का संस्कार लेकर जन्मे, इस्लाम की दीक्षा पाई और फिर सनातन धर्म के गुरु की शरण में रहकर हरिनाम जपने का गुरुमंत्र पाया। उनके व्यक्तित्व में हिंदू और मुस्लिम, दोनों धर्मों के गुण ऐसे घुलमिल गए कि अविच्छिन्न हो गए। उन्होंने इसे अत्यंत सहज भाव से लिया और अपने जीवन में आगे चलकर भी उसी सहजता से निभाया। असल में वह न तो हिंदू थे, न मुसलमान। उनका धर्म मानवता और उच्च नैतिकता का धर्म था, जिसका पाठ उन्होंने अपने सभी अनुयायियों को भी पढ़ाया ताकि उनका जीवन स्तर उन्नत हो और वे अच्छे इनसान बनें। उनके एक जीवनीकार ने ठीक ही लिखा है कि उनका धर्म मानवता, प्रेम और नैतिकता का धर्म था और नैतिकता के उच्चतम मूल्यों को उन्होंने अपनी सहजता और सादगी में आत्मसात कर लिया था। वह रामनवमी, गोकुल अष्टमी और ईद का त्योहार बड़े उत्साह से सबके साथ मिलकर

मनाते थे। ईद के दिन वह सभी गांव वालों को अपनी मस्जिद में नमाज पढ़ने के लिए आमंत्रित किया करते थे।

गुरु वेंकटेश के गोलोकवास के पश्चात किशोर साईं बाबा प्रभु से साक्षात्कार के उद्देश्य से प्रेरित होकर एकांत की खोज में फिरते रहे। वे शोरगुल से दूर किसी भी एकांत को पसंद करते थे। बहुत कम बोलते थे और रातदिन हरिनाम का जाप करते थे। उनका कोई एक ठिकाना न था। अक्सर दूरदराज के गांवो में निकल जाते। एक समय का भोजन किसी भी परिवार से मांग कर खा लेते और अपनी साधना में मग्न रहते। उनकी आध्यात्मिक क्षमताओं से अपरिचित ग्रामीण उनको भी साधारण फकीर समझते। अपने इसी भ्रमण के दौरान वे शिरडी पहुंच गए और अहमदनगर जिले के कोपरगांव ताल्लुका के इस छोटे से गांव में पहले-पहल नीम के एक पेड़ के नीचे समाधि में बैठे देखे गए। शिरडी में उनके आगमन के बारे में खोजबीन करने वालों में से एक ने लिखा है कि उस गांव के एक वृद्ध नाना चोपदार ने बताया कि उनकी मां ने बाबा को देखा था, जब वह केवल 16 वर्ष के थे। वह अत्यंत रूपवान थे और उनके चेहरे पर दिव्य तेज था। वह किसी से मिलते न थे और अधिकांश समय समाधि में लीन रहते थे। किशोरावस्था में ही उनको इस तरह की घोर तपस्या करते देख गांव वाले आश्चर्यचकित थे।

साईं बाबा के जीवन के साथ जुड़ी चमत्कार की अनेक कथाओं में एक यह भी है कि वह अजन्मा थे और 16 वर्ष की अवस्था में एकाएक शिरडी में उस नीम के पेड़ के नीचे प्रकट हुए थे। अत: उनके घर-परिवार, जन्म स्थान या माता-पिता के होने का प्रश्न ही नहीं उठता। दूसरा विवरण जो अधिक प्रचलित है और अधिक युक्तियुक्त भी प्रतीत होता है, वह यह है कि अपने भ्रमण के दौरान वह शिरडी आए और उनको वह स्थान अच्छा लगा। वह अक्सर वहां किसी पेड़ की छाया में रहते। रातें भी वहीं गुजारते। फिर कहीं और चले जाते या आसपास के किसी जंगल में जाकर धूनी रमा लेते और लंबे समय तक शिरडी में दिखाई न देते। इसी तरह जब वह एक बार किसी जंगल में निवास कर रहे थे तो एक आदमी को घोड़े की काठी और दूसरा साज पीठ पर लादे कहीं जाते हुए देखा। उन्होंने उसे बुलाकर पूछा कि क्या बात है, तुम यह साज लेकर कहां जा रहे हो? उस व्यक्ति ने बताया कि मेरी घोड़ी खो गई है और यह उसी का साज है। दो महीने तक मैंने उसे खोजने में लगाए पर असफल रहा। अब निराश होकर अपने घर औरंगाबाद लौट रहा हूं। "तो यह बात है," साईं बाबा बोले, "पर तुमने नाले के पास जाकर तो उसे खोजा ही नहीं।" उस व्यक्ति ने सोचा, चलो चलकर वहां भी देख लेते हैं। यह कोई फकीर है और ऐसे साधुसंतों की बातें अक्सर सच साबित होती हैं। नाला उस स्थान से बहुत दूर न था। जब वह वहां पहुंचा तो यह देखकर हैरान रह गया कि उसकी घोड़ी वहां आराम से चर रही है। तो क्या उस फकीर के पास दिव्य

दृष्टि थी जो इतनी आसानी से उस पशु का पता लगा लिया, जिसे वह दो माह की मेहनत से भी खोज नहीं पाया था। अपनी प्रिय घोड़ी को पाकर वह निहाल हो गया और लौटकर उसने न केवल फकीर को धन्यवाद दिया बल्कि अनुनय-विनय भी की कि वह उसके साथ औरंगाबाद चलें।

साईं बाबा 1857 में शिरडी में थे। उसके बाद वह अचानक ही वहां से कहीं दूर एकांत में चले गए थे। चार साल बाद इस व्यक्ति ने उनको जंगल में देखा था और अपने यहां ले आया था। इसका नाम चांद पाटिल था और वह औरंगाबाद के धूप गांव का बड़ा अमीर जमींदार था। कुछ अरसा बाबा वहां रहे। तभी एक ऐसा संयोग हुआ जिसने उनको फिर शिरडी पहुंचा दिया। चांद पाटिल के साले की शादी थी, जिसका सारा आयोजन चांद पाटिल कर रहा था। उसके घर से ही बारात शिरडी जानी थी। उसने बाबा से अनुरोध किया कि वह भी उन सब के साथ शिरडी चलें। वह राजी हो गए और बारात पुराने रिवाज के मुताबिक बैलगाड़ियों में काफिला बनाकर चली। जब वे शिरडी पहुंचे तो लड़की वाले आगवानी के लिए खड़े थे। बाबा जब बैलगाड़ी से उतरने लगे तो लड़की वालों में से किसी ने प्रेमपूर्वक कहा, "आओ साईं।" उनका असली नाम तो कोई जानता न था। पर तभी से सब उनको साईं बाबा के नाम से पुकारने लगे। बारात तो शादी करके लौट गई, लेकिन साईं बाबा वहीं रह गए। उन्हें शिरडी गांव सदा से बहुत पसंद था। उस समय उनकी उम्र मात्र बीस वर्ष की थी। पहले तो वह अपनी रातें भी खुले आसमान के तले बिताते थे, लेकिन शिरडी में दोबारा आने पर उन्होंने एक खंडहर हो चुकी पुरानी मस्जिद को अपना निवास बना लिया। वह उसके एक कोने में आसन जमाते और अपनी साधना में मस्त रहते। उनकी दिनचर्या वही थी, गांव से फकीरों की तरह खाने के लिए थोड़ा सा भोजन भिक्षा में लेना और केवल एक समय खाना। अंतर केवल यह था कि अब लोग जान गए थे कि वह कोई साधारण फकीर नहीं, सिद्ध पुरुष हैं। बाबा को अपनी सिद्धि या आध्यात्मिक शक्ति का प्रदर्शन करने का जरा भी शौक न था। लेकिन उनकी शक्तियां अनायास ही लोगों पर प्रकट होती गईं। बात यह थी कि उनसे किसी का दुख दर्द नहीं देखा जाता था। जब कोई दुखिया उनकी शरण में आता तो वह उसे थोड़ी सी भभूत अपनी धूनी में से दे देते, जिसे वह उड़ी कहते थे। यह अचूक औषधि का काम करती और वह व्यक्ति भलाचंगा हो जाता। कहते हैं कि गंभीर बीमारियों से ग्रस्त और यहां तक कि जहरीले सांप के काटे भी उनकी भभूत से अच्छे हो जाते थे। इससे उनकी ख्याति शिरडी में ही नहीं, दूर-दूर तक फैल गई।

कहा जाता है कि साईं बाबा बहुत पढ़े-लिखे न थे, न ही वह पढ़ने को अधिक महत्व देते थे। वह कबीर से काफी प्रभावित थे और उनके अनुसार ही प्रेम के ढाई अक्षर पढ़ने वाले को पंडित समझते थे। वह ज्ञान का भंडार इकट्ठा करने के बजाय हरिनाम का जाप करने को अधिक महत्व देते थे। इससे संबंधित उनके बारे में एक घटना

उल्लेखनीय है। बताया जाता है कि उनका एक शिष्य नाना एक दिन उनकी चरणसेवा कर रहा था। वह इसके साथ ही गीता का एक श्लोक भी धीमी आवाज में गुनगुना रहा था। साईं बाबा के पूछने पर कि यह तुम क्या बोल रहे हो, उसने जवाब दिया कि गीता के चौथे अध्याय का चौंतीसवां श्लोक है। साईं बाबा ने कहा कि ठीक है, मुझे सुनाओ। नाना ने उनके आदेश का पालन करते हुए ऊंची आवाज में सुनाया :

तद्विद्धि प्रणिपातेन परिप्रश्नेन सेवया।
उपदेक्ष्यन्ति ते ज्ञानं ज्ञानिनस्तत्त्वदर्शिनः।।

बाबा ने पूछा कि इसका अर्थ क्या हुआ? नाना ने अपने मन में यह समझा कि बाबा हालांकि महान संत हैं, लेकिन अधिक पढ़े-लिखे न होने के कारण संस्कृत के इस श्लोक का आशय नहीं समझ पाए। अत: उसने सहज भाव से उसका हिंदी में अर्थ कह सुनाया, ''तुम गुरु के पास जाकर सत्य को जानने का प्रयास करो। उनसे विनीत होकर जिज्ञासा करो और सेवा करो। स्वरूपसिद्ध व्यक्ति तुम्हें ज्ञान प्रदान कर सकते हैं, क्योंकि उन्होंने सत्य का दर्शन किया है।'' जैसा कि उक्त श्लोक के भावार्थ से ही स्पष्ट है, नाना अपने गुरु साईं बाबा की सेवा करता हुआ भक्तिभाव से यह श्लोक गुनगुना रहा था। इस पर बाबा ने उसकी बताई व्याख्या और अर्थ पर ऐसा तर्क दिया कि नाना हक्काबक्का रह गया। उन्होंने उससे एक-एक शब्द का अर्थ अलग-अलग पूछा और नाना के अर्थ बताने पर ऐसे अकाट्य तर्कों से उसकी बात को गलत साबित किया कि वह हैरान हो गया। गीता की ऐसी व्याख्या उसने कभी न सुनी थी। उसका यह हाल देख अपने प्रिय शिष्य के प्रति प्रेम प्रदर्शित करते हुए बाबा बोले कि कल से तुम रोज गीता मेरे सामने पढ़ा करो और मैं उसकी व्याख्या करके उसके अर्थ तुम्हें समझाऊंगा। नाना उनके इतने निकट रहकर भी नहीं जानता था कि बाबा इतना गूढ़ ज्ञान रखते हैं। अब उसकी समझ में आया कि बाबा के इस कथन में कितना बड़ी सच्चाई छिपी थी कि किसी तरह का ग्रंथ पढ़कर ज्ञान अर्जित करने की आवश्यकता नहीं। यह बाहरी तरीका है। सर्वज्ञाता ब्रह्म तुम्हारी आत्मा में वास करते हैं। अपनी आत्मा को शुद्ध-प्रबुद्ध कर लो। सारा ज्ञान स्वयं ही पा जाओगे। इस घटना के बाद उनके प्रति जानकारी रखने की अभिलाषा करने वालों के मन में दो सवाल उठे, क्या यह बाबा का पूर्वजन्म में अर्जित ज्ञान था? या उन्होंने कभी संस्कृत का भी गहन अध्ययन किया था, जिसकी जानकारी सिर्फ उनको थी? पर उनको अधिक निकट से जानने वालों का यही कहना था कि यह उनका आत्मज्ञान ही था। और उनकी यह दृढ़ धारणा थी कि कोई भी अपनी आत्मा को राग-द्वेष से मुक्त करके उसके शुद्ध स्वरूप के दर्शन अपने अंदर कर सकता है जो सर्वथा ज्ञानवान है। गुरु ज्ञान नहीं देते, जैसा कि कुछ लोग गीता के इस श्लोक का अर्थ समझते हैं। वह आत्मा से साक्षात्कार कराते हैं और ज्ञान जिज्ञासु शिष्य को खुद ही मिल जाता है। उनका कहना था कि दिव्यज्ञान सिखाया नहीं जा

सकता। वह अपने अंदर होता है और उसे अध्ययन से नहीं, साधना से प्राप्त किया जा सकता है।

आध्यात्म की इस तरह की बारीकियां बाबा को सहज प्राप्त थीं और वह समय-समय पर अपनी विभिन्न उक्तियों में उन्हें अभिव्यक्त करते रहते थे। अधिकांश को भक्तजन समझ पाते, कुछ को नहीं। आखिर वह भी कई बार कबीर साहिब की तरह उलटबासियां कह सुनाते थे। कभी-कभी कुछ भक्तों ने उन्हें यह कहते सुना कि मैं कबीर हूं। एक बार किसी केस के सिलसिले में उनको बुलाया गया तो अन्य साधु संतों की तरह उन्होंने समन की परवाह नहीं की, न उसके बाद जारी किए गए वारंट की। इस पर कुछ भक्तों ने संबंधित मजिस्ट्रेट को पत्र लिखकर अनुरोध किया कि बाबा से इस तरह का व्यवहार न किया जाए। अगर मामले में उनकी गवाही की जरूरत है तो एक कमिश्नर नियुक्त करके शिरडी भेजा जाए जो स्वयं आकर उनके बयान दर्ज करे। कमिश्नर आया और उसने दस्तूर के मुताबिक कुछ सवाल किए, जिनके जवाब बाबा ने अपनी आध्यात्मिक वाणी में दिए।

"आपका नाम?"

"साईं बाबा।"

"पिता का नाम?"

"साईं बाबा।"

"आपके गुरु का नाम?"

"वेंकटेश।"

"आपका धर्म?"

"कबीर।"

"जाति?"

"परवरदिगार।"

"आपकी उम्र?"

"लाखों साल।"

कमिश्नर क्या करता। यही बयान दर्ज करके चलता बना। जिस संत के लाखों अनुयायी हों और जिसे वह स्वयं भी सांसारिक कानूनों से मुक्त मानता हो, उससे किसी तरह का तर्क करना उसने उचित नहीं समझा। ध्यान देने की बात है कि इस बयान में भी साईं बाबा ने संत कबीरदासजी को अपना धर्म बताया। आखिर स्वयं कबीर भी खुद को हिंदू मानते थे न मुस्लिम। साईं बाबा भी ऐसे ही थे।

साईं बाबा के चमत्कारों के असंख्य किस्से हैं। इतने अधिक कि उनको मनगढ़ंत किसी तरह नहीं कहा जा सकता। आखिर किसी के बारे में सच्चाई का अंश न होने पर इतनी बातें कैसे प्रचलित हो सकती हैं और कैसे उसके लाखों भक्त हो सकते हैं। उनका मिशन मानवमात्र के दुख-दर्द दूर करना था और बहुतों को वह अपने आशीर्वचनों और धूनी की चुटकीभर भभूत से चंगा कर देते थे। उन्होंने कभी कुछ लिखा नहीं, लेकिन उनके बारे में बहुत लिखा गया है। उनकी उक्तियों और चमत्कार की कथाओं के संकलन भी उपलब्ध हैं।

जैसा कि अभी हमने ऊपर कहा, उनके अद्‌भुत कारनामों की कथाएं अनंत हैं। बानगी के तौर पर हम दो-तीन यहां प्रस्तुत कर रहे हैं। देशपांडे नामक एक व्यक्ति के पिता नेत्रहीन थे। वह उनको शिरडी में साईंबाबा के पास लाए।

उनके पिता ने साईं बाबा के सामने मस्तक नवाते हुए कहा,"बाबा, मैं कुछ भी देख नहीं सकता।"

"देख सकोगे,"साईं बाबा बोले,"लेकिन इसके लिए तुम्हें मुझको चार रुपए देने होंगे।"

यह सुनकर वह हैरान रह गए। वह साईं बाबा, जो धनदौलत को तुच्छ समझते थे, उनके पास जो भी चढ़ावा आता वह जरूरतमंदों में बांट देते थे। वही चार रुपए की मामूली रकम मांग रहे थे, उनकी आंखों की रोशनी वापस लाने के लिए। पर साईं बाबा अपनी मौज में कब क्या कह बैठें कोई नहीं जानता था। उनका कुछ पूछने का साहस न हुआ और देशपांडे ने चुपचाप चार रुपए बाबा को दे दिए। बाबा ने उनके पिता के सिर पर हाथ रखा और इसके साथ ही उनकी नेत्रों की ज्योति लौट आई। जैसा कि स्वाभाविक ही था, बाप बेटा दोनों की खुशी का ठिकाना न रहा और वे बाबा के चरणों में लोट गए। बाबा ने सहज भाव से उनको आशीर्वाद और भभूत का प्रसाद देकर विदा किया।

इस तरह का एक और किस्सा है, लेकिन जरा हट कर। एक अंधी औरत बाबा के पास आई और बोली, "मैं आपके दर्शन करना चाहती हूं, पर मैं अभागी देख नहीं सकती।" बाबा ने हाथ उठाकर उसे आशीर्वाद दिया तो उसकी आंखों की रोशनी लौट आई। उसने साईं बाबा और उनके आसपास बैठे लोगों को प्रत्यक्ष देखा। लेकिन जब वह प्रसाद लेकर वहां से निकली तो उसकी आंखों की रोशनी फिर से चली गई। अब उसकी समझ में आया कि बाबा से जो मांगा था उन्होंने वही दिया, उससे अधिक नहीं।

बाबा जिस मस्जिद में रहते थे, वहां रात को उजाले के लिए दिए जलते थे। इन के लिए तेल गांव वाले दिया करते थे। एक बार किसी कारण से वे तेल लेकर नहीं आए। बाबा ने किसी से कुछ नहीं कहा। चुपचाप दियों में पानी भरा, बाती लगाई और

जला लिए। जब गांव वालों को इसका पता चला तो उन्होंने बाबा से बहुत माफी मांगी और वादा किया कि इस तरह की गलती फिर कभी न होगी।

शिरडी के साईं बाबा की विशेषता यह थी कि उन्होंने किसी नए धर्म, मत या संप्रदाय का प्रतिपादन नहीं किया। न ही किसी मत विशेष को अधिक महत्व दिया। उनके दर पर हर धर्म और संप्रदाय के मतावलंबी आते थे और उन्होंने कभी किसी को अपने धर्म से विमुख होकर कुछ करने के लिए नहीं कहा। बल्कि वह यही कहते थे कि अपने धर्म पर कायम रहो। उसमें पूरी निष्ठा बनाए रखो। उनका संदेश ईश्वर के प्रति हर प्रकार की आस्तिकता के पुनर्जागरण का संदेश था। कहने को पढ़े-लिखे न होने वाले साईं बाबा के पास हर धर्म के दर्शन का अगाध ज्ञान था। वह किसी भी प्रकार की शंका का सहज ही समाधान कर देते जिसे देख बड़े अध्येता भी, जो अपनी शंकाए लेकर उनके पास आते थे, हैरान रह जाते।

28 सितंबर सन 1918 को साईं बाबा बुखार से पीड़ित हो गए। भक्तों के अनुनय विनय के बावजूद उन्होंने ज्वर की तनिक भी परवाह न की और धीरे-धीरे उनका शरीर कमजोर होता गया। सब हैरान थे कि दूसरों को भयानक बीमारियों से चंगा कर देने वाले बाबा अपना खयाल क्यों नहीं कर रहे हैं। पर वह इस बारे में मौन ही रहे और किसी में साहस नहीं हुआ कि उनकी इच्छा का विरोध करे। उनकी दिनचर्या और सत्संग कीर्तन जारी रहे। लेकिन कुछ दिनों बाद उन्होंने अन्न का भी त्याग कर दिया और बिलकुल निराहार रहने लगे। अंतत: 15 अक्तूबर 1918 को दोपहर ढाई बजे उन्होंनें अपने हिंदू और मुस्लिम अनुयायियों की उपस्थिति में शांतिपूर्वक शरीर त्याग दिया। एक अन्य विवरण के अनुसार उन्होंने 15 अक्तूबर 1919 को अपना शरीर त्यागा था।

साईं बाबा अपने भौतिक शरीर में अब हमारे बीच नहीं रहे। लेकिन शिरडी में बने उनके भव्य मंदिर में जाकर यह अनुभूति होती है कि वह अब भी वहां मौजूद हैं। उसके अहाते में प्रवेश करते ही एक अनिर्वचनीय आध्यात्मिक अनुभूति होती है और भक्त अपने आप को एक अद्‌भुत वातावरण में पाता है। ऐसा प्रतीत होता है कि बाबा का आशीर्वाद वहां के पवित्र वातावरण के कण-कण में व्याप्त है।

卐卐卐

अध्याय-16

स्वामी विवेकानंद

अगर किसी ने सुशुप्त आत्माओं को झकझोर कर जगाया, अगर किसी ने अंधकार से भरे दिलों को दिव्य ज्ञान से आलोकित किया, तो वह थे स्वामी विवेकानंद। इस देश में अनेक संत महात्मा हुए। दिव्य ज्ञानी हुए। लेकिन ज्ञान के इस भंडार को जन-जन तक पहुंचाने और सारे विश्व में भारतीय आध्यात्म का आलोक फैलाने वाला उनके सरीखा दूसरा नहीं हुआ। उनकी वाणी में ऐसा जादू था कि सुनने वाला मंत्रमुग्ध हो जाए। उनके व्यक्तित्व में ऐसा ओज था कि दर्शन मात्र से एक अमिट प्रभाव छोड़ जाए।

भारत के इस अनोखे संत का जन्म 12 जनवरी 1863 को कलकत्ता के सिमोलिया मुहल्ले के सुप्रसिद्ध दत्त परिवार में हुआ था। उनके पिता विश्वनाथ दत्त कलकत्ता उच्च न्यायालय के नामी व अत्यंत सफल वकील थे। घर में धन-दौलत की कोई कमी न थी। विलासिता की हर सामग्री, नौकर-चाकर, घोड़ागाड़ी, सभी कुछ था। उनकी माता भुवनेश्वरी देवी अत्यंत धर्मपरायण थीं। वह शिवजी की अनन्य भक्त थीं। जब उनको पुत्र रत्न की प्राप्ति हुई तो उसे भी उन्होंने शिवजी की कृपा ही माना और उसका नाम विश्वेश्वर रखा गया। बाद में स्कूल में भर्ती कराते समय उसका नाम नरेंद्रनाथ रखा।

नरेंद्रनाथ बहुत ही मेधावी छात्र थे। बचपन से उनको पढ़ने-लिखने और साथ ही पूजा-अर्चना करने का बहुत शौक था। ये दोनों काम वह बहुत मन लगाकर व नियमपूर्वक करते। माता को पुत्र की यह लगन बहुत भाती। वह उसे इसके लिए

सदा उत्साहित करतीं। इस प्रकार धर्म और आराधना की तरफ नरेंद्रनाथ का अनुराग बचपन से ही हो गया। कहा जाता है कि एक बार वह शिवजी की मूर्ति के पास ध्यानमग्न बैठे थे कि कहीं से सांप आ गया। उस समय जो दूसरे बच्चे वहां मौजूद थे वे 'सांप, सांप', चिल्लाते हुए भागे। पर नरेंद्र ऐसे ध्यान में डूबे थे कि उनको कुछ पता ही न चला। माता भुवनेश्वरी ने आकर देखा तो बेहद परेशान हो उठीं। लेकिन तभी सांप ने अपना फन समेटा और चला गया। उसने नरेंद्र को कोई हानि नहीं पहुंचाई। इसे भी माता ने एक चमत्कार ही माना, नरेंद्र के भक्ति भाव का और शंकर भगवान के उस पर आशीर्वाद का।

दौलतमंद और दुनियादार पिता विश्वनाथ दत्त को पुत्र की यह धर्मभावना अधिक सुहाती न थी। वह इसे स्त्रियों के लिए आरक्षित विषय समझते थे और नहीं चाहते थे कि उनका बेटा इसमें अपनी शक्ति या ऊर्जा या समय लगाए। उन्होंने कई बार उसे समझाया पर नरेंद्र ने अपनी लगन न छोड़ी। उन्होंने सोचा कि उम्र के बढ़ने के साथ उनकी यह भावना अपने आप धीरे-धीरे कम हो जाएगी। लेकिन हुआ इसका उलट ही। जैसे-जैसे वह बड़े हुए, उनकी आध्यात्म चिंतन की लालसा और उत्कट होती गई। उनके पिता को एक बात की सांत्वना अवश्य थी कि उनका पुत्र एक अत्यंत मेधावी छात्र था।

1877 में उनका स्वास्थ्य निरंतर खराब रहने लगा। उन दिनों उनके पिता कामकाज के सिलसिले में रायपुर में रहते थे। वह चाहते थे कि बेटा नरेंद्र ऐसी अवस्था में उनके पास हो ताकि उसका ठीक से इलाज हो सके और वह जल्दी स्वस्थ हो जाए। अतः उन्होंने अपने परिवार को वहीं बुला लिया। नरेंद्र दो वर्ष तक रायपुर रहे। वहां की जलवायु और प्राकृतिक वातावरण उनको बहुत भाया। वह धीरे-धीरे स्वस्थ होते गए और दो साल में उनकी सेहत पहले से भी बेहतर हो गई। इसके साथ ही वहां उनको स्वाध्याय का भी पर्याप्त समय मिला। इस दौरान उन्होंने साहित्य और आध्यात्म की विभिन्न पुस्तकों का अध्ययन किया।

पूर्णतः स्वस्थ होने के बाद नरेंद्रनाथ कलकत्ता लौट आए और एफ.ए. की परीक्षा पास करने के बाद आगे पढ़ने के लिए उन्होंने जनरल असेंबली कालेज में प्रवेश लिया। कालेज में उनकी रुचि विशेष रूप से दर्शन शास्त्र में थी। उनके प्राध्यापक भी उनकी प्रतिभा और लगन के प्रशंसक थे। उन्होंने पश्चिम के लगभग सभी प्रसिद्ध दार्शनिकों के सिद्धांतों का पूरे मनोयोग से अध्ययन किया लेकिन किसी ठोस निष्कर्ष पर न पहुंच सके। विरासत में मिली धार्मिक प्रवृत्ति और उस पर दर्शनशास्त्र का गूढ़ अध्ययन। नरेंद्र को सत्य की खोज विकल करने लगी। उनकी अंतर्रात्मा इसके लिए छटपटा रही थी। उनको लगा कि पुस्तकों में उनकी जिज्ञासा का समाधान नहीं मिल सकता। वह तो किसी योग्य गुरु के पास ही

मिल सकता है। वह अनेक संत महात्माओं के पास गए पर निराशा ही हाथ लगी। उनको ब्रह्म समाज ने प्रभावित किया तो उसमें भी शामिल हुए। पर वहां भी मन पूरी तरह शांत नहीं हुआ। जो भी योगी-यती उनको मिलता, उससे पूछते कि क्या आपने ईश्वर के दर्शन किए हैं। जब इसका नकारात्मक उत्तर मिलता तो वे निराश हो जाते। उन्हीं दिनों उनकी मुलाकात स्वामी रामकृष्ण परमहंस से हुई। वह उनसे काफी प्रभावित हुए। स्वामीजी ने नरेंद्र से कभी आकर मिलने को भी कहा। लेकिन उसके बाद अपनी पढ़ाई में व्यस्त होने के कारण वह उनसे मिलने नहीं गए।

रामकृष्ण परमहंस के बड़े भ्राता दक्षिणेश्वर के काली मंदिर के पुजारी थे। रामकृष्ण अपने बड़े भाई की सहायता के लिए उनके साथ वहीं रहते थे। उनके निधन के बाद उन्होंने मां काली की आराधना को अपने जीवन का ध्येय बना लिया और रात दिन उसी में निमग्न रहने लगे। धीरे-धीरे उनकी साधना की ख्याति चारों ओर फैल गई। दूर-दूर से लोग उनके प्रवचन व शब्दकीर्तन को सुनने के लिए आने लगे।

सत्य की खोज में भटकते हुए और परमात्मा के दर्शन पाए गुरु को खोजते-खोजते नरेंद्रनाथ को स्वामी रामकृष्ण की याद आई। वह उनसे मिलने गए तो फिर वही सीधा सवाल पूछ बैठे, ''क्या आपने ईश्वर के दर्शन किए हैं?'' रामकृष्ण परमहंस ने सहज भाव से उत्तर दिया, ''हां, जैसे मैं तुम्हें देख रहा हूं, उसी तरह प्रत्यक्ष दर्शन किए हैं। तुम चाहो तो तुम्हें भी दर्शन करा सकता हूं, बशर्ते तुम मेरे बताए मार्ग पर चलो।'' हतबुद्ध से नरेंद्रनाथ उनके चरणों में झुक गए। जैसे-जैसे वह स्वामी रामकृष्ण के निकट आते गए, उनको स्वामीजी की साधना की उदात्तता का आभास होता गया। उन्होंने ब्रह्मसमाज जाना छोड़ दिया और अपना काफी समय स्वामीजी के सान्निध्य में गुजारने लगे।

नरेंद्रनाथ स्वामी रामकृष्ण से अत्यंत प्रभावित थे लेकिन उनको अभी भी अपना गुरु नहीं माना था। शायद वह उनकी आध्यात्मिक शक्ति को थोड़ा और परखना चाहते थे। स्वामी रामकृष्ण ने भी नरेंद्र की विलक्षण प्रतिभा को पहचाननें के बावजूद उनको अपना पट्ट शिष्य नहीं कहा था। वह भी शायद किसी अवसर की तलाश में थे।

आखिर एक दिन वह अवसर आ ही गया। काफी दिनों के बाद नरेंद्र स्वामीजी से मिलने गए थे। उस दिन एकांत में अवसर पाकर स्वामीजी ने नरेंद्र के कंधे का स्पर्श किया। नरेंद्र को लगा जैसे उनके शरीर में बिजली दौड़ गई हो। वह चिल्ला पड़े, ''यह आप क्या कर रहे हैं।'' बाद में अपने इस विचित्र अनुभव के बारे में किसी मित्र को उन्होंने बताया कि उनको ऐसा लगा था मानों सबकुछ विलुप्त हो गया है।

वह स्व-पर की भावना से पूरी तरह मुक्त हो गए हैं। सारा कुछ जैसे तिरोहित हो गया और केवल एक अलौकिक अनुभव शेष रहा। उस दिन उन्होंने जाना कि स्वामी रामकृष्ण परमहंस द्विव्य आध्यात्मिक शक्तियों से संपन्न हैं। उस दिन से उन्होंने उनको पूरे मन से अपना गुरु मान लिया और खुद को उनके चरणों में समर्पित कर दिया।

स्वामी रामकृष्ण परमहंस के चिंतन और आध्यात्म का विलक्षण रंग था। वह न केवल अद्‌भुत आध्यात्मि शक्तियों से संपन्न थे, बल्कि अपने बताए सभी नियमों का खुद भी पूरी तन्मयता से पालन करते थे। इस विषय में एक प्रसंग उल्लेखनीय है। कहते हैं एक बार एक मां अपने बच्चे को लेकर स्वामीजी के पास आई। उसने शिकायत की कि यह बच्चा मिठाई बहुत खाता है। उसे डर था कि बहुत अधिक मिठाई खाकर कहीं बीमार न पड़ जाए। मां ने कहा कि यह बच्चा मेरा तो कहना मानता नहीं, आप इसे मना करें। इस पर स्वामीजी ने कहा कि तुम अगले महीने बच्चे को लेकर आना। उसे इसका कारण तो समझ में नहीं आया पर उनकी आज्ञा मान कर वह चली गई। अगले महीने वह फिर बच्चे को लेकर आई। स्वामीजी ने उस बच्चे के सिर पर प्यार से हाथ फेरा और कहा कि बेटा मिठाई मत खाया करो। इसके बाद वह महिला चली गई। उसे यह देख कर घोर आश्चर्य हुआ कि जो बच्चा मिठाई का दीवाना था, वह अब उसे हाथ भी न लगाता था।

एक दिन फिर वह स्त्री स्वामीजी के दर्शन करने आई तो पूछ बैठी, "स्वामीजी, आपके कहने मात्र से मेरे बच्चे ने मिठाई खाना बिलकुल छोड़ दिया है। लेकिन मेरी समझ में यह नहीं आया कि आपने तब मुझे एक महीने बाद आने को क्यों कहा था?" परमहंस उसकी बात सुन कर हंस पड़े। बोले, "तब तो मैं भी मिठाई खाता था। फिर उस बच्चे को मना कैसे करता।" दरअसल स्वामीजी ने पहले एक महीने तक मिठाई को हाथ भी न लगाया और तब जाकर उस बच्चे को मना किया। पहले खुद अपने आचरण में लाओ, फिर दूसरों को उपदेश दो, यह उनका सिद्धांत था। ऐसे ही अन्य गुणों के कारण नरेंद्रनाथ स्वामी रामकृष्ण के अनन्य भक्त हो गए।

नरेंद्रनाथ बी.ए. करके आगे पढ़ रहे थे तभी पिता का निधन हो गया। उनके पिता एक बहुत ही सफल वकील थे। उनकी आमदनी बहुत अच्छी थी और न केवल वह शानशौकत से रहते थे बल्कि बहुत से रिश्ते-नातेदार उनकी सहायता से पल रहे थे। वह दोनों हाथों से कमाते थे तो दोनों हाथों से खर्च भी करते थे। उनके निधन से न केवल परिवार ने एकमात्र कमाने वाला खो दिया बल्कि पता चला कि वह बचत का कुछ पैसा छोड़ने के बजाय देनदारी छोड़ गए हैं। परिवार पर घोर आर्थिक संकट आ गया। नरेंद्रनाथ की रुचि कभी भी बहुत धन कमाने में न थी। अतः उन्होंने कभी इस तरफ ध्यान ही नहीं दिया था। पिता उनको इस ओर लगाना चाहते थे पर उनकी आध्यात्म में रुचि होने के कारण वह केवल धन कमाने

को अपने जीवन का उद्देश्य न बना सके। अब, परिवार पर संकट आ जाने पर वह परेशान हो गए कि क्या किया जाए। प्रतिभा और शिक्षा के लिहाज से उनमें कोई कमी न थी। लेकिन पैसा कमाने की कला की कमी थी। फिर भी उन्होंने हाथ-पैर मारे। अटार्नी जनरल के दफ्तर में काम किया। अध्यापन किया, कुछ प्रकाशकों के लिए अनुवाद का काम भी किया। इससे जो कुछ आमदनी हुई, उससे परिवार का भरण-पोषण करने की चेष्टा की। इसके साथ-साथ उनकी आध्यात्म और स्वाध्याय की साधना निरंतर चलती रही।

उनकी आध्यात्म की लगन दिनों-दिन बढ़ रही थी। इसलिए वह स्वामी रामकृष्ण परमहंस के और निकट आते जा रहे थे। स्वामीजी भी उनको बहुत चाहते थे। वह कहते थे कि नरेंद्र तुम्हारा जन्म सांसारिक कामों के लिए नहीं, किसी विशेष और महत्वपूर्ण काम के लिए हुआ है। तुम सारे संसार में ज्ञान का प्रकाश फैलाओगे। उन्होंने नरेंद्रनाथ को मानव मात्र में ईश्वर के दर्शन करने की प्रेरणा दी और मानव सेवा को ईश्वर की सबसे बड़ी आराधना बताया। उनका कहना था कि अपने मोक्ष के लिए आराधना करने वाला तो स्वार्थी होता है। परमार्थ है जीवन को मानवता की सेवा में समर्पित करना। उनकी इस शिक्षा को नरेंद्रनाथ ने न केवल अंगीकार किया बल्कि जीवन भर मानव सेवा को अपना धर्म समझा।

1884 के बाद से ही स्वामी रामकृष्ण परमहंस का स्वास्थ्य खराब रहने लगा। उनके गले की बीमारी थी जो बाद में कैंसर साबित हुई। लिहाजा उनका स्वास्थ्य निरंतर गिरने लगा। नरेंद्रनाथ और उनके साथियों ने स्वामीजी की बहुत सेवा की लेकिन यह स्पष्ट हो गया था कि बीमारी लाइलाज है। आखिरकार 16 अगस्त 1886 को वह परमब्रह्म में लीन हो गए। उनके निधन के बाद उनके सभी अनुयायियों ने उनके चरण चिन्हों पर चलने का व्रत लिया और उनके बताए मार्ग पर चलने के लिए आगे का कार्यक्रम निश्चत करने में लग गए। जैसा कि स्वाभाविक ही था, इस सारे कार्यक्रम का नेतृत्व नरेंद्रनाथ ही कर रहे थे। उनकी प्रतिभा और गुरु से विरासत में मिली आत्मिक शक्ति के कारण सबने उनको अपना प्रमुख मान लिया था।

स्वामीजी के महासमाधि लेने के बाद नरेंद्रनाथ के सामने सबसे पहली समस्या संगठन को बनाए रखने की आई। सब गुरु भाइयों को एक साथ रखने और गुरु के कार्य को आगे बढ़ाने के लिए एक स्थान चाहिए था। साथ ही सबके रहन-सहन और भोजन आदि की व्यवस्था के लिए कुछ धन की आवश्यकता थी। स्वामी रामकृष्ण के अनुयायियों की कमी न थी। उनमें कई धनाढ्य भी थे। सबने इस बारे में सहयोग करने की पेशकश की। सबसे अधिक सहयोग दिया उनके एक शिष्य सुरेंद्रनाथ मित्रा ने। उन्होंने वराहनगर में एक मकान दे दिया और अन्य खर्च की व्यवस्था करने का वचन भी दिया। यह मकान हालांकि पुराना और टूटा-फूटा सा था लेकिन नरेंद्रनाथ

ने इसे सहर्ष स्वीकार किया। उनका कहना था कि सन्यासी को रहने का आश्रय चाहिए न कि कोई भव्य अट्टालिका। वह अपने गुरु भाइयों के साथ खुशी-खुशी इसी में रहने लगे और यह स्थान वराह मठ के नाम से प्रसिद्ध हो गया।

इसी दौरान नरेंद्रनाथ अपने गुरु भाइयों के साथ अंत:पुर गए। यहीं उन्होंने दिसंबर 1886 में सन्यास ग्रहण किया। नरेंद्रनाथ और उनके गुरु भाइयों के अथक परिश्रम से मठ का कार्य सुचारु रूप से चलने लगा था। स्वामी रामकृष्ण की शिक्षा और चिंतन का प्रचार-प्रसार करने के साथ ही जन सेवा को भी उन्होंने अपने कार्यक्रम में प्रमुख स्थान दिया था। यह सब देखते हुए 1888 के अंत में उन्होंने मठ का कार्य गुरु भाइयों पर छोड़ देश भ्रमण करना आरंभ किया। लगभग दो वर्ष की इस अवधि में वह वाराणसी, लखनऊ, आगरा, वृंदावन, हाथरस, ऋषिकेश आदि स्थानों पर गए और वहां आध्यात्म चेतना का प्रकाश फैलाया। उनका मुख्य उद्देश्य भारतवासियों की सोई आत्मा को जगाने का था। यह ठीक ही कहा जाता है कि विवेकानंद ने भारतीयों की सोई आत्मशक्ति और आत्मसम्मान को जगाने का जो महान कार्य किया उससे गांधीजी को अपने स्वाधीनता संग्राम को चलाने में बहुत सहायता मिली।

जुलाई 1890 में उन्होंने अपने गुरुभाइयों से विदा ली और साधना करने के लिए हिमालय की ओर चल दिए। वहां उन्होंने छ: वर्ष साधना में व्यतीत कर दिव्य ज्ञान अर्जित किया। इसके बाद वह तिब्बत गए और वहां बौद्ध धर्म का अध्ययन किया। फिर स्वामीजी भारत लौट आए।

एक बार स्वामी विवेकानंद रेलगाड़ी से बंबई से पूना जा रहे थे। उसी डिब्बे में लोकमान्य बाल गंगाधर तिलक भी अपने कुछ साथियों के साथ यात्रा कर रहे थे। जैसा कि रेल के सफर में अक्सर होता है, उनमें कुछ बातचीत चल रही थी। यह चर्चा भारतीय आध्यात्म और सन्यासियों के बारे में थी। विवेकानंद थोड़ी देर तो उनकी वार्ता सुनते रहे। फिर खुद भी उसमें शरीक हो गए। गंगाधर तिलक उनकी बातें सुनकर बहुत प्रभावित हुए। उन्होंने विवेकानंद से अनुरोध किया कि वह उनके घर चल कर उनका आतिथ्य स्वीकार करें। स्वामीजी को भी तिलक से मिल कर बहुत प्रसन्नता हुई थी। वह राजी हो गए। विवकानंद कई दिन तिलक के मेहमान रहे। गंगाधर तिलक को न केवल भारतीय आध्यात्म में दिलचस्पी थी, बल्कि उन्होंने इसका गहन अध्ययन भी किया था। अत: दोनों में रोज वेदांत पर गूढ़ चर्चा होते रही, जिससे ये दोनों महानुभाव बहुत आनंदित रहे।

स्वदेश लौटने के बाद जब वह खेतरी गए तो वहां के महाराजा ने उनसे अपना अतिथि बनने का अनुरोध किया। खेतरी के महाराज स्वामीजी के विचारों से इतने अधिक प्रभावित हुए कि उनके शिष्य ही बन गए। वह दक्षिण में भ्रमण कर रहे थे तो एक दिन समुद्र के किनारे खड़े उसकी उत्ताल तरंगों को एकटक देख रहे

थे। यह उनका स्वभाव था। वह प्रकृति में ईश्वर की अलौकिक शक्ति और उसकी रचना के सौंदर्य को निहराते अघाते न थे। तभी उनके मन में विचार आया कि समुद्र पार जाकर भी भारतीय दर्शन का प्रचार-प्रसार करना चाहिए। आखिर इसका लाभ समस्त मानवता को मिलना चाहिए और साथ ही उनको ज्ञात होना चाहिए कि हमारे पास आध्यात्म का कितना अनमोल खजाना है, जिससे मानवमात्र का कल्याण हो सकता है।

उन्होंने मद्रास आकर अपने कुछ अनुयायियों को अपने इस विचार से अवगत किया। सब को यह बहुत अच्छा लगा। किसी ने कहा कि शिकागो में विश्व धर्म सम्मेलन हो रहा है। यह अवसर स्वामीजी के वहां जाने के लिए बहुत उपयुक्त रहेगा। धन की समस्या आई तो उनके सभी अनुयायियों ने मिलकर सहर्ष आर्थिक सहायता देने का आग्रह किया। खेतरी के महाराजा ने भी हर तरह की सहायता देने का प्रस्ताव स्वामीजी के सामने रखा। उन्होंने विवेकानंद नाम धारण किया और 31 मई 1893 को जलयान द्वारा शिकागो के लिए रवाना हो गए।

अमेरिका जाने से पहले स्वामीजी के मन में आया कि मां शारदा से आशीर्वाद लेना चाहिए। इसलिए वह उनके पास गए और विनती की कि मुझे आशीर्वाद दो। लेकिन वह चुप रहीं। उन्होंने दोबारा विनती की तो भी वह चुप ही रहीं। स्वामी विवेकानंद भी हार मानने वाले न थे। वह इतना तो समझ गए थे कि कोई न कोई कारण अवश्य होगा जो मां आशीर्वाद नहीं दे रही हैं। उन्होंने एक बार फिर उनसे अनुनय पूर्वक आशीर्वाद देने का आग्रह किया। इस पर मां शारदा ने कहा कि तुम एक छुरी ले आओ। विवेकानंद ने आज्ञा का पालन करते हुए एक छुरी लाकर उनको दी। इसके बाद उन्होंने स्वामीजी को भरपूर आशीर्वाद दिए। उन्होंने हैरान होकर पूछा कि पहले मेरे आशीर्वाद के लिए विनय करने पर आप चुप रहीं। फिर छुरी लाने पर आपने मुझे ढेरों आशीर्वाद दिए। इन दोनों में आखिर क्या संबंध है। ''बहुत संबंध है पुत्र,'' मां शारदा बोलीं, ''मैं देखना चाहती थी कि तुम छुरी किस तरह मुझे देते हो। तुमने छुरी का धार वाला हिस्सा अपने हाथ में रखा और उसका दस्ता मेरी ओर बढ़ाया। तुम्हें चिंता थी कि कहीं धार से मुझे चोट न पहुंचे। जबकि फलक हाथ में रख कर दूसरे को छुरी देने से उसकी असावधानी से हाथ कट सकता है। पर तुमने अपनी परवाह नहीं की। मेरी परवाह की। तुम किसी का अहित नहीं कर सकते। तुम परमार्थी हो। यही मैंने देखना था। उसके बाद ही मैं तुम्हें आशीर्वाद दे सकती थी।''

स्वामी विवेकानंद जलयान से कनाडा के वैंकूवर बंदरगाह पर उतरे और फिर वहां से शिकागो के लिए रवाना हो गए। तब तक उनके पास जो पैसे थे वे लगभग समाप्त हो रहे थे। तिस पर शिकागो आने पर उनको पता चला कि जिस विश्वधर्म सम्मेलन के लिए वह आए हैं, वह जुलाई के बजाय अब सितंबर में होना तय हुआ

है। यह विकट समस्या थी। उनके पास इतना धन नहीं था कि इतना समय अमेरिका में टिके रहते। लेकिन स्वदेश लौटना भी संभव न था। इसके साथ ही यह भी पता चला कि विश्व धर्म सम्मेलन में भाग लेने के लिए किसी बड़ी धार्मिक संस्था का प्रमाणपत्र होना आवश्यक है। इसके बिना सम्मेलन का प्रतिनिधि नहीं बना जा सकता। ऐसा कोई परिचय पत्र या प्रमाण पत्र भी उनके पास न था। पर विवेकानंद हार मानने वाले न थे। उन्होंने किसी तरह भी हो, वहां समय गुजारने और सम्मेलन में प्रवेश पाने का निश्चय किया।

इसी दौरान एक दिलचस्प घटना घटी। वह जहां भी जाते थे, उनकी वेशभूषा और चाल ढाल को लोग कुतूहल से देखते थे। एक विदेशी महिला उनको देख कर हंसी और अपने साथ चल रहे पुरुष से बोली, ''देखो तो इसने क्या पहन रखा है।'' ''ओह,'' विवेकानंद यह सुनकर बोले, "तो आपके यहां दर्जी आप लोगों को सभ्य बनाता है?'' यह सुनकर महिला बहुत लज्जित हुई। जॉर्ज डब्लू हेल नाम की एक वृद्ध महिला उनके व्यक्तित्व को देख कर बहुत प्रभावित हुई। उसने उनको भोजन के लिए आमंत्रित किया। इस दौरान जब कुछ बातचीत हुई तो हेल को उनकी प्रतिभा और विद्वता का भी पता चला, हालांकि उनकी गूढ़ दर्शन की सारी बातें उसकी समझ में नहीं आईं।

उस महिला ने अपने कुछ अन्य इष्ट मित्रों को इस भारतीय संत से मिलने के लिए आमंत्रित किया। उसकी दार्शनिकता को वे भी पूरी तरह समझ न पाए लेकिन इतना समझ गए कि वह कोई सामान्य हस्ती नहीं। वे उनकी विद्वता और पांडित्य से पूरी तरह प्रभावित हुए थे, अतः उन्होंने दर्शनशास्त्र के एक परिचित विद्वान से विवेकानंद की मुलाकात करवाने का निश्चय किया। यह विद्वान विवेकानंद से मिल कर अत्यंत प्रभावित हुए। उन्होंने उनका परिचय विश्व धर्म सम्मेलन के अध्यक्ष डा. बरो से करवाया। स्वामीजी से मिल कर डा. बरो अत्यंत प्रसन्न हुए। उन्होंने स्वयं उनसे अनुरोध किया कि वह विश्व धर्म सम्मेलन में हिंदू धर्म के प्रतिनिधि के रूप में भाग लें।

शिकागो के विश्वधर्म सम्मेलन में स्वामी विवेकानंद का भाषण ऐसा प्रभावशाली था कि उनको सारे सम्मेलन में सर्वश्रेष्ठ माना गया। *न्यूयार्क हेराल्ड* ने अपनी रिपोर्ट में लिखा कि निस्संदेह वह सारे सम्मेलन में सर्वश्रेष्ठ हैं और हमें यह सोच कर शर्मिंदगी होती है कि हम ऐसे देश में अपने धर्मप्रचारक भेजते हैं। इसके बाद तो उनको अमेरिका की बहुत-सी संस्थाओं ने भाषण देने के लिए आमंत्रित किया और वेदांत की उनकी व्याख्या से उनको चिंतन की एक नई दिशा मिली। वह लगभग एक साल तक अमेरिका में रहे और जहां-जहां गए वहां वेदांत दर्शन और हिंदू धर्म की पताका फहराई।

अमेरिका में उनके बहुत से प्रशंसक, मित्र और अनुयायी बन गए थे। एक बार वह अपने एक मित्र के यहां मेहमान थे। सुबह वह मित्र उनके कमरे में आया तो यह देखकर हैरान रह गया कि विवेकानंद आरामदायक बिस्तर पर न सो कर नीचे फर्श पर सोए हुए हैं। उसने पूछा कि स्वामीजी आप इतना आरामदायक बिस्तर होने पर भी इस तरह कठोर फर्श पर क्यों सोए, विवेकानंद बोले, "मेरे करोड़ों देशवासियों को ऐसा बिस्तर उपलब्ध नहीं। उनमें से कइयों के सिर पर तो छत तक नहीं। उनको खुले आकाश के नीचे फर्श पर ही सोना पड़ता है। जब तक मैं उनके लिए कुछ न कर लूं, मुझे ऐसे आरामदायक पलंग पर सोने का क्या हक है?" यह सुनकर वह आदमी स्तब्ध रह गया। उसे पता चला कि स्वामीजी केवल आध्यात्म के अधिकारी विद्वान ही नहीं, किस हद तक अपने देशवासियों के कष्टों के प्रति सचेत और कातर हैं।

स्वामी विवेकानंद अमेरिका से लौटते समय इंग्लैंड गए और तीन महीने वहां रहे। अपने विदेश प्रवास के दौरान उन्होंने कई शिष्य बनाए। इनमें मिस मार्गरेट नोबल (भगिनी निवेदिता), मैडम लुइस (स्वामी अध्ययानंद) और श्री सैंडर्सबर्ग (स्वामी कृपानंद) विशेष रूप से उल्लेखनीय हैं। जे.जे. गुडविन भी उनके अनुयायी हो गए और जहां कहीं भी स्वामीजी जाते थे, वह निरंतर उनके साथ रहने लगे। उनके एक अन्य शिष्य कैप्टन सेवियर ने बाद में यहां आकर मायावती (जिला अल्मोड़ा) में अद्वैत आश्रम की स्थापना की।

16 दिसंबर 1886 को स्वामी विवेकानंद स्वदेश लौटे तो देशवासियों ने उनका भव्य स्वागत किया। उनकी कीर्ति की सुगंध उनसे बहुत पहले भारत पहुंच चुकी थी और देशवासी उनके आगमन की प्रतीक्षा में पलक पांवड़े बिछाए बैठे थे। हिंदू समाज के लगभग सभी नेताओं ने स्थान-स्थान पर उनके आगमन पर उनके सम्मान का आयोजन किया। उन्होंने दक्षिण से आरंभ करके उत्तर में हिमालय में अल्मोड़ा तक की यात्रा की और वेदांत पर प्रवचन दिए। इस कठोर परिश्रम ने स्वामीजी को क्लांत कर दिया और वह अस्वस्थ हो गए। चिकित्सकों के परामर्श पर उन्होंने कुछ समय तक प्रवचन देना बंद कर दिया। लेकिन इस दौरान भी वह पूरी तरह विश्राम करने को राजी न हुए। उन्होंने रचनात्मक कार्य करने और रामकृष्ण मिशन को सुस्थापित करने पर अपना ध्यान केंद्रित किया। उन्होंने इस दौरान एक कलकत्ता से थोड़ी दूरी पर और एक हिमालय में, दो मठों की स्थापना की।

स्वामीजी ने अपने अनुयायियों को रामकृष्ण मिशन के कार्य की पूरी रूपरेखा स्पष्टतः समझाई और आगे का कार्यक्रम दिया। उन्होंने मिशन को पूरी तरह संगठित करने के लिए अथक परिश्रम किया। इतने अधिक परिश्रम के कारण

उनका स्वास्थ्य निरंतर गिर रहा था लेकिन वह उस ओर से लापरवाह थे। तभी 1897 में बंगाल में भयंकर अकाल पड़ा। चारों ओर त्राहि-त्राहि मच गई। इसमें रामकृष्ण मिशन के अनुयायियों ने दुर्भिक्ष पीड़ितों की रात-दिन अनवरत सेवा की। स्वयं स्वामीजी सारे राहत कार्यों को सुचारु रूप से चलाने के लिए अत्यंत व्यस्त रहे। फलतः उनका स्वास्थ्य जो पहले ही खराब हो रहा था, अब बिलकुल बिगड़ गया।

डाक्टर समझ गए थे कि विवेकानंद भारत में रहे तो कभी आराम करने की उनकी सलाह नहीं मानेंगे। इसलिए उन्होंने मशवरा दिया कि आप अमेरिका चले जाएं। वहां का वातावरण आपकी सेहत के लिए अच्छा है। थोड़ा आराम आने पर आप वहां लोगों को भारतीय दर्शन का ज्ञान भी दे सकेंगे। विवेकानंद उनकी बात मानकर अमेरिका के लिए रवाना हो गए। अमेरिका आने पर उनको आराम मिला और सेहत में थोड़ा सुधार होते ही फिर वेदांत का प्रचार करने में जुट गए। सेन फ्रांसिस्को में उन्होंने वेदांत सोसाइटी की स्थापना की और एक आश्रम भी बनाया।

1900 में उन्होंने पेरिस में विश्व धर्म सम्मेलन में हिंदू दर्शन पर व्याख्यान दिया। उसके बाद अधिक दिनों तक वहां नहीं रह सके। उनका स्वास्थ्य निरंतर गिर रहा था। इसलिए स्वदेश लौट आए। पर यहां आकर भी विश्राम करने के बजाय रामकृष्ण मिशन के प्रसार और सेवा कार्यों में लग गए। उन्होंने अथक परिश्रम करके अनेक आश्रमों व संस्थानों की स्थापना की।

प्रेम भाईचारा और मानवता की सेवा उनका मुख्य संदेश था। वह कहा करते थे कि शंकराचार्य और रामानुज केवल पंडित थे। भले ही वे प्रकांड पंडित थे पर उनके पास वह हृदय नहीं था जो दूसरों की पीड़ा देखकर पिघलता हो। उनके पास बुद्ध जैसा करुणामय हृदय न था। केवल स्वयं को साधना या पांडित्य की पराकाष्ठा तक ले जाना भी एक तरह का स्वार्थ ही है, जहां स्वार्थ है, वहां अहं कैसे नष्ट हो सकता है? जहां अहं है, वहां मोक्ष कैसे मिल सकता है? उनके इस तर्क का निहातार्थ यह था कि बिना मानव सेवा के ईश्वर की प्राप्ति की चेष्टा भी निरर्थक ही है।

स्वयं विवेकानंद का हृदय करुणा व प्रेम से परिपूर्ण था। वह मानव मात्र के दुख से द्रवित हो जाते थे। जो उनके प्रियजन थे, उनके किसी कष्ट या अस्वास्थ्य का समाचार तो उनके लिए असहनीय हो जाता था। एक बार उनको समाचार मिला कि उनके कोई प्रियजन अत्यंत अस्वस्थ हैं। स्वामीजी दुख से विलाप करने लगे। इस पर उनके अतिथेय ने विनती की कि स्वामीजी आप तो सन्यासी हैं। सन्यासी तो वीतराग होता है। फिर आप इस तरह व्यथित कैसे हो रहे हैं? विवेकानंद ने उत्तर दिया, ''मैं हृदयहीन नहीं। सन्यास का अर्थ अपनी भावनाओं को त्यागना तो नहीं

होता। पत्थर की तरह अनुभूतिहीन सन्यासी बनना मेरे लिए संभव नहीं।'' दरअसल उनके लिए अनुभूति, बल्कि गहन अनुभूति उनके लिए सन्यास का अभिन्न अंग थी, न कि अनुभूतिहीनता।

यह उनके गुरु की वाणी थी जो मानव सेवा को सबसे बड़ी आराधना मानते थे। प्रसंगवश उनके चिंतन का एक उदाहरण यहां हम दे रहे हैं। कहते हैं कि एक बार कोई योगी उनके गुरु स्वामी रामकृष्ण के पास आया। वह बड़ा चमत्कारी था। उसने कमरे का दरवाजा बंद करने को कहा। अब कमरे में केवल स्वामीजी और वह योगी थे। इसके बाद उसने अपनी साधना का चमत्कार दिखाने के उद्देश्य से उड़कर कमरे का एक चक्कर हवा में लगाया और फिर आकर अपने स्थान पर बैठ गया। यह सब देख कर स्वामीजी खामोश रहे। चमत्कारी योगी से रहा न गया तो वह बोला, ''मैंने सोलह साल तक घोर परिश्रम करके यह सिद्धि हासिल की और आपने कुछ भी नहीं कहा।'' स्वामीजी बोले, ''आपने अपने जीवन के सोलह वर्ष व्यर्थ ही गंवा दिए। यह सिद्धि तो कौए को जन्म से ही मिल जाती है। क्या आपकी महत्वाकांक्षा कौआ बनने की थी। इससे तो अगर आप सोलह साल मानव सेवा में बिताते तो जीवन सार्थक हो जाता।''

एक पंडित स्वामी विवेकानंद से वेदांत पर शास्त्रार्थ करने के इरादे से आए तो उन्होंने कहा कि पहले आप क्षुधा से व्याकुल देशवासियों के हृदयविदारक चीत्कार को सुनना सीखें। उसके बाद मेरे साथ शास्त्रार्थ करने आएं। अपने शरीर और आत्मा को भूख से व्याकुल लोगों की व्यथा हरने में लगा दो, यही वेदांत का सार है।

उनका चिंतन बिलकुल निराला था। लीक से हटकर। दान देने और परोपकार करने के बार में एक बार उन्होंने कहा कि ऐसा करके आप यह न सोंचें कि याचक पर उपकार कर रहे हैं। बल्कि यह सोचें की वह हमें परोपकार करने का अवसर दे कर हम पर उपकार कर रहा है। क्योंकि परोपकार से आत्मा शुद्ध होती है। इसलिए जो आत्मशुद्धि का अवसर दे, वह परोपकारी ही तो हुआ।

शिक्षा के बारे में अपने विचार प्रकट करते हुए उन्होंने कहा कि प्रकाश फैलाओ। प्रकाश आने दो। अशिक्षित को प्रकाश दो। जो शिक्षित है उसे और अधिक प्रकाश दो, क्योंकि हमारे समय की शिक्षा निषेधात्मक है। जो शिक्षित नहीं उसे शिक्षित करो। अगर वह शिक्षा के पास नहीं आता तो शिक्षा को उसके पास तक ले जाओ। हर प्राणी शिक्षा पा सकता है। बशर्ते शिक्षा देने वाला उसे शिक्षित करने का सामर्थ्य रखता हो। अगर वह किसी को शिक्षा नहीं दे सकता तो यह शिक्षक की कमी है शिष्य की नहीं। उसे अपने आप में कमी देख कर कि वह शिक्षा देने में असमर्थ क्यों हो रहा है, इसे दूर करना चाहिए।

सोए भारतीयों की आत्मा को जगाना उनका मुख्य उद्देश्य था। उनकी ओजपूर्ण वाणी से ऐसे ही संदेश निकलते थे, ''जागो, महान आत्माओ, जागो। सारा संसार दुख से तप्त है। ऐसे में तुम कैसे सोए रह सकते हो! पुकारो, जब तक तुम्हारे अंदर का सुप्त देवता जाग नहीं जाता। इस भ्रम को दूर करो कि तुम भेड़ हो। तुम अमर आत्मा हो। स्वतंत्र और वरद आत्मा। तुम पदार्थ नहीं, शरीर मात्र नहीं। पदार्थ तुम्हारा दास है, तुम उसके दास नहीं। अगर तुम्हारा हिंदू धर्म के सभी तैंतीस करोड़ देवताओं पर विश्वास है लेकिन खुद पर विश्वास नहीं, तो तुम्हारी मुक्ति संभव नहीं। अपने पर विश्वास करना सीखो और आत्मबल के सहारे उठ खड़े हो। संसार का इतिहास उन थोड़े से लोगों का इतिहास है जिनको अपने पर विश्वास था। उन्होंने यह इतिहास बनाया है। तुम कुछ भी कर सकते हो। तुम असफल तब होते हो, जब अपने अंदर छिपी असीम शक्ति को पूरी तरह प्रकट नहीं कर पाते।

''हम सर्वशक्तिमान परमात्मा की संतान हैं। जब हम उसके अंश हैं तो फिर हम में भी उसी दिव्य शक्ति का स्फुलिंग है। इसलिए मानव क्या नहीं कर सकता। वह कुछ भी कर सकता है। सब कुछ। इसी इच्छा शक्ति और विश्वास के सहारे हमारे पूर्वजों ने जो चाहा वह कर दिखाया। इसी के सहारे उन्होंने सभ्यता का इतना विकास किया। हमारा पतन क्यों हुआ? हमारा पतन उस दिन से होना आरंभ हुआ, जब हम में यह विश्वास कम हो गया।''

हमारे दर्शन में शब्द को ब्रह्म माना गया है। ब्रह्म तो सर्वशक्तिमान होता है। भला शब्द में ऐसी शक्ति कैसे हो सकती है? किसी के इस तरह जिज्ञासा करने पर स्वामी विवेकानंद ने बड़ा सरल समाधान किया। उन्होंने कहा कि शब्द की शक्ति को हम अपने दैनिक जीवन में कदम-कदम पर देखते और अनुभव करते हैं, पर समझते नहीं। एक स्त्री किसी दुख के कारण विलाप कर रही है। उसकी कोई सखी आती है और उसे सांत्वना देती है। इससे उसे बहुत राहत मिलती है। उसका दुख आधा रह जाता है। वह विलाप करना छोड़ देती है। यह क्या है? शब्द का ही तो चमत्कार है। उसने उसका दुख हरने के लिए कुछ शब्दों का ही तो प्रयोग किया।

उनका कहना था कि शुद्ध हृदय बुद्धि से परे देख सकता है। हृदय उन बातों को जान लेता है जिन तक तर्क द्वारा नहीं पहुंचा जा सकता। अगर कभी बुद्धि और हृदय में विरोध हो तो हृदय का अनुसरण करना चाहिए। भले ही हृदय जो कहता हो वह तर्क के विरुद्ध जाता प्रतीत होता हो। क्योंकि केवल हृदय से ही संसार के मर्म का स्पर्श किया जा सकता है।

स्वामी विवेकानंद को भारत भूमि और भारतवासियों से अगाध प्रेम था। वह अनन्य देशभक्त थे। स्वदेशवासियों की क्षुधा-तृषा, दरिद्रता, रोग व कष्टों की

विकलता से वह बहुत दुखी हो जाते थे। इसीलिए उन्होंने देशवासियों की सेवा को ही ईश्वर सेवा माना और इसे रामकृष्ण मिशन का मुख्य ध्येय निर्धारित किया। भारत भूमि के बारे में उनका कहना था कि यदि ऐसा कोई देश है जहां मानव जाति की क्षमा, धृति, दया, शुद्धता आदि सद्वृत्तियों का सर्वाधिक़ विकास हुआ है तो वह भारत भूमि ही है।

ब्रह्म को सत्य और जगत को मिथ्या मानने वालों के बारे में स्वामी विवेकानंद का कहना था कि जो सारे जगत को स्वप्नवत मानते हैं, वह किसी का कल्याण कैसे कर सकते हैं? जगत को मिथ्या मानकर उससे अलग हो जाना तो बहुत सरल है। कठिन है उसमें रह कर कर्तव्य करना। जब तुम संसार को सपना मानते हो तो उसमें रहने वाले प्राणियों के दुख-दर्द को वास्तविक कैसे मानोगे? तुम तो उनको भी मिथ्या मानोगे। जब तुम संसार से कोई नाता ही नहीं रखते हो तो अपने स्वदेशवासियों से नाता कैसे जोड़ोगे? इसलिए सच्चा सन्यास तो वह है जो जगत के स्वप्न और सत्य इन दोनों के बीच में खड़ा रहता है, उससे निर्लिप्त और निरपेक्ष नहीं।

इसी चिंतन ने स्वामी विवेकानंद को एक विलक्षण संत बनाया। सर्वथा अनन्य। वह केवल चिंतन ही नहीं करते थे उस पर अमल भी करते थे। चिंतन के बारे में उनका कहना था कि इसका बहुत महत्व है। क्योंकि पहले हम सोचते हैं तभी तो कोई काम करते हैं। हमारे कार्यों से पहले चिंतन आता है। इसलिए खुद को अच्छे चिंतन से परिपूर्ण रखना चाहिए। फिर तुम स्वयं उसके अनुरूप अच्छे कार्य ही करोगे।

आध्यात्म चिंतन, साधना, स्वाध्याय, मानवता की सेवा, अनवरत भ्रमण, प्रवचन, लेखन, कितने काम स्वामी विवेकानंद ने अपने जिम्मे ले रखे थे। उन्हें रात-दिन अपने कर्तव्य की चिंता रहती थी। देशवासियों के दुख, कष्ट कैसे दूर हों, इसकी चिंता रहती थी। अपनी और अपनी दिन-दिन जीर्ण होती देह की चिंता उन्होंने चिकित्सकों की चेतावनी के बावजूद कभी नहीं की। आखिर इसका परिणाम भी सामने आ गया। उनका स्वास्थ्य निरंतर गिरने लगा। इस बार ऐसा कि संभलना मुश्किल हो जाए।

4 जुलाई 1904 को उनका स्वास्थ्य कुछ ठीक लग रहा था। उन्होंने दिन में पाणिनी के व्याकरण पर व्याख्यान दिया। दोपहर बाद उन्होंने वेद पर व्याख्यान दिया और उसके बाद शाम को घूमने गए। लौट कर वह ध्यान करने लगे। रात को नौ बजे एक शिष्य ने देखा, वह जपमाला हाथ में लिए लेटे थे। उन्होंने एक जोर की सांस ली। उसके बाद उनका सिर तकिए से थोड़ा हिल गया। उसके बाद वह निष्चेष्ट से हो गए। यह सब देख कर शिष्य घबरा गया। उसने भाग कर

बाकी शिष्यों को इसकी जानकारी दी। सब तुरंत स्वामीजी के कमरे की तरफ दौड़े आए। वहां पूर्ण निस्तब्धता थी। जब कुछ समझ में नहीं आया तो शिष्यों ने तुरंत डाक्टर को बुलाया। उसने आकर जांच की और कहा कि स्वामीजी ब्रह्मलीन हो गए हैं।

उनकी महासमाधि लेने का समाचार सुबह होने तक सर्वत्र फैल गया। विवेकानंद का पार्थिव शरीर अग्निदेव को समर्पित कर दिया गया लेकिन उनके उपदेश और संदेश युगों-युगों तक भारतवासियों के हृदयों का अपनी अमृतवर्षा से सिंचन करते रहेंगे।

卐 卐 卐

अध्याय-17

महर्षि रमण

भारतीय दर्शन को अपने मौलिक चिंतन से नया आयाम देने वाले मनीषियों में महर्षि रमण का नाम विशेष रूप से उल्लेखनीय है। भारतीय दर्शन के अनेक अध्येता उनके पास मार्गदर्शन के लिए आए और पहली मुलाकात में ही उनके चिंतन के प्रभाव में आकर उनके सामने नतमस्तक हो गए। उनके दर्शन में स्वयं के अंतर्ज्ञान से उपलब्ध मौलिक विचारधारा थी जो अनेक जटिल आध्यात्मिक जिज्ञासाओं का सहज समाधान प्रस्तुत करती थी। देश-विदेश के उनके शिष्य उनके सहज-सरल साधना मार्ग से अत्यंत अभिभूत रहे। आज भी उनकी चिंतनधारा का अनुसरण करने वाले उनके प्रति अगाध श्रद्धा के कारण उनको भगवान रमण महर्षि कहते हैं।

महर्षि रमण का जन्म 30 दिसंबर 1879 को मदुरै के निकटवर्ती तिरुचुशी नामक ग्राम के साधारण ब्राह्मण परिवार में हुआ था। पिता सुंदरम अय्यर ने इनका नाम वेंकटरमण रखा। धर्म के प्रति गहरी अनुरक्ति उनके रक्त में थी। अत: बचपन से ही उनकी धर्म और आध्यात्म में रुचि रही। आध्यात्मिक समस्याओं के बारे में सोचना और उन पर मनन करना उनका स्वभाव बन गया था। फिर एक ऐसी घटना घटी जिसने उनको सब कुछ त्याग कर तपस्वी का जीवन व्यतीत करने को प्रेरित कर दिया।

यह घटना 1896 के मध्य की है। वह अपने काका के घर गए हुए थे, तभी उनको एक विचित्र अनुभूति हुई। उनको लगा कि थोड़े ही समय में उनकी मृत्यु होने वाली है। बाद में उन्होंने स्वयं इस अनुभूति के बारे में बताया : मदुरै छोड़ने के कोई छ: सप्ताह पहले की बात है। मैं पूरी तरह स्वस्थ था। काका के घर पर अकेला बैठा था, तभी एकाएक लगा की मेरी मृत्यु होने वाली है। लेकिन मैं इससे तनिक भी विचलित नहीं

हुआ और मन ही मन एक मंत्र का उच्चारण करने लगा। मैं सीधा लेट गया। शरीर निढाल कर लिया और सांस रोक ली। दोनों होठों को जोर से इस तरह दबा लिया कि जरा भी आवाज न निकले। उस समय मैं अंतर्मुखी होकर विचार करने लगा। मैंने अपने आप से कहा कि अब यह शरीर मर गया है। इसे श्मशान घाट ले जाया जाएगा और यह जल कर भस्म हो जाएगा। शरीर के मरने से क्या मैं मर गया हूं? लेकिन इस स्थूल शरीर के मरने पर भी मैं तो जीवित हूं। मैं अपनी अंतर्रात्मा की आवाज स्पष्ट सुन सकता हूं। तो क्या यह, जो मैं हूं वह शरीर से परे हूं? स्थूल भौतिक शरीर से अलग कुछ, जो अभी जीवित है। जो कभी मरता नहीं। तो मैं अमर आत्मा हूं।' अपने शिष्यों को उनके ज्ञान के लिए जब भी वे इस अनुभव के बारे में बताते तो यह भी साथ अवश्य बताते कि मुझे ऐसी अनुभूति हुई थी, वास्तव में ऐसा कुछ हुआ न था। लेकिन उसका लाभ यह हुआ कि इस सत्य की प्रत्यक्ष अनुभूति एक ही बार में बिना किसी कठिन साधना के हो गई कि नश्वर शरीर में अमर आत्मा का वास है जो शरीर के नष्ट होने से कभी नष्ट नहीं होती। उन्हें प्रत्यक्षतः अनुभव हो गया कि शरीर से अलग मेरा वास्तविक स्वरूप है और वही मैं हूं, न कि यह शरीर। इसके साथ ही उनके मन से मृत्यु का भय सदा के लिए समाप्त हो गया।

इसके साथ ही उनके जीवन में समूल परिवर्तन हो गया। वह अधिक समय तक घर में टिक न सके। मुश्किल से डेढ़ महीना बिताया और उसके बाद सब कुछ त्याग कर सन्यासियों का जीवन बिताने के लिए निकल पड़े। जाते-जाते वह घर पर एक चिट्ठी छोड़ गए थे कि उनको खोजने का व्यर्थ प्रयास न किया जाए। वेंकटरमण घर से निकलकर तिरुवन्नमलाई पहुंचे और वहां भगवान अरुणलांचलेश्वर के मंदिर में रहने लगे। यहां रहकर उन्होंने अरुणलांचलेश्वर की स्तुति करने के लिए श्लोकों की रचना की और फिर उनकी आराधना में निमग्न रहने लगे। वह कई-कई दिन समाधि में चले जाते और शरीर की तनिक भी सुध न रहती।

संभवतः यह साधना उनके लिए पर्याप्त न थी। शायद इससे उस सत्य का पूरी तरह साक्षात्कार न हुआ जिसकी उनको तलाश थी। अतः 1909 से 1916 तक उन्होंने वरुपाक्षी गुफा में रहकर कठोर तपस्या की। उनकी इस अडिग समाधि की खबर दूर-दूर तक फैल चुकी थी। भक्तजन उनके दर्शन के लिए आते रहते थे। लेकिन इस सब घटनाओं से उदासीन रमण अपनी साधना में निमग्न रहते। शरीर जीर्ण हो गया था। भूख, प्यास, निद्रा की चिंता के बिना वह अपनी साधना में लीन रहते थे। आखिरकार भक्तों को जब लगा कि यही हाल रहा तो इनका शरीर और साथ न दे सकेगा, उन्होंने उनको गुफा से बाहर निकाला और भगवान सुब्रह्मण्य के मंदिर में ले आए। समाधिस्थ श्री रमण को इसकी भी कोई सुध न थी। करीब छः महीने उन्होंने वहां प्रवास किया। इस दौरान

उनकी ख्याति दूर-दूर तक फैल चुकी थी और भारी संख्या में भक्तजन उनके दर्शनों को आते रहते थे। इन्हीं में एक तंबिरनस्वामी थे। वह गुरुमूर्तम मंदिर के महंत थे। तंबिरनस्वामी ने श्री रमण से बहुत अनुनय-विनय की कि वह उनके यहां चलें। उन्होंने उनका प्रेम देख कर यह निमंत्रण स्वीकार कर लिया और इस तरह गुरुमूर्तम मंदिर में आ गए। यहां उन्होंने करीब एक साल बिताया। इसके बाद वह साधना के लिए अधिक उपयुक्त स्थान जानकार पास की एक आम्रवाटिका में चले गए।

श्री रमण के अनुरोध के बावजूद उनके परिवार वाले निरंतर उनको खोज रहे थे। उनके एक चाचा को उनके बारे में जानकारी मिली तो उन्होंने तत्काल रमण की माता को इसकी खबर कर दी। वह भागी-भागी आई लेकिन उनके रमण को वापस घर ले जाने के सारे प्रयास व्यर्थ रहे। हारकर वह घर लौट गई। लेकिन इस मुलाकात से उनको पता चल गया था कि उनका बेटा आध्यात्म की किन ऊंचाइयों पर पहुंच गया है।

अभी उनकी अवस्था 22-23 साल की ही थी कि उनके मौलिक चिंतन, तत्वज्ञान और विवेक की चर्चा दूर-दूर तक फैल गई थी। तब तक उनका चिंतन आध्यात्म की किन ऊंचाइयों पर पहुंच चुका था, इसका अनुमान उन उत्तरों से लगाया जा सकता है जो उन्होंने 1901 में मात्र 22 वर्ष की अवस्था में अपने एक शिष्य के प्रश्नों पर दिए थे।

***प्रश्न** : मन की प्रकृति क्या है?*

उत्तर : चिंतन या विचार के अतिरिक्त मन नाम की कोई चीज नहीं होती। इसलिए विचार ही मन की प्रकृति है। विचार के अतिरिक्त कोई अन्य स्वतंत्र अस्तित्व नहीं, जिसे जगत कहते हैं। जब हम गहरी नींद में होते हैं तब कोई विचार नहीं होते, कोई जगत भी नहीं होता। जब हम जागृत अवस्था में होते हैं या स्वप्न देख रहे होते हैं तब विचार होते हैं, इसलिए जगत भी होता है। जिस तरह मकड़ी अपना जाला अपने अंदर से निकालती है और अपने ही अंदर उसे वापस भी ले लेती है, उसी प्रकार मन अपने अंदर से जगत को प्रक्षेपित करता है और फिर उसे अपने ही अंदर आत्मसात कर लेता है। मन को ही सूक्ष्म शरीर या आत्मन कहते हैं।

***प्रश्न** : मन की प्रकृति को समझने के लिए अन्वेषण का मार्ग क्या है?*

उत्तर : इस शरीर में अहं के रूप में जो उभरता है, वही मन है। जब आप यह जानना चाहते हैं कि शरीर कहां है तो सबसे पहले अहं का विचार ही उभरता है। हम जान जाते हैं कि यह हृदय से निसृत है। मन के उद्‌गम का स्थान यही है। मन में जो भी विचार आते हैं, अहं उनमें से प्रथम है। इसके बाद ही दूसरे विचार आते हैं। पहले विचार के बिना अन्य विचार नहीं आ सकते।

प्रश्न : *मन शांत कब होता है?*

उत्तर : इस गवेषणा से कि मैं कौन हूं? मैं कौन हूं? यह चिंतन अन्य सब विचारों को समाप्त कर देता है। इससे आत्मज्ञान प्राप्त होता है और शेष सभी विचार नष्ट हो जाते हैं।

प्रश्न : *मैं कौन हू? इस विचार को निरंतर बनाए रखने का साधन क्या है?*

उत्तर : जब अन्य विचार आएं, उनको जारी न रखकर पूछें कि ये किस के प्रति आए हैं? इस बात की चिंता न करें कि कितने विचार आ रहे हैं। जितने भी आएं, सब के लिए पूछें कि किसके प्रति आए हैं? उत्तर मिलेगा, 'मेरे लिए।' फिर सवाल उठेगा कि यह मैं कौन हूं? मन दोबारा इसके स्रोत पर जाएगा। इससे जो विचार उभरा था वह शांत हो जाएगा। इसके निरंतर अभ्यास से मन अपने स्रोत में स्थिर रहने लगेगा।

प्रश्न : *क्या मन को शांत करने के अन्य साधन नहीं हैं?*

उत्तर : इस अन्वेषण के अतिरिक्त कोई उपयुक्त साधन नहीं। यदि अन्य उपायों से मन को नियंत्रित करने का प्रयास किया गया तो लगेगा कि यह नियंत्रित हो गया है, लेकिन फिर से भटकने लगेगा। श्वास नियंत्रित करने से भी मन को शांत किया जा सकता है। लेकिन इससे यह तब तक ही शांत रहता है, जब तक आप अपने श्वास को नियंत्रित रख पाते हैं। श्वास आरंभ करते ही यह फिर से चंचल हो उठता है। श्वास और मन दोनों का स्रोत एक ही है। इसलिए जब हम समाधि में होते हैं और मन नियंत्रित होता है तो श्वास भी स्वतः नियंत्रित हो जाती हैं। श्वास को नियंत्रित करने के अभ्यास की तरह ही, प्रभु के स्वरूप का ध्यान करना, मंत्रों का जाप और स्वल्पाहार भी मन को शांत करने में सहायक होते हैं।

महर्षि रमण की मोक्ष और ब्रह्मानंद की व्याख्या मौलिक और तत्कालीन समस्त व्याख्याओं से भिन्न थी। जिस सत्य से घोर तपस्या करके उनका साक्षात्कार हुआ था, उसका उन्होंने विवेचन अपने तरीके से किया। उनका बताया साधना मार्ग बहुत सीधा अपने लक्ष्य की ओर ले जाता प्रतीत होता था और भारतीय दर्शन के अनेक अध्येता व साधक उनके प्रवचन सुनकर चमत्कृत हो उठते थे। उनका कहना था कि आपको मोक्ष या आनंद की प्राप्ति के लिए उसे कहीं खोजने की आवश्यकता नहीं। आप तो मोक्ष प्राप्त हैं। जो बंधन आप महसूस करते हैं, वे आपके शरीर को बांधे हुए हैं। जो भ्रम या मायाजाल है, वह सब भी भौतिक या लौकिक ही है। आपकी आत्मा तो आनंदमय है। मुक्त है। आवश्यकता है इन बंधनों से मुक्त होकर उसे पहचानने की। शरीर को भ्रमवश आत्मा न समझो। इस गलत धारणा से मुक्त हो जाओ कि आत्मज्ञानमय और आनंदमय नहीं हो। हमें अविद्या के कारण पृथकता का आभास होता

है। वरना हम सब एक चेतनता हैं। आत्मन एक ही है। वह निस्सीम है। सीमित तो अहं है। अहं बुलबुलों के समान विभिन्न प्रकार के होते हैं। आत्मन विषद् है। एक महासागर के समान।

साधना के आरंभ में वह अपने शिष्यों को परामर्श देते कि इसकी शुरुआत मैं कौन हूं, इससे करें। मैं यह शरीर नहीं हूं। इसे समझें। मैं पंच ज्ञानेंद्रियां भी नहीं। मैं चिंतक-विचारक मन भी नहीं। तो फिर मैं कौन हूं। इसका अन्वेषण करें। जब यह समझ में आ जाएगा कि मैं यह भी नहीं, यह भी नहीं, यह भी नहीं, तब जो बचेगा वह मैं हूं। यह सत् चित् आनंद स्वरूप आत्मन है, जो आप हैं। यह मुक्त है, आनंदमय है। जब मन विचारक्रिया त्याग कर स्थिर हो जाता है, तब आत्मन के दर्शन होते हैं। परमआनंद की अनुभूति होती है। जब मन स्थिर हो जाता है, तब जगत के सत्य होने का भान समाप्त हो जाता है। तब आत्मा का स्वरूप स्पष्ट हो जाता है। हालांकि यह आदि शंकराचार्य के जगत के मिथ्या प्रतीति होने के निकट है, लेकिन अपनी अलग पद्धति व दृष्टिकोण के कारण महर्षि रमण की व्याख्या का विशिष्ट महत्व है।

तपस्वी वेंकटरमण को भगवान महर्षि रमण नाम भारतीय दर्शन के अध्येता विद्वान गणपति शास्त्री ने दिया था। गणपति संस्कृत के अच्छे विद्वान थे और भारतीय दर्शन के अध्ययन में उनकी गहरी रुचि थी। जैसा कि स्वाभाविक ही था, इस अध्ययन के दौरान उनके मन में अनेक प्रकार की शंकाएं और जिज्ञासाएं जागीं। उन्होंने महर्षि रमण की ख्याति सुन रखी थी। अत: अपनी समस्याओं के समाधान के लिए उनके पास आए और उनसे कुछ प्रश्न पूछे। तपस्वी रमण ने उनके ऐसे सारगर्भित और सटीक उत्तर दिए कि गणपति उसी समय उनके शिष्य बन गए। उन्होंने न केवल श्री रमण को अपना गुरु माना, उनकी स्तुति में उसी समय कुछ श्लोकों की रचना करके उनका गुणगान किया। इसके बाद गणपति ने अपने सभी शिष्यों को निर्देश दिया कि श्री रमण को आज से भगवान महर्षि रमण के नाम से पुकारा जाए। उसके बाद से उनका यही नाम प्रसिद्ध हो गया।

गणपति शास्त्री तो खैर विद्वान थे, उनकी अपनी शिष्य मंडली भी थी, लेकिन अगर कोई साधारण जन भी उनके पास आया तो महर्षि ने अन्य गुरुओं की तरह यह कभी नहीं कहा कि इस तरह से साधना करो, ऐसी तैयारी करो, इतना समय लगाने के बाद तुम कहीं पहुंच पाओगे। मैं कब अपने आत्म को पहचान सकता हूं? इस प्रश्न का उनका सहज उत्तर होता था, अभी, इसी समय। तुम आत्म को इसलिए नहीं पहचान पा रहे हो कि तुम्हें अंतर्ज्ञान नहीं। तुम अपने अंदर नहीं बाहर झांकते हो, जहां तुम नहीं हो। बाहरी विचारों का त्याग करोगे तो मन स्वत: शांत हो जाएगा। इसके लिए उनका सुझाव था कि जब भी मन में विचार आएं, खुद से सवाल करो कि ये विचार

किसके पास आए हैं। उत्तर मिलेगा, मेरे पास। फिर पूछो कि मैं कौन हूं? इससे मन अपने स्रोत पर जाएगा और जो विचार उठा था वह समाप्त हो जाएगा, जिससे मन शांत हो जाएगा।

दूर-दूर से तरह-तरह की जिज्ञासाएं या आध्यात्मिक उत्कंठाएं लिए भक्तगण उनके पास आते थे। कुछ उनके निकट रह कर ही साधना करना चाहते थे ताकि उनसे निरंतर दिशनिर्देश मिल सके। इस तरह वहां एक आश्रम बन गया जो समय के साथ-साथ बड़ा होता गया। 1916 के आरंभ में उनकी माता एक बार फिर उनके पास आईं। लेकिन इस बार उनको ले जाने के लिए नहीं, उनके सान्निध्य के लिए। उन्होंने वहां रह कर दीक्षा ली और पुत्र की शिष्या बन कर आजीवन वहीं रहने का मन बना लिया। उन्होंने गेरुए वस्त्र धारण कर लिए और आश्रम की देखरेख व प्रबंध का काम संभाला। अपने जीवन के अंतिम समय तक वह आश्रम की सेवा में लगी रहीं और वहीं उन्होंने अंतिम सांस ली।

सभी महान संतों के समान महर्षि रमण भी किसी प्रकार के जातिपाति के भेदभाव को नहीं मानते थे। वह रमण आश्रम में आने वाले सभी भक्तों को समान दृष्टि से देखते थे और समभाव से उनके प्रश्नों के उत्तर देते थे। एक बार कहा जाता है कि एक बहुत छोटी जाति के व्यक्ति को साहस नहीं हुआ कि आश्रम में प्रवेश करे। वह भगवान रमण का चित्र अपने गले में लटकाए आश्रम की परिक्रमा किया करता था। महर्षि ने एक दिन उसे देख लिया तो तत्काल स्वयं आश्रम द्वार से बाहर आकर उसे गुरुमंत्र दिया।

अपने भक्तजनों की जिज्ञासा शांत करने का उनका तरीका अत्यंत सहज सरल होता था। एक बार किसी ने पूछा कि हमें आत्म के दर्शन कब और कहां हो सकते हैं? इस पर महर्षि ने हंसकर कहा कि यह तो इसी तरह पूछना हुआ कि तुम रमण आश्रम में रहकर पूछो कि रमण आश्रम कहां है और मैं वहां कैसे पहुंच सकता हूं। आत्म तो तुम्हारे अंदर है। उसे बाहर कहां खोजते फिरते हो।

किसी भी वस्तु का संग्रह करना या उसे केवल अपने लिए रखना उनको जरा भी पसंद नहीं था। एक बार एक भक्त ने उनके लिए विशेष प्रकार का च्यवनप्राश अवलेह तैयार करवा कर पर्याप्त मात्रा में आश्रम भेजा ताकि महर्षि के लिए कई महीनों तक काफी रहे। बाद में उसे पता चला कि वह तो एक ही दिन में समाप्त हो गया। हुआ यह कि उन्होंने सारा अवलेह प्रात: के नाश्ते के साथ सभी आश्रमवासियों में बंटवा दिया। खुद भी उतना ही लिया जितना बाकी सब को दिया गया था। पूछने पर उन्होंने कहा कि जो चीज मेरे लिए लाभकारी थी, वह बाकी सब के लिए भी तो लाभकारी ही होगी ना। फिर मैं उसे बाकियों में न बांट कर अपने लिए कैसे रख लेता! एक बार कोई भक्त बहुत सी मिठाई लेकर आया और उसने महर्षि से उसे स्वीकार करने की प्रार्थना की।

उसी समय एक वृद्ध महिला तीन छोटे-छोटे दोसे लेकर आई जो ठीक से सिके हुए भी न थे। जैसे ही वह महर्षि को दोसे सौंपने के लिए आगे बढ़ी उसकी दयनीय स्थिति और पत्ते के दोने में रखे अधपके दोसे देखकर शिष्यों ने उसे महर्षि के निकट जाने से रोकने का प्रयास किया। पर महर्षि ने इशारे से उन्हें मना करते हुए बड़े प्रेम से पूछा कि दादी मां मेरे लिए क्या लाई हो, लाओ दो। उन्होंने स्वादिष्ट मिठाई में से थोड़ी लेकर बाकी आश्रमवासियों में बांटने का निर्देश दिया लेकिन सारे डोसे अपने लिए रख लिए। बाद में बहुत स्वाद लेकर उनको खा गए।

उनको मनुष्य मात्र से प्रेम था और किसी को भी पापी नहीं समझते थे। उनका कहना था कि पाप से घृणा करो, पापी से नहीं। एक बार एक आदमी रोता हुआ आया और उनसे बोला कि भगवान, मैंने अपने जीवन में केवल पाप कर्म ही किए हैं। मैं कई बार आपके आश्रम में आया, आपके उपदेश भी सुने, लेकिन मुझपर कोई असर नहीं हुआ। मुझे क्षमा करें और बताएं कि मैं अपने पापों से कैसे मुक्त हो सकता हूं? ''बहुत आसान है, ''महर्षि रमन ने मुसकरा कर कहा,'' तुम अपने सारे पाप मुझे दे दो और उनसे मुक्त हो जाओ।'' यह जवाब सुनकर वह हैरान रह गया। बोला कि आप मेरे गुरु हैं। मैं ऐसा गलत काम कैसे कर सकता हूं। आपकी कुछ सेवा तो कर न सका, पाप का बोझ आप को दे दूं? महर्षि बोले कि जब तुम मुझे गुरु मानते हो तो गुरु दक्षिणा तो देनी ही पड़ेगी। जो गुरु मांगे वही दक्षिणा देनी पड़ती है। वह निरुत्तर हो गया। करता क्या, ईश्वर को साक्षी मानते हुए बोला, ''मैं अपने सारे पाप अपने गुरु भगवान श्री रमण को देता हूं।'' उसके बाद महर्षि बोले कि जाओ, अब तुम पापमुक्त हो। कहते हैं इस घटना का उस पर ऐसा प्रभाव पड़ा की उसके जीवन की दिशा ही बदल गई। वह एकदम सुधर गया।

मनुष्य तो क्या, समस्त जीवों से उनको प्रेम था। वह पशुओं के साथ मित्रवत व्यवहार करते थे और पशु भी उनके साथ उतना ही प्रेम करते थे। यह चमत्कार उनके कुछ शिष्यों ने एक बार प्रत्यक्ष देखा। वह महर्षि के साथ जंगल के रास्ते से कहीं जा रहे थे। चलते-चलते वे भूख-प्यास से व्याकुल होने लगे। महर्षि ने उनकी समस्या समझते हुए कहा,''चिंता न करो, मेरे मित्र अभी कुछ प्रबंध कर देंगे।'' इतना कहकर उन्होंने जंगल में विचर रही बंदरों की एक टोली की तरफ इशारा किया। बंदरों ने उनको देखा तो तुरंत पास के एक फलदार पेड़ पर चढ़ गए। उन्होंने जोर-जोर से डालों को हिलाया जिससे पके हुए ढेर सारे फल नीचे गिर गए। बंदर अपना काम पूरा करके महर्षि की तरफ देखते हुए चले गए। उन्होंने एक भी फल नहीं खाया। महर्षि के शिष्यों ने भरपेट फल खाए। कुछ आगे जाने पर उनको गांव की कुछ औरतें पानी भरे मटकों के साथ मिलीं। उन्होंने सबको प्रेमपूर्वक पानी पिलाया। बंदर तो खैर आदमी का दोस्त हो सकता है, लेकिन शेर जैसा खूंखार जानवर भी उनका आदेश मानता था। एक बार

महर्षि एक महिला अतिथि के साथ किसी पवित्र स्थान पर जा रहे थे। जब वे रास्ते में जंगल से गुजर रहे थे तो एक शेर सामने से आता दिखाई दिया। साथ की महिला को उन्होंने इशारा किया कि डरने की कोई बात नहीं है। वह उनके पीछे छिप गई। शेर के बहुत पास आ जाने पर उन्होंने एक दिशा में हाथ का इशारा करते हुए कहा ,'जाओ।' उनके आदेश का पालन करते हुए सिंह तुरंत उस दिशा की ओर चला गया।

1947 से उनका स्वास्थ्य गिरना शुरू हो गया था। उनके बाएं हाथ की कोहनी मे एक गांठ निकल आई थी। चार बार उसे आपरेशन कर के निकाल दिया गया लेकिन वह गांठ फिर आ जाती थी। डाक्टरों ने कोहनी तक उनका हाथ क़ाटने की सलाह दी लेकिन महर्षि ने मना कर दिया। बोले की भौतिक शरीर तो नश्वर है। यह नष्ट होना चाहता है तो इसे इसी रूप में नष्ट होने दो। अंग भंग करने की क्या आवश्यकता है। आराम नहीं हुआ। इसके बाद उन्होंने आपरेशन भी नहीं करवाया। वह सिर्फ पट्टी कराते थे। धीरे-धीरे स्वास्थ्य और गिरता गया। आखिर 14 अप्रैल 1950 का वह काला दिन भी आया जिसने हम से इस महान दार्शनिक और तत्ववेत्ता को छीन लिया। वह अपने पीछे भारतीय आध्यात्म की ऐसी विरासत छोड़ गए हैं जो उन्हें सदा अमर रखेगी।

卐卐卐

अध्याय-18

मदर टेरेसा

करुणा, सहानुभूति, प्रेम, मानवमात्र के कष्ट दूर करने की अदम्य इच्छा — इन सब को अगर साकार रूप दें तो एक नाम बनेगा, मदर टेरेसा। उन्होंने अपना सारा जीवन जनसेवा को समर्पित कर दिया और जो कुछ किया, उसकी दूसरी मिसाल मिलना असंभव है।

मदर टेरेसा का जन्म 26 अगस्त 1910 को स्कोपजे, मेसेडोनिया में हुआ था। उनका मूल नाम एग्नेस गोनक्शा बोजाक्शिउ था और वह अपने माता-पिता की सब से छोटी संतान थीं। उनके पिता मेसेडोनिया की राजनीति में सक्रिय थे। 1919 में, जब एग्नेस की उम्र केवल आठ साल थी, पिता का देहांत हो गया। उनकी माता की रोमन कैथलिक धर्म में गहरी आस्था थी। अत: उन्होंने उसका पालन-पोषण उसी के अनुरूप किया और अपनी बेटी को इस धर्म की सभी अच्छी बातें घोट-घोट कर पिलाईं। बालिका एग्नेस को भी इसमें बहुत श्रद्धा हो गई। विशेष रूप से उसके कष्ट से पीड़ित और अभावग्रस्त लोगों की सेवा-सहायता करने वाले पक्ष से उसका लगाव दिन-दिन बढ़ता गया। कहा जाता है कि वह उस छोटी उम्र में ही मिशनरियों के त्याग और सेवा भाव से बहुत प्रभावित थी। जिस उम्र में बच्चे परियों और जादूगरों की कहानियां सुनना पसंद करते हैं, उस छोटी उम्र में वह भारत में मिशनरियों के सेवा कार्यों की सच्ची कहानियां बड़ी लगन से ध्यानमग्न होकर सुना करती थी। उसी उम्र में उसे चाव हुआ कि वह भी इस तरह की सेवा को अपने जीवन का ध्येय बना ले।

शायद उसके परिवार वालों को भी इस बात का अनुमान न होगा कि उसकी धार्मिक आस्था और सेवा भावना इतनी जल्दी अपना रंग दिखाएगी। लेकिन कुछ लोगों

में दैवी प्रेरणा ही ऐसी होती है या यों कहें कि उनका जन्म ही ऐसे उद्देश्य के लिए होता है। एग्नेस अभी सिर्फ बारह साल की थी कि उस बालिका ने धार्मिक जीवन बिताने का दृढ़ निश्चय कर लिया। उसकी धर्म के प्रति अनुरक्ति दिनों-दिन बढ़ती चली गई और अंततः 15 अगस्त 1928 को ब्लैक मेडोना के पूजागृह में प्रार्थना करने के बाद उसने विधिवत सेवा का व्रत ले लिया। किशोरावस्था में ही एग्नेस घरबार त्याग कर एक मिशनरी के तौर पर 'सिस्टर्स आफ लोरेटो' में शामिल हो गई। 'सिस्टर्स आफ लोरेटो' संस्था अपनी अन्य गतिविधियों के अलावा भारत में बच्चों को अंग्रेजी पढ़ाने का काम भी करती थी। एग्नेस की अध्यापन में रुचि को देखते हुए उन्होंने उसे इसी काम पर लगाने का फैसला किया और उसे अंग्रेजी सिखाने के लिए आयरलैंड भेजा जहां, उनका एक यूनिट अपनी अध्यापिकाओं को प्रशिक्षण देने का काम करता था।

एग्नेस ने अपनी लगन और मेहनत से जल्दी ही प्रशिक्षण पूरा कर लिया और 1929 में बच्चों को शिक्षित करने के लिए भारत आ गई। एक शिक्षिका के तौर पर उसने अपना काम दार्जीलिंग से शुरू किया। वहां सेंट टेरेसा के स्कूल में पढ़ाने के साथ-साथ उसने बाग्ंला भाषा भी सीखी। 24 मई 1931 को एग्नेस विधिवत शपथ लेकर नन बन गई और सेंट टेरेस के नाम पर अपना नाम टेरेसा रख लिया। उसके बाद टेरेसा ने, जब वह कलकत्ता के लोरेटो कान्वेंट में पढ़ाती थीं तब, 14मई 1937 को सेवा व्रत की एक और शपथ ली। एक अन्य विवरण के अनुसार 1929 में ईसाई मिशनरियों का एक दल जब भारत आया हुआ था, तब उसने एक पत्र लिखा कि यहां बहुत अधिक काम है और सेवा करने के लिए अतिरिक्त लोगों की आवश्यकता है। इसके उत्तर में जब पूछा गया तो पहले से ही सेवा के लिए उत्सुक टेरेसा ने तुरंत भारत जाने वाले दल में अपना नाम लिखवा लिया और इस प्रकार वह भारत आई।

कलकत्ता में स्कूल में पढ़ाते हुए टेरेसा ने बंगाल की गरीबी और बदहाली को बहुत निकट से देखा। 1943 के बंगाल के अकाल और उसके बाद 1946 में हुए सांप्रदायिक दंगों की विभीषिका को देख उनका करुणामय हृदय द्रवित हो गया। सिस्टर टेरेसा को लगा कि बच्चों को शिक्षित करने का उद्देश्य भले ही उदात्त हो, लेकिन असहाय और दुखद मानवता की सेवा करना उससे कहीं अधिक उदात्त और आवश्यक है। बाद में उन्होंने एक साक्षात्कार के दौरान किसी से कहा कि मेरी आत्मा से यह आवाज उठी थी और उसकी अवहेलना करना अधर्म होता। उसने शिक्षिका का काम छोड़ कर सेवा का व्रत ले लिया। 1948 में उसने विधिवत सेवा कार्य आरंभ किया। अब वह सिस्टर टेरेसा से मदर टेरेसा बन गई थीं। उन्होंने अपना पहनावा भी सादी सफेद साड़ी का कर लिया था, जैसा कि उनकी बाद की सभी तस्वीरों में दिखाई देता है। सेवा में दरिद्रनारायण के कष्टों के निवारण के अलावा मुख्य कार्य असहाय रोगियों के कष्ट निवारण का था। अतः मदर टेरेसा ने इसके लिए पटना जाकर वहां के होली फैमिली अस्पताल में

चिकित्सा विज्ञान की प्राथमिक ट्रेनिंग ली। उन्होंने भारत में रहकर यहां के दुखी और अभावग्रस्त व रोगी जनों की आजन्म सेवा का मन बना लिया था, अत: भारत की नागरिकता लेकर वह इस काम में जुट गईं। 1948 में उन्होंने इस काम का बीड़ा उठाया और जैसा कि हर काम के आरंभ में होता है, पहले साल उनको बेहद कठिनाइयों का सामना करना पड़ा। लेकिन उन्होंने हिम्मत नहीं हारी। उनका यह विश्वास की ईश्वर उनके माध्यम से यह सेवा करवाना चाहता है, उनके बहुत काम आया। इसने उनको ताकत दी और वह हर तरह के कष्ट झेल गईं। उन्होंने भूखे और दीनहीन लोगों की सहायता करने के साथ अपना काम शुरू किया। अगले साल ही उनका साथ देने के लिए समान विचारों और भावनाओं से प्रेरित महिलाओं का एक दल आगे आया और उनके मिशन को बल मिला। इन्होंने मिलकर ऐसे काम किए कि भारत के प्रधानमंत्री और अनेक उच्च अधिकारियों का ध्यान उस ओर गया और उन्होंने उनके प्रयासों की बहुत सराहना की।

7 अक्तूबर 1950 को मदर टेरेसा को वेटीकेन से अपना मिशन आफ चैरिटी का काम जारी रखने की अनुमति मिल गई, जिससे उनका कार्य बहुत सरल हो गया। उनके मिशन का उद्देश्य भूखों, निर्धनों, नेत्रहीनों, अपंगों व रोगियों की सहायता करना था जिनसे कोई प्रेम नहीं करता और जो समाज द्वारा सदा दुत्कारे जाते हैं। अपने मिशन में उनको कितनी सफलता और सहयोग मिला, इसका अनुमान इसी बात से लगाया जा सकता है कि केवल 13 लोगों के साथ उन्होंने जो काम शुरू किया था, 1997 में उनके मिशन में अनाथालय चलाने, बाढ़ और दूसरी प्राकृतिक आपदाओं में सहायता करने वाली और दीनहीनों रोगियों की सेवा करने वाली 4000 सिस्टर थीं।

लोग सम्मान और शांति के साथ मर सकें इस ओर भी उन्होंने ध्यान दिया और 1950 में एक उपासना के लिए हिंदू मन्दिर में सरकारी सहायता से निर्मल हृदय के नाम से संस्था की स्थापना की। इसमें असाध्य रोगों से पीड़ित या मरणासन्न लोगों को लाकर रखा जाता था। उनका उपचार किया जाता था, देखरेख होती थी, उनके लिए अन्न व वस्त्रों का प्रबंध होता था और शरीर त्यागने के बाद उनका उनके धर्म के अनुसार अंतिम संस्कार पूरे सम्मान के साथ किया जाता था। कुष्ठ रोगियों की सहायता और उपचार के लिए उन्होंने शांति नगर के नाम से ऐसे ही एक और आश्रम की स्थापना की जहां उनको भोजन, वस्त्र, व चिकित्सा की सुविधा निशुल्क प्रदान की जाती थी। अनाथ बच्चों और किशोरों को आश्रय देने के लिए 1955 में निर्मल शिशु भवन के नाम से एक और आश्रम की स्थापना की।

वह अपनी गतिविधियों को कलकत्ता तक ही सीमित नहीं रखना चाहती थीं। वह जानती थीं कि भारत एक विशाल देश है और इस प्रकार की सामाजिक समस्याएं यहां हर कहीं हैं। उनकी यह इच्छा भी जल्दी ही पूरी हो गई जब उनके परोपकार के प्रशंसकों

की सख्या बहुत बढ़ गई और मिशन को कई स्रोतों से सहायता राशि आने लगी। इसके साथ ही बड़ी संख्या में स्वयंसेवक और स्वयंसेविकाएं भी अपनी सेवा देने के लिए आने लगीं। इस सहायता का उपयोग करते हुए उन्होंने देश के विभिन्न भागों में अपने मिशन की शाखाएं खोलकर सेवा के क्षेत्र का विस्तार किया।

इस तरह की महान विभूतियों के लिए कुछ भी पर्याप्त नहीं होता। वह मानवमात्र की सेवा के लिए व्यग्र रहती थीं। उन्होंने भारत में अपने संगठनों के कार्यों को व्यवस्थित करने के बाद संसार के अन्य भागों में अपने काम का विस्तार किया। जहां कहीं भी उनको कोई संकट दिखाई दिया, उन्होंने उसके निवारण का यथासंभव प्रयास किया। 2007 तक स्थिति यहां तक पहुंच गई थी कि उनके मिशन की 5000 सिस्टर और 4500 ब्रदर संसार के 120 देशों में 600 मिशन, स्कूल और आश्रय चला रहे थे। परंपरागत रूप से मिशनरियों से गुरेज करने वाले साम्यवादी देशों ने भी आखिरकार उनकी सेवाओं की सराहना की और उनको अपने यहां आकर संकटकाल में सहायता करने के लिए आमंत्रित करना और सरकारी सहायता देना आरंभ कर दिया।

एक अकेली महिला ने अपने आत्मबल और आध्यात्म बल से छोटे पैमाने पर शुरू किए काम को जिस पैमाने पर पहुंचा दिया, वह अभूतपूर्व ही था। उसकी ओर समस्त विश्व का ध्यान आकर्षित होना और उनको इसके लिए सम्मानित किया जाना स्वाभाविक ही था। भारत सरकार ने उनको 1962 में पद्मश्री, 1969 में जवाहरलाल नेहरू अवार्ड फार इंटरनेशनल अंडरस्टैंडिंग, 1972 और दोबारा 1980 में भी देश का सर्वोच्च अलंकरण भारत रत्न देकर सम्मानित किया। 28 अगस्त 2010 को मदर टेरेसा के सौवें जन्मदिन पर भारत सरकार ने एक बार फिर उनके प्रति सम्मान प्रदर्शित करते हुए पांच रुपए का विशेष सिक्का जारी किया। विदेशों में भी उनके कार्यों और सेवाभाव की भरपूर सराहना हुई। दक्षिण-पूर्व एशिया में उनके कार्यों के लिए मदर टेरेसा को 1962 में मेगासेसे अवार्ड फार इंटरनेशनल अंडरस्टैंडिंग से सम्मानित किया गया। 1971 में पॉल छठे ने मदर टेरेसा को उनके निर्धनों की सहायता करने, ईसाई परोपकार प्रदर्शित करने और शांति के लिए उनके प्रयासों की सराहना करते हुए पोप जॉन तेइसवें का शांति पुरस्कार देकर सम्मानित किया। आस्ट्रेलिया की सरकार ने उनके अपने देश में काम करने और विश्व के अन्य देशों में उनकी सेवाओं के निमित्त 1982 में आर्डर आफ आस्ट्रेलिया का मानद कंपेनियन बनाया। 1983 में इंग्लैंड ने उनको आर्डर आफ मेरिट प्रदान किया और अमेरिकी सरकार ने अपने देश की नागरिकता प्रदान की। उनका अपना देश इसमें पीछे कैसे रह सकता था। अत: अल्बानिया ने उनको 1994 में गोल्डन आनर आफ दी नेशन प्रदान किया। 1979 में अंतर्राष्ट्रीय बिरादरी ने निर्धनता और दुखों के विरुद्ध निरंतर संघर्ष करने के निमित्त उनको शांति के लिए नोबेल पुरस्कार देकर सम्मानित किया। इसके अतिरिक्त उनको और भी अनेक पुरस्कार दिए गए और संसार के कई विश्वविद्यालयों ने उनको मानद उपाधियां प्रदान कीं।

मदर टेरेसा ने जितने बड़े पैमाने पर दुखी मानवता की सेवा की, उसकी दूसरी मिसाल नहीं मिलती। लेकिन उनकी भी आलोचना करने वाले मौजूद थे। मदर टेरेसा के नाम के साथ कुछ चमत्कार की कहानियां भी जोड़ी गई थीं, जिनको इन आलोचकों ने नकारा। यहां तक तो शायद तर्कसंगत था। लेकिन इसके अलावा उनके अनाथालयों में बच्चों के साथ शारीरिक व मानसिक दुर्व्यवहार किए जाने, दान में मिले धन का उनकी संस्था द्वारा दुरुपयोग किए जाने तथा रोगियों का समुचित उपचार न किए जाने और उनकी ठीक देखरेख न किए जाने के आरोप पश्चिमी प्रेस में खुलकर लगाए गए। ध्यान देने की बात है कि ये आरोप अधिकांशत: उनके जीवन के अंतिम वर्षों में लगाए गए थे। इतने बड़े संगठन को चलाने वाली एक वृद्ध महिला से हम उम्मीद नहीं कर सकते कि वह हर जगह क्या हो रहा है, इसकी पूरी-पूरी जानकारी रखे और सब जगह अपना कड़ा नियंत्रण बनाए रख सके। संभव है उनके कुछ आश्रमों में कुप्रबंध पनप आया हो। लेकिन इसके लिए सीधे मदर टेरेसा को दोष देना उचित न था। इसके अलावा कुछ मुद्दों पर उनके व्यक्तिगत विचारों को लेकर भी विवाद उठा। उदाहरण के लिए वह तलाक और गर्भपात के सरासर खिलाफ थीं। इसको लेकर जब उनकी आलोचना हुई तो मदर टेरेसा ने दृढ़ता से कहा कि मैं और मेरा संगठन अपने इन विचारों पर कायम रहेगा, भले ही लोग कुछ कहें। दुख से संतप्त लोगों के प्रति उनके विचारों के लिए भी मदर टेरेसा की काफी आलोचना की गई। उनका कहना था कि दुख और कष्ट किसी भी मनुष्य को ईसा मसीह के करीब लाते हैं। इस पर काफी बवाल मचा और कुछ जानेमाने पत्रकारों ने उनका उपहास तक किया।

मदर टेरेसा भले ही करुणा की देवी रही हों, उनका शरीर तो इनसान का ही था। उम्र के साथ उनका स्वास्थ्य गिरने लगा था और दिल कमजोर हो रहा था। 1983 में, जब वह पोप से मिलने के लिए रोम गई थीं, उनको दिल का पहला दौरा पड़ा। इसके बाद पूरी देखरेख के बावजूद उनकी स्थिति में सुधार होने के बजाय धीरे-धीरे गिरावट ही नजर आई और 1989 में उन्हें पेसमेकर लगाया गया। 1991 में मैक्सिको में उनको निमोनिया हो गया जिसका उनके दिल पर भी बुरा असर पड़ा। शरीर से लाचार होने के कारण अब वह हिम्मत हार गई और उन्होंने मिशनरी आफ चैरिटी के अध्यक्ष पद से त्यागपत्र देने की पेशकश की, जिसे स्वीकार नहीं किया गया। सब के आग्रह और आदरमान का सम्मान करते हुए वह अपने पद पर बने रहने के लिए राजी हो गईं। 1996 में गिरने से उनकी हंसली की हडडी टूट गई और एक बार फिर इसका असर उनकी सेहत पर भी पड़ा। उसी साल अगस्त में जब वह मलेरिया से पीड़ित हुई तो इससे भी उनके दिल पर बहुत बुरा असर पड़ा। हालत बिगड़ने पर उनके दिल का आपरेशन किया गया। उस समय तो गहन चिकित्सा प्रयासों से उनको बचा लिया गया लेकिन उनका इलाज करने वाले डाक्टरों ने कहा कि उनका स्वास्थ्य अब बहुत गिर चुका है और

कदाचित कोई और बड़ा झटका न झेल सकेंगी। अपने गिरते स्वास्थ्य और बढ़ती उम्र को देखते हुए मदर टेरेसा ने अंततः अपनी संस्था के अध्यक्ष पद की जिम्मेदारी छोड़ दी। उनकी सेहत का यह हाल होने और अपने पद से इस्तीफा देने की एक वजह कदाचित यह भी हो सकती है कि उनकी संस्था पर तरह-तरह के आरोप लगाने और उनकी सरेआम आलोचना किए जाने से वह खिन्न हो चुकी थीं। उनके निकटवर्ती कुछ लोगों ने कहा कि विशेष रूप से दान की धनराशि के दुरुपयोग तथा अन्य आर्थिक अनियमितताओं के आरोपों से वह निश्चित ही बहुत आहत हुई थीं, हालांकि उन्होंने इस बारे में कभी कुछ कहा नहीं।

5 सितंबर 1997 को उन्होंने अपने प्रभु का स्मरण करते हुए अंतिम सांस ली और इस संसार से विदा हो गईं। भारत सरकार ने समस्त राष्ट्र की ओर से उनके प्रति कृतज्ञता प्रकट करते हुए पूर्ण राजकीय सम्मान के साथ उनकी अन्त्येष्टि करने का प्रबंध किया। समस्त मानवता की पीड़ा अपने कोमल नारी हृदय में समेटने वाली, हर दीनदुखी के लिए माता की ममता रखने वाली मदर टेरेसा अब इस संसार में नहीं हैं, लेकिन वह अपने पीछे जनसेवा की ऐसी विरासत छोड़ गई हैं, जो शायद आने वाली शताब्दियों तक उन्हें अमर रखेगी।

卐卐卐